上海鲁迅研究

上海鲁迅纪念馆 编

二零一六年 夏

上海社会科学院出版社
SHANGHAI ACADEMY OF SOCIAL SCIENCES PRESS

目　　录

海外鲁研

读书杂记

鲁海漫谈

回忆·资料

上海鲁迅纪念馆纪事与研究

编后

CONTENTS

Lu Xun and Me

Lu Xun's Studies Abroad

Book-Reviews

Random Talk on Lu Xun

Memories · History

Research and Chronicle in Shanghai Lu Xun Museum

Editor's Notes

鲁迅思想生平研究

鲁迅:关于文艺民族形式的理论与实践

程致中

鲁迅是一位开放型的文学家和思想家,他发扬中国文学的优秀传统,以“拿来主义”的态度接受西方文学影响,开创了中国现代文学的新形式,他的小说“一篇有一篇的形式”(茅盾语),他的杂文、散文和散文诗也具有中国作风和中国气派。

鲁迅主张文艺创作应表现民族特性,当年他推荐陶元庆、司徒乔的绘画和“一八艺社”等一批青年作家的木刻,就注意到它们具有民族性和地方特色。他说:陶元庆的绘画“以新的形,尤其是新的色来写出他自己的世界,而其中仍有中国向来的魂灵——要字面免得流于玄虚,则就是:民族性。”[1] 在一封致青年木刻家的信里,他要求木刻的“构图和刻法”应该“竭力使人物显出中国人的特点来,使观者一看便知道这是中国人和中国事,在现在,艺术上是要地方色彩的。”[2]

为什么特别强调文艺的民族特性和地方特色呢?鲁迅举出两方面原因:第一,可避免艺术的公式化倾向。“地方色彩,也能增画的美和力”[3]“现在的世界,环境不同,艺术上也必须有地方色彩,庶不至于千篇一律。”[4] 愈有民族特性和地方色彩的作品,社会意义和审美价值愈高。第二,具有民族特性的作品才有世界意义。“现在的文学也一样,有地方色彩的,倒容易成为世界的,即为别国所注意。打出世界上去,即于中国之活动有利。"[5] 譬如地方风景、动植物、风俗习惯,"自己生长其地,看惯了,或者不觉得什么,但在别的地方人,看起来是觉得非常开拓眼界,增加知识的。"[6] 按照别林斯基的观点,"那是民族特性的烙印,民族精神和民族生活的标记"。[7] 当代华裔画家丁绍光也说:"我作为一个东方画家,我的根在中国,强调我的民族性……我以为,只有靠我的'根',我才能站住脚,立足世界。"他的画以西双版纳大自然为背景,借鉴了西方浪漫主义精神的仕女画博得了世界声誉,他也被国际美术学界誉为"代表现代浪漫主义的权威性艺术家"。[8] 这位画家成功的秘密就在于:坚守艺术的民族特性,在东西方文化交融的背景下,以具有现代性的中国仕女画走向世界。

所谓艺术的民族性,内容与形式缺一不可。作品的民族内容,例如民族生活、心理、精神、文化等,惟有深入到本民族社会生活中才能获取。民族形式的创新,鲁迅说有两条路:"采用外国的良规,加以发挥,使我们的作品更加丰满是一条路;择取中国的遗产,融合新机,使将来的作品别开生面也是一条路。"[9] 以开放、包容的态度接受西方文化,反对闭关自守主义,又在传统的基础上加以拓展,反对民族虚无主义,既"采用外国的良规",又不忽视"择取中国的遗产",才能创造和发展新的民族形式。

鲁迅心仪汉唐艺术,称汉唐"魄力究竟雄大,人民具有不至于为异族奴隶的自信心"。汉唐人"取用外来事物的时候,就如将彼俘来一样,自由驱使,绝不介怀",而非神经"衰弱过敏","每遇外国东西,便觉得彼来俘我一样,推拒,惶恐,退缩,逃避,抖成一团"。海马葡萄镜是汉代的一面古铜镜,用了西域的动植物作装饰,非常考究,颇能反映当时人民的生活和精神,鲁迅极为珍视,"宛如见了隔世的东西了"。到了唐代,由于吸取波斯、印度、阿拉伯文化,更添异彩。鲁迅还称赞"长安的昭陵上,却刻着带箭的骏马,还有一匹鸵鸟,则办法简直前无古人"。[10] 唐昭陵是唐太宗的陵寝,“带箭的骏马”是殿内的六匹浮雕马之一,将异域的骏马和鸵鸟引进壁画石刻,可见唐人可贵的创新精神。

鲁迅创作之“根”深扎在民族生活土壤里,他以雄大气魄吸收外国文学新颖的艺术形式和优秀的表现手法,冲破传统的思想和手法,开创了新型的中国现代小说。他在小说民族形式的探求上,取得了非常卓越的成就。他说《狂人日记》的写作“大约所仰仗的全在先前看过的百来篇外国作品和一点医学上的知识”,可见他最初从事小说创作,所取法的“大抵是外国作家”。[11]经过一个时期探索,他把外国小说的艺术形式、表现手法与传统文学融合起来,创造了新的民族形式。在《中国新文学大系小说二集·导言》里,他说《肥皂》《离婚》等稍后的作品,“脱离了外国作家的影响,技巧稍为圆熟,刻画也稍加深切。”鲁迅的创作实践表明,新的民族形式创造,有一个探索、创新和逐渐走向“圆熟”的过程。

鲁迅小说(以《呐喊》《彷徨为例》)民族形式的探索和创新,突出地表现在如下四个方面:

第一,深切地反映现代民族生活。

《呐喊》《彷徨》所描写的,是古代中国向现代中国转型期的风云变幻。鲁迅说他写小说是要“提出一些问题”,依据对民族历史和现实的深刻观察,他把民族生活中刚刚发生的,一般民众尚未觉察的问题提出来,例如反封建的主题、改造国民性的主题、农民和知识分子问题、辛亥革命的历史教训,等等,从而开创了五四文学新的主题、新的局面。

过去的文艺描写帝王将相,才子佳人,侠盗妓女,于普通人生活相去甚远;鲁迅则从一般民众的日常生活取材,描写“老中国儿女们的灰色人生”(茅盾语),特别是农民、知识分子和劳动妇女的悲欢离合。鲁迅小说不囿于描写普通男女与生存环境的冲突,而且深入人的内心,在人的精神领域构设悲剧。他不去描写欧风美雨中的大都会,而写闭塞的乡间生活,展示传统的“静的文明”所造成的令人窒息的生活节奏。《故乡》展现了没有一些活气的萧索的荒村,《风波》描写农民对于革命和复辟的无知和恐惧,"临河的土场上"发生的悲喜剧,分明是"老中国"农村的缩图。鲁迅不相信农民的生活"像花鸟一样",所以在《风波》的开篇很不屑地讽刺了站在酒船上大发诗兴,赞赏"田家乐"的文人:"文豪的话有些不合事实"。如果再仔细观察一下鲁镇或未庄的风物和习俗,我们就不能不为鲁迅的真实描写所折服:鲁四老爷书房墙壁上的半副对联"事理通达心气和平"(下联"品节详明德行坚定")和一堆未必完全的《康熙字典》;祥林嫂相信再嫁的寡妇死后到阎王那里要被锯成两半分给两个死鬼男人(《祝福》);被剪了辫子的航船七斤只晓得传布"什么地方雷公劈死了蜈蚣精,什么地方闺女生了一个夜叉"之类讹传,听说"皇帝坐了龙庭""留发不留头,留头不留发",吓得如同死刑宣告似的(《风波》)……旧中国农村的现实关系和文化精神,无智识农民的愚昧麻木——"中国向来的灵魂",入木三分地剖示出来。《明天》中的单四嫂子虽是"粗笨的女人",对自己的亲骨肉却倾注了天性的爱,当她深夜里抱着生病的孩子看中医时,隔壁咸亨酒店一群酒友正在高兴地吃喝,何小仙和药店掌柜毫不留情地刮尽她纺纱的全部积蓄,小混混蓝皮阿五厚颜无耻地欺辱一个举目无亲的寡妇,宝儿死后她觉着屋子"太静,太大,太空"……《明天》带有一种单调、凝重、苦涩的韵味,于地道的中国乡镇生活平淡无奇的描写中,深切地刻画出民族生活的停滞和悲哀。茅盾对鲁迅小说的民族个性赞叹不已:"我们只觉得这是中国的,这正是中国现在百分之九十九的人们的思想和生活,这正是围绕在我们的'小世界'外的大中国的人生!"[12]

第二,开创了现代小说特别的"格式"。

茅盾在 1923 年就指出:"在中国新文坛上,鲁迅君常常是创造'新形式'的先锋;《呐喊》里的十多篇小说几乎一篇有一篇的形式,而这些新形式又莫不给青年作者以极大的影响。"[13]这里所说的"新形式",即鲁迅后来所说的"格式的特别"(小说的体裁、结构、表现手法、语言体式等)。

艺术形式是一种世代相传的历史传统,新形式的出现是对历史陈规的突破。作家对形式的选择和运用,既反映时代的要求,也体现出创作主体感知现实的方式及其对生活认识的深度广度。传统白话小说的"章回体"不足以表现五四时期风云突变的生活,鲁迅新创了丰富多样的小说体裁。《阿Q正传》叙述一个农民惨淡的人生,背景广阔,人物关系复杂,便吸取传统小说分章分节的形式,采用"传记体",画出"国人的魂灵";《狂人日记》主人公疯言疯语,主观性极强,取用果戈理的"日记体",挑战"从来如此"的"吃人"老谱;《伤逝》采用"手记体",将抒情和叙事结合起来,诗意地讲述一对青年知识分子的爱情悲剧;《头发的故事》《药》移用了戏剧的"对话体",布下一个"看/被看"的戏剧舞台,从不同角度显现辛亥革命党人和民众的隔膜;《孔乙已》《示众》类似西方的"氛围小说",前者有主角,有冲突,写出"社会对于苦人的凉薄",后者无主角,"投影式"地摄下一个象征的氛围;《一件小事》《鸭的喜剧》《兔和猫》则是速写、随笔式的抒情作品,或在对比中表达对劳动者的感情关注,或以自然界小生命作为抒情对象,抒写"爱"的情怀……平淡无奇的题材,随处可见的人生,作者以创新意识尝试新的形式。"形式征服题材"!"两者在对立、冲突中建立起新的艺术秩序和有生命的艺术世界,具有艺术魅力的文体也就在这种对立冲突中形成"。[14]

鲁迅小说的结构形态也是千变万化、摇曳多姿的。大体上有两类:一类截取生活的横断面加以描写,鲁迅称之为"西洋风";一类融合了场景描写,有头有尾地说故事,鲁迅称之为"中国风"。"西洋风"的小说,场景集中,聚焦一个中心事件,重视时代气氛的衬染,突出人物性格的主要特征。如《药》,买药,吃药,谈药,上坟,四个场面;"人血馒头"(药)是明暗两条线索的交汇点,衬出群众的愚昧和革命者的悲哀。《风波》集中描写临河土场上“留头不留发，留发不留头”的一场风波，骤然而起，悄然而歇，写出乡村的闭塞和农民对于政治的冷漠。《离婚》展现“航船上”和“七大人客厅里”两个场景，突显出爱姑的反抗性和妥协性。《示众》布下一个“看/被看”的舞台，“看客”与“示众的材料”背后，又有一个隐形作者居高临下地审视地上的人们，传达出一种沉重的时代气氛和对“旁观者”的复仇情绪。典型的“中国风”小说是《阿 Q 正传》，还有《狂人日记》《故乡》《在酒楼上》《伤逝》等等；此类作品即便采用了西洋小说构图法和多种西洋表现手法，因其叙事线索分明，故事有头有尾，人物性格发展的历史线索清晰可辨，终归还是“中国风”的作品，但已非严格意义上的传统小说了。

鲁迅择取中外艺术形式，有其心以为然的标准，他在一封讨论木刻的信中写道：“至于手法和构图，我的意见是以为不必问是西洋风或中国风，只要看观者能否看懂，而采用其合宜者。”[15]鲁迅小说形式的创新，既考虑到题材和主题表达的需要，又特别顾及大众的审美心理和欣赏习惯，他的选择标准就是“合宜”二字，决不刻意猎奇，故弄玄虚。

第三，创造出融合中外的表现手法。

立足于传统，以开放的眼光融合中外艺术手法，鲁迅小说具有个性鲜明的艺术表现形式。在鲁迅笔下，曹雪芹和果戈理的写实主义，吴敬梓和萧伯纳撕毁假面具的讽刺艺术，施耐庵从人物行动刻画人物，巴尔扎克从对话表现人物个性，陀思妥耶夫斯基“拷问灵魂”的艺术辩证法，契诃夫寓悲剧性于喜剧之中等等，都有创造性的艺术表现。

我们以“白描”手法为例，探析鲁迅如何“择取中国的遗产”“采用外国的良规”，创造新的艺术表现形式。鲁迅说：“白描却没有秘诀。如果要说有，也不过是和障眼法反一调：有真意，去粉饰，少做作，勿卖弄而已。”[16]中国画传神写意的“白描”技法，在鲁迅笔下发扬光大了。不过,鲁迅的“白描”已非传统意义上的白描,而是新的、现代的白描。古代白话小说的白描叙述多,描写少,是小说艺术不成熟的标志,19世纪西方作家细致繁复的描写是对简单白描的反拨,标志小说艺术的进步,后来出现了契诃夫式简洁传神的描写,又显出对繁复描写的不满;鲁迅融合中外文学的优良传统,创造出更为完美的“点睛白描”。

和历史上的白描相比较,“点睛白描”有多方面的突破:

首先,传统白描“没有背景”“新年卖给孩子看的花纸上,只有主要的几个人”[17]。鲁迅小说用简洁的笔墨交代背景,描写环境:“我的文章里找不出两样东西,一是恋爱,二是自然。要在用一点自然的时候,我不喜欢大段的描写,总是拖出月亮来用一下罢了。”(转自王士菁:《鲁迅传》)鲁迅小说通常是点染式描写自然景物和社会环境,意在透出社会气氛,衬出主人公的心境。

其次,由于吸取了外国小说注重心理描写的新技巧,鲁迅突破了传统小说性格单一化的模式,注重灵魂摄像,多侧面地刻画人物性格的复杂性。如所周知,鲁迅赞赏陀思妥耶夫斯基“审问灵魂”的心理解剖法。现代人灵魂深处并不平安,有豺狼性,也有人性,有善,也有恶;作家写人的时候,必然身兼二职:“凡是人的灵魂的伟大的审问者,同时也一定是伟大的犯人。审问者在堂上举劾着他的恶,犯人在阶下陈述他自己的善,审问者在灵魂中揭发污秽,犯人在所揭发的污秽中阐明那埋藏的光耀。这样,就显示出灵魂的深。”[18]艺术家对笔下人物,必须反复地审问,迂回,详检,甚至赏鉴,还要像犯人那样在阶下陈述,申诉,辩白,才能显示灵魂的“深”。“拷问灵魂”的艺术,成就了鲁迅对“不幸的人们”的性格刻画,无论阿Q,闰土,祥林嫂,还是魏连殳,吕纬甫,涓生和子君,都雕塑出灵魂的复杂性。西方心理描写法和传统“画眼睛”法相结合,形成鲁迅小说“点睛白描”的独特个性。

最后,传统白描偏于冷静、客观的描写,鲁迅小说多有主体情感投入，以内心独白，诗意抒情和杂文笔法，丰富了作品的感情色彩和哲理意味。在《故乡》《祝福》《阿 Q 正传》《伤逝》里，那些抒情议论的段落，往往画龙点睛地透出作者对生活的审美评价，即使《孔乙己》、《示众》、《孤独者》、《明天》这样冷静叙事的作品，也能读出无限的悲悯、同情与感伤。

就创作方法而言，鲁迅小说以现实主义为主体，吸取并融合了浪漫主义和象征主义的艺术元素。《狂人日记》和早年编译的文言小说《斯巴达之魂》分明带有浓浓的浪漫抒情气息。《呐喊》《彷徨》里面，象征主义随处可见。《新潮》杂志编者早就发现："《狂人日记》用写实笔法，达寄托(Symbo Lism)之旨，诚然是中国近来第一篇好小说。"[19]所谓"寄托"，不是托物寄志，而是象征主义，《狂人日记》便是象征的写实主义作品。鲁迅把象征性的意象天衣无缝地消融在现实主义的客观描写中，将现实主义上升为象征的现实主义。此外，《故乡》中的"路"，《长明灯》里的"长明灯"，《祝福》里的"门槛"，《药》的结尾瑜儿坟上的"花环"及"药""病""华大妈""夏大妈"，《在酒楼上》那斗雪开放、红得似火的"废园"里的"山茶花"，等等，也都有特定的象征性意蕴。鲁迅偏爱带有象征印象气息的写实主义作品，1921 年在《〈黯澹的烟霭里〉译者附记》中写道："安德莱夫的创作里，又都含有严肃的现实性以及深刻和纤细，使象征印象主义与写实主义相调和。……他的著作是虽然很有象征印象气息，而仍然不失其现实性的。"[20]因其吸取了中外文学多方面的艺术营养，鲁迅小说独标高格，开拓了现实主义文学的主潮。

第四，语言体式的继承和革新。

语言是文学的第一要素，也是民族文化和民族精神的集中体现，语言决定了民族精神的"一切符号表达的形式"[21]。一时代和另一时代文学的区别，最终都会在文学语言体式上表现出来。五四时代狂飙突进的历史变革，必然引起文学语言革命性的变化。

从旧营垒中走来的鲁迅，对文学语言体式的创新进行了艰苦探索。他认为现代人呼吸着现代空气，思维方式和表达方式必须与时俱进，语言变革的基本原则是："我们要说现代的，自己的话；用活着的白话，将自己的思想，感情直白地说出来。"[22]他主张废弃僵死的文言，"博取民众的口语而存其比较的大家能懂的字句，成为四不像的白话。"[23]

语言变革中，鲁迅的目标是"言文一致"，他始终关注语言和思维方式的相互依存，强调语言体式的科学性和实用性。文言文是历史的产物，它在科学思维和逻辑思维上捉襟见肘，多有不足。鲁迅主张既以"活人的唇舌作为源泉"，博采口语，并消化吸收外国文学语言的有用成分；"欧化"的语言文法较为严密，可以弥补文言和口语的不足。鲁迅始终坚持文学语言的"实用性"原则，主张力避行文的唠叨，"只要觉得能够将意思传达给别人了，就宁可什么陪衬拖带都没有。"在《我怎么做起小说来》一文中，他写道："没有相宜的白话，宁可引古语，希望总有人会懂，只有自己懂得或连自己也不懂的生造出来的字句，是不大用的。这一节，许多批评家之中，只有一个人看出来了，但他称我为 stylist。"[24]stylist 就是"文体家"，鲁迅显然称许这位批评家独具慧眼的批评。让人读"懂"，是语言变革的基本原则，鲁迅坦陈自己在文体营造上特别用心。诚如当代文学史家所指出的："鲁迅的历史功绩在于，以现代白话为基础，吸取外来语言和古代语言中有生命力的部分，进行艺术加工，创造出与现代人的思维相适应的，并富有艺术表现力的现代文学语言。"[25]

《狂人日记》和《阿 Q 正传》是鲁迅语言变革的成功实践。《狂人日记》以全新的口语独白，揭开了"仁义道德""吃人"的惊天秘密，宣泄了五四一代被迫害得发了狂的知识分子对历史和现实的研究剖析和沉重抗议。小说以反叛传统的主题和全新的白话文震动了五四文坛，整个读书界"奔走相告"，强烈共鸣。1925 年，张定璜在《鲁迅先生》一文中就直言读章士钊《双枰记》、苏曼殊《降纱记》《焚剑记》等小说(1914),和后来读《狂人日记》(1918)的感受全然不同。他说前后不过四年,“然而他们彼此相去多么远。两种的语言,两样的感情,两个不同的世界!”章、苏之作“保存着我们最后的旧体作风,最后的文言小说,最后的才子佳人的幻影,最后的浪漫的清波,最后的中国人祖先传来的人生观。读了他们再读《狂人日记》时,我们就譬如从薄暗的古庙的灯明底下骤然间走到夏日的炎光里来,我们由中世纪跨进了现代”。[26]鲁迅小说在小说观念、思想感情、内容和形式等几乎所有方面都推动了中国小说“由中世纪走向现代”,当然最终还是通过文学语言的深刻变革来实现的。

《阿Q正传》是鲁迅小说语言革新最具代表性的作品。小说继承章回体、传记体的文学传统,分章分节地叙述阿Q的悲剧故事。第一章《序》在阿Q姓、名、籍贯煞有介事的考证中,插入形象化的议论(杂文化笔法),夹枪带棒地揶揄了孔子的“正名”说,林纾、胡适的“国粹”论和“考据癖”,余下各章则以洗练、夸张的语言和漫画手法把阿Q愚蠢可笑的“精神胜利法”撕破了给人看,借助喜剧的形式写出主人公的悲剧命运。我们不会忘记阿Q在酒店门口欺负小尼姑及“龙虎斗”两段文字。阿Q拧了小尼姑的面颊之后

> 远远地听得小尼姑带哭的声音:“这断子绝孙的阿Q!”
> “哈哈哈!”阿Q十分得意的笑。
> “哈哈哈!”酒店里的人也九分得意的笑。

短短三行,将现场人物的动态和心态活泼泼地刻画出来。阿Q固然“十分”愚昧,酒店里围观的闲人也“九分”麻木;小尼姑的委屈无助,叙述人的沉重叹息,也触目惊心地呈现出来。阿Q与小D

打架,"四只手拔着两颗头""进三步,退三步",谁也不比谁更强大些;硬撑了半点钟,想就此歇手,却碍于闲人围观;最后实在没有气力了,才同时松开手,一道挤出人堆,可嘴上谁也不肯服输:

> "记着罢,妈妈的……"阿Q回过头去说。
>
> "妈妈的,记着罢……"小D也回过头来说。

一字不多,一字不少,只是颠倒了说话顺序,两个旗鼓相当,却偏要硬撑到底的卑怯者形象站立在你面前。围观的看客呢:

> "好了,好了!"看的人们说,大约是解劝的。
>
> "好,好!"看的人们说,不知道是解劝,是颂扬,还是煽动。

只要有戏可看,闲人们是不愿"龙虎斗"马上收场的,鲁迅以铅一样沉重的文字画出"沉默的国民的魂灵"。

在叙述描写中,鲁迅时常顺便而自然地插入有生命力的文言词汇和古语。《阿Q正传》《序》写道:"名不正则言不顺","从来不朽之笔,须传不朽之人;于是人以文传,文以人传",煞有介事的穿凿附会中,把批判锋芒指向孔子"正名"说。阿Q从城里回来讲述"中兴史"时,小说以一组文言词汇渲染听众的情绪:阿Q说他在举人老爷家里帮忙,听的人都"肃然"了;说到城里的小乌龟子都会叉"麻酱",听的人都"赧然"了;说到城里杀革命党"好看好看",阿Q照着王胡的后颈窝子"嚓!"地直劈下去,听的人都"凛然""悚然"而且"欣然"了。五个不同的文言词语,非常贴切地绘出听众情绪的消长,实在是白话难以替代的绝妙一笔!此外,"夫文童者,将来恐怕要变成秀才者也""未庄的人心也日渐其安静了"等等,文白交融,自然和谐,且富于幽默感,给作品增添了民族色彩。

幽默是一种自信乐观的天赋，是机智的调侃，轻松的微笑。凭借丰富的阅历和广博的学识，鲁迅对本民族历史洞若观火，对中国未来充满信心，他的作品充满了质朴、机智的幽默。罗曼·罗兰读到敬隐渔的法译本《阿Q正传》后，在一封给《欧罗巴》杂志的推荐信中写道："这篇故事的现实主义乍一看好似平淡无奇。可是，接着你就发现其中含有辛辣的幽默。读完之后，你会很惊异地察觉，这个可悲可笑的家伙再也不离开你，你已经对他依依不舍。"[27]罗曼·罗兰称赞鲁迅是"辛辣的幽默"的"优秀小说家"，这种来自民间的幽默，折射出我们民族非常宝贵的性格。

茅盾这样描述《狂人日记》的语言风格："这奇文中冷峻的句子，挺峭的文调，对照着那含蓄半吐的意义，和淡淡的象征主义的色彩，便构成了异样的风格"[28]；也有人用"冷峻"二字形容鲁迅的风格，笔者心以为然。"冷峻"指严格的现实主义态度，力透纸背的描写，"哀其不幸，怒其不争"的感情。鲁迅曾以"夹着夸张的真实，热到发冷的热情，快要破裂的忍从"三个词组评论陀思妥耶夫斯基小说的风格[29]，鲁迅小说的语言风格，亦可作如是观。叙事、描写和抒情的完美结合，使得鲁迅小说带有浓郁的诗意和抒情味，特别是第一人称小说，如《故乡》《孔乙己》《在酒楼上》《祝福》《伤逝》和《孤独者》等篇，将深挚的抒情和"点睛白描"完美地结合起来，营造出令人心醉神移的意境。

总之，鲁迅对民族形式的探索是全方位的，他以开放的态度吸纳外国文学新潮，大力弘扬古代文学优良传统，创造出现代文学新的民族形式。深刻的思想，伟大的人格，创新的民族形式，"文品"与"人品"相一致，鲁迅的文学遗产滋养了一代又一代中国作家。从红高粱的故乡高密走向世界的诺贝尔文学奖得主莫言，回顾当初阅读鲁迅五味杂陈的感受说："大约七八岁的时候，就开始读鲁迅了""第一篇就是著名的《狂人日记》，现在回忆起那时的感受，模糊的一种恐惧感使我添了少年不应该有的绝望。”他还说：“读鲁迅是幸福的，妙趣横生的。除了如《故乡》《社戏》等篇那一唱三叹的、委婉曲折的文字令我陶醉之外，更感到惊讶的是《故事新编》里那些又黑又冷的幽默。”[30]莫言的思想和创作受到鲁迅持久而深刻的影响。鲁迅小说及各种文体的作品以其鲜明的中国作风和中国气派，撼动人心，享誉世界。鲁迅关于民族形式的理论与实践，对于21世纪中国文学建设具有迫切的借鉴意义。

参考文献：

1　鲁迅：《当陶元庆君的绘画展览时》，《鲁迅全集》第3卷，人民文学出版社1981年版（下同），第549页。

2　鲁迅：《书信331219·致何白涛》，《鲁迅全集》第12卷，第317页。

3、5　鲁迅：《书信340419·致陈烟桥》，《鲁迅全集》第12卷，第391页。

4　鲁迅：《书信340108·致何白涛》，《鲁迅全集》第12卷，第317页。

6　鲁迅：《书信331226·致罗清桢》，《鲁迅全集》第12卷，第308页。

7　（俄）别林斯基：《别林斯基选集》第1卷，人民文学出版社1958版，第107页。

8　丁绍光：《中国现代绘画在世界的地位和前途》，《文艺研究》1999年第1期。

9　鲁迅：《〈木刻纪程〉小引》，《鲁迅全集》第6卷，第48页。

10　鲁迅：《看镜有感》，《鲁迅全集》第1卷，第197—198页。

11、17、24　鲁迅：《我怎么做起小说来》，《鲁迅全集》第4卷，第512—513页。

12　茅盾：《鲁迅论》，《茅盾论创作》，上海文艺出版社1980年版，第128页。

13、28　茅盾：《读〈呐喊〉》，《茅盾论创作》，第109页、第105页。

14　童庆炳：《文体与文体的创造》，云南人民出版社1995年版，第298页。

15　鲁迅：《书信340328·致陈烟桥》，《鲁迅全集》第12卷，第365页。

16　鲁迅：《作文秘诀》，《鲁迅全集》第4卷，第614页。

18　《集外集·〈穷人〉小引》，《鲁迅全集》第7卷，第104页。

19　《新潮》第1卷第2号（1919年2月）。

20 鲁迅:《〈黯澹的烟霭里〉译者附记》,《鲁迅全集》第10卷,第185页。

21 [美]爱德华·萨丕尔:《语言论》中译本,商务印书馆1964年版,第137页。

22 鲁迅:《无声的中国》,《鲁迅全集》第4卷,第15页。

23 鲁迅:《关于翻译的通讯》,《鲁迅全集》第4卷,第384页。

25 钱理群等:《中国现代文学三十年》,上海文艺出版社1987年版,第69页。

26 张定璜:《鲁迅先生》,《现代评论》第1卷第7期。

27 参见高方:《转述的心态与评价的真实性——罗曼·罗兰对〈阿Q正传〉评价的再审视》,《文艺争鸣》2010年第17期。

29 鲁迅:《陀思妥耶夫斯基的事》,《鲁迅全集》第6卷,第412页。

30 莫言:《会唱歌的墙》,作家出版社2005年版,第120—121页。

鲁迅葬礼的社会影响

乐 融

1936年10月19日,鲁迅去世,犹如一石激起千重浪,引起国内外的广泛关注和反响,中共中央不仅连发三个电文,表达对鲁迅逝世的高度重视和态度,并通过中共上海办事处负责人冯雪峰的秘密指导、推动鲁迅葬礼活动,在爱国人士宋庆龄、蔡元培积极支持下,以沈钧儒、章乃器等为首的上海文化界救国联合会积极响应和具体组织下,联合其他各界救国会组织,带动文化界及社会各界积极参与,在民族救亡的历史大背景下,形成了规模空前、声势浩大的"民众祭"。鲁迅逝世后,冯雪峰与宋庆龄、周建人、许广平等紧急商量,拟定出讣告和治丧委员会名单,国内外媒体得到消息,马上发表出来,同时,上海文化界救国联合会马上积极响应,联系各个相关基层组织,准备鲁迅葬礼的各个环节。一批鲁迅弟子和青年作家组成鲁迅治丧办事处,立即开始工作,如安排鲁迅遗体转移、接待民众吊唁、发表讣告和通知各界组织瞻仰的文告、接收花篮、安排跟踪拍摄照片和电影等,许广平由宋庆龄陪同去选购棺木和寿衣,墓地由救国会沈钧儒负责接洽。19日下午、20日、21日、22日上午全市各界前往殡仪馆瞻仰鲁迅遗容,签名的民众超过万名,团体数百个。来自国内外的唁电唁函如雪片般地飞来。21日下午,举行鲁迅遗体入殓仪式,22日下午1点50分,举行启灵祭,仪式过后,下午2点30分规模宏大的送殡队伍开始出发,队伍前后次序为:横幅"鲁迅先生丧仪"、哀乐队、挽联队、花圈队、挽歌队、鲁迅遗像、灵车、家属车、各界代表及亲友执绋者、各团体及个人送殡者，此外还有自行车前后穿插维持秩序的“交通队”。人们一路唱着挽歌，一面缓缓前行，足足两个小时，才到达万国公墓举行葬礼，哀乐过后，蔡元培、宋庆龄、沈钧儒、内山完造、章乃器、邹韬奋等做了演讲，许广平发表了简短的致辞。之后，由上海民众代表沈钧儒、王造时、章乃器、李公朴献旗，旗为白底，上缀有沈钧儒题写的“民族魂”三个大字，覆于灵柩上，灵柩缓缓降落墓穴，当许广平将第一抔土洒向墓穴中的灵柩时，整个墓园响起哀恸的哭号交织着悲壮的挽歌声，至此达到高潮。

鲁迅葬礼汇聚了当时中国进步力量，以此为契机，通过对鲁迅精神遗产的回顾、总结，弥合了之前左翼文坛的分裂状态，由此激发的民族自觉成为之后中华民族抗战的精神资源，此后的 80 年来，人们在对鲁迅的思想精神遗产的不断重温中凝聚了、提升了中华民族的民族精神。这场葬礼产生的影响巨大而又深远，主要有以下三个方面：

一、弥合文坛裂痕，聚合文坛力量

在鲁迅逝世之前曾经发生激烈的两个口号论争，造成了左翼文坛的严重分裂，因而削弱了左翼文化阵营的影响力和主导力。从鲁迅《答徐懋庸并关于抗日统一战线问题》公开发表后，争论逐渐趋于平息，团结御侮的呼声日渐高涨。9 月 20 日，鲁迅与茅盾、郭沫若、巴金、王统照、林语堂、周瘦鹃、傅东华等联名发表了《文艺界同人为团结御侮与言论自由宣言》，主张“全国文学界同人应部分新旧派别，为抗日救国而联合”“无论新旧左右，其为中国人则一；其不愿为亡国奴则一；…… 主张抗日的力量即刻统一起来”。鲁迅逝世后，在参加鲁迅葬仪过程中，大家冷静了下来，体会到鲁迅的良苦用心，大家都感非常到自责和痛心，认识到过去的争论是一时的意气用事，也是宗派主义思想作祟。因此，在民族生死存亡的大危机面前，认识到大家团结一致对外的必要性。虽然在鲁迅逝世前夕左翼的论战已经降温，但事实上从鲁迅的葬礼后，左翼的内部论争基本平息。

之前主张“国防文学”的周扬、夏衍都是地下党员，不便于公开露面，所以推举文学青年沙汀、艾芜作为“文委”的代表参加鲁迅葬礼代表，据《沙汀传》的作者介绍：“20 日，沙汀到了殡仪馆。胡风一见到他，顿时忘记前嫌，拉住沙汀的手便哭了起来。通过胡风的手传来的一阵阵颤抖，可以感受到胡风失去鲁迅的沉痛……过了两天，22 日下午出殡，沙汀赶去参加。萧军、胡风在殡仪馆里现场指挥。本来启灵抬棺的名单里是没有沙汀的，但临时发现少了一两个人没来，缺了人不整齐吧，七零八落的，巴金、靳以突然向人群里的沙汀招手，喊他：‘你来，你来！’原先怎么敢自己去呢，觉得是个名誉的事情……”从以上这段描述，可以得出这样结论，原来分属文坛两派阵营的人，通过鲁迅葬礼，已经冰释前嫌，并且还被委派为鲁迅抬棺，显示文坛的团结。还有徐懋庸在鲁迅病重时，还不体谅鲁迅，而与鲁迅发生意气之争，经过激烈的思想斗争，也来到殡仪馆参加了鲁迅的葬礼，还写下了一副挽联：“敌乎友乎，余惟自问；知我罪我，公已无言”，说明自己并不是要与鲁迅为敌，可惜再也没有机会向鲁迅解释，表达再也得不到鲁迅原谅的遗憾。尽管当时治丧办事处还有人主张不要收他的挽联，但是最终还是收下并挂出来了。事后，徐懋庸在不同场合表示自己一生对鲁迅的崇拜，对当年自己的信给鲁迅带来的伤害，表示懊悔，后来，徐懋庸积极参加各种鲁迅的纪念活动，撰写纪念、研究鲁迅的文章，为传播鲁迅精神和思想作出自己的努力。

还有很多原来在论争中感情疏远的作家，也在鲁迅葬礼中走到了一起；而原来跟鲁迅走得比较近的青年们则更加紧密地围绕在党组织的周围，以鲁迅为旗帜，很快投入了进步文化活动。

有些虽然在上海时彼此曾有论争甚至不快，但在延安大力推举鲁迅的总体氛围下，也消除或至少缓和了隔阂，例如周扬参与了延安鲁迅研究会的发起，徐懋庸则在鲁艺开设鲁迅作品讲座，还下很大工夫，注释了鲁迅的《阿 Q 正传》等作品。木刻家力群回忆："当 1940 年我到延安鲁迅艺术文学院美术系任教员时，周扬是我们副院长，他曾在公开的讲话中对他和鲁迅的关系作了自我批评，给我留下深刻印象"。

鲁迅葬礼活动，在客观上起到对死者的纪念、给生者的思考作用，鲁迅精神是当前民族危机中的坚强依靠，团结了一切力量，结成了统一战线，起到强烈聚合作用。

二、提振民族精神，成为抗战动力

鲁迅逝世前后，日本侵华行动急剧上升，中华民族的民族危机达到空前深重的地步。鲁迅作为一名伟大的爱国主义者，对日本的侵华本质有清醒的认识，在生前就多次谈到或撰文，抨击日本的侵略行径和国民党政府的不抵抗政策。如杂文《友邦惊诧论》等，极大地激励着人民抗战的激情。因此，在送葬队伍经过虹桥路日本人开设的东亚同文书院附近，大家都跟着唱"打回老家去啊！"的抗日口号，又有人高喊："鲁迅先生精神不死！"无数的纸片从队伍中飞向两旁的行人手里，那纸片有"鲁迅先生挽歌""安息歌""鲁迅先生生前救亡主张""鲁迅先生传略"等多种，爱国歌声此起彼伏。最后队伍中人们集中发出"打倒日本帝国主义"的呐喊，从而把鲁迅的葬礼变成了中华民族抗日救亡的誓师大会。

在中华民族存亡的危急时刻，鲁迅葬礼激发了广大青年依傍鲁迅旗帜、追寻鲁迅精神、继承鲁迅遗产，踏着鲁迅足迹继续前行的动力。东北大学的唁电充分说明了这一点，唁电内容是："我们是侵略者疯狂炮火驱逐得无家可归的青年，我们是到处遭受冷眼和奚落的孩子，怀着无能遏止的愤怒，时刻思念肥沃的白山黑水，秉具着舍命复仇的坚定决心，而先生正是我们唯一向导和鼓舞者，现在先生因劳瘁过度，溘然长逝，给我们的打击，绝不是任何言语能描述的……”说明全国的青年对于鲁迅的崇拜之情，转为对抗战事业的投入。以鲁迅身边的青年作家、艺术家为例，他们中有的投笔从戎，奔赴抗战前线参加八路军、新四军，如黄源、赖少其等；有的以刻刀为武器，投入到抗战木刻运动，如力群、江丰等；有的在孤岛上海坚持斗争，如王任叔（巴人）等，以笔为武器，继承鲁迅事业，撰写杂文，无情地揭露、抨击日本帝国主义的侵略行径。更有大量的左翼青年奔向延安，投入抗大和鲁艺，成为主动抗战的中国共产党领导的抗日文化精英。

在艺术界，鲁迅倡导的新兴版画运动的后续效应不断显现。各路版画家们纷纷投入抗战，正如鲁迅生前曾赞赏的木刻家胡一川的作品《到前线去》中所表现的那样，广大青年艺术家在抗战爆发后纷纷奔向抗战前线，还有不少在浙江、武汉、广西、重庆、延安等地进行新兴版画创作活动，形成了抗战版画运动的高潮，在抗日战争中发挥了独特的作用，以至到 1945 年抗战胜利后，版画界就很快筹办了《抗战八年版画展》，形成了鲁迅所期望的版画界“无尽的旌旗蔽空的大队”的强大阵容，其中许多版画家都得到过鲁迅的指导、帮助，他们的早期版画都曾寄给鲁迅，以求指导，昭示了鲁迅精神思想在中国版画界的巨大影响。在演艺界，鲁迅的作品被改编演出的情况增多。其中以《阿 Q 正传》为最多，1939 年许幸之改编、导演的《阿 Q 正传》话剧在上海演出，同年底，田汉改编并演出成功，1946 年 5 月，南薇改编、袁雪芬主演的越剧《祝福》在上海上演，取得巨大成功，此后还被拍成电影，进一步扩大了影响。这一切，都来自鲁迅的思想精神宝库，而其被激发、被广泛传播和发生现场效应，则开始于鲁迅葬礼。

鲁迅不仅在文学、艺术上持续产生影响，而且扩散到普通大众。鲁迅的爱国主义和民族气节，正是在鲁迅葬礼上被人们更加明确、深刻地认同和认知，从而成为全民族的抗战精神偶像与抗战力量之源。在 1936 年 12 月,尽管抗日战争还没有全面爆发,但是北方局部的抗日战争已经打响。抗日前线面临严峻的形势。时值严冬,抗日将士缺乏御寒衣物。上海市民遂发起"鲁迅棉背心运动",以鲁迅的名义号召民众开展捐赠活动。市民发起这一运动时,鲁迅已经逝世两个月了,可见鲁迅的影响之大,已经到了市民阶层,而且以鲁迅为号召发起这项直接面对侵略军的抗日活动,也意味着把鲁迅作为中国人民抗日爱国的代表人物。这一行动的起因,正是鲁迅的葬礼。

鲁迅逝世举行葬礼后,大家对鲁迅精神思想更加重视,在民族生死存亡关键时刻,人们想到了鲁迅,因为鲁迅生前谈到过中日之间的矛盾,甚至预测到不久的将来会发生战争,比如在逝世前夕的 10 月 17 日下午,在内山书店聊天,回答日本牙医奥田杏花关于中日关系前景问题时说:"我认为中日亲善和调和,要在中国军备达到了日本军备的水准时,才会有结果,但这不能担保要经过几年才成。譬如:一个懦弱的小孩和一个强横的孩子二人在一起,一定会吵起来,然而要是懦弱的孩子也长大强壮起来,则就会不再吵起来,而反能很友好地玩着。"因此,1938 年,文化界出版了专书《鲁迅与抗日战争》,其中所收的十几篇文章,都表明他们从鲁迅的思想宝库中汲取了鲁迅的思想作为抗战的精神动力和思想资源。

鲁迅逝世前,中共中央根据国内外形势的变化,正积极倡导更广泛的抗日民族统一战线,鲁迅生前曾明确表示拥护,但表示必须坚持无产阶级的领导权。在延安,毛泽东同志尽管没有与鲁迅谋过面,但他曾经说过:"他的思想是与鲁迅相通的"。在鲁迅逝世后,毛泽东第一次公开谈论鲁迅是在 1937 年鲁迅逝世周年忌日,毛泽东发表了《论鲁迅》的演讲,以后不断在文章中谈到鲁迅,如 1940 年发表《新民主主义论》,1942 年发表《在延安文艺座谈会上的讲话》,大力推举鲁迅,成为"经典论述"。在 1942 年延安文艺座谈会的第一天会议上,毛泽东在开幕词中开宗明义就说,我们现在有两支军队,一支是朱总司令率领的,是拿枪杆子的军队,另一支是鲁总司令率领的,是拿笔杆子的军队。毛泽东的这些论述都成为建立抗日战争统一战线的重要思想来源。

三、传播鲁迅思想,熔铸民族灵魂

鲁迅葬礼让鲁迅思想和精神得到更广泛的传播和弘扬,激发人们沿着鲁迅足迹向黑暗社会作斗争,熔铸起民族的灵魂。

鲁迅逝世时,媒体铺天盖地的报道和民众强烈的地震式反应,可以清楚地看到,鲁迅在社会上的知名度和影响力非常巨大,已经成为全中国精神界的偶像,因此,鲁迅的逝世和葬礼加快或者说激发了鲁迅精神传播的力度和速度。

在鲁迅逝世后不久,中国共产党给全国同胞和世界各界人士、给国民党政府、给鲁迅夫人许广平连发三份电文,表达了鲜明的态度和立场,电文指出:“鲁迅先生的死,使我们中华民族失掉了一个最前进、最无畏的战士,使我们中华民族遭受了最巨大的、不可补救的损失!”“鲁迅无论如何艰苦的环境中,永远与人民大众一起与人民的敌人作战。他永远站在前进的一边,永远站在革命的一边……他在中国革命运动中立下了超人一等的功绩。”电文呼吁国民党政府为鲁迅进行国葬,并设立纪念鲁迅的文化设施,举行纪念鲁迅的一系列活动。这些建议显示了中国共产党对鲁迅的高度重视和评价,在中国共产党执政后都一一得以实现。目前全国有六家鲁迅纪念馆,更有以鲁迅命名的学校和公园。当时,很多民间人士也呼吁,要求为鲁迅举行国葬,建铜像,造图书馆,出版全集,改北京大学为鲁迅大学等。这些都是社会各界对鲁迅精神思想传播和接收过程中作出的真实反映,是鲁迅精神得到弘扬的实际表达,代表了社会的主流思想。

这三份电报诠释了鲁迅精神思想的内涵,鲁迅对于当今中华民族精神提振、激励全民族抵御外来侵略的作用,加快了鲁迅精神思想的传播。这并不是共产党对鲁迅的政治炒作，而是鲁迅在中国乃至全世界的地位使然，只不过中国共产党敏锐地发现了这一点，并加以推动，形成鲜明对比的是国民党政府装聋作哑，没有反应，所以有专家说，国民党从 20 世纪 30 年代就开始走向失败和灭亡，这不是无道理的。由于中国共产党对鲁迅葬礼的推动支持，上海文化界救国联合会的响应，扩大了鲁迅在社会各界的影响，鲁迅葬礼规模的宏大说明了广大民众对鲁迅的崇拜，这客观上进一步推动了鲁迅的影响力，据参加葬礼活动的许多人回忆，他们本身并不认识鲁迅，在路上看到浩浩荡荡的葬礼队伍，通过口口相传，不由得跟从在队伍后面。这为以后的鲁迅思想研究和传播，兴起鲁迅思想精神的研究热潮，奠定了基础。

据初步统计，在鲁迅逝世后一年中，中外纪念、回忆文章达到 500 多篇。从鲁迅逝世的 1936 年 10 月 19 日到 1937 年 1 月，媒体报道可以分为三个阶段：从 19 日到 23 日，为逝世消息、吊唁及安葬的报道；第二阶段，从 10 月 24 日到 10 月底，以悼文、各地纪念活动为主；从 11 月到 1937 年 1 月，以国外举行纪念活动报道为多。在第一阶段，报道最密集，在第二阶段，密度略有下降，以追忆、评论为多；第三阶段，以境内外的纪念大会专题报道和纪念专版为多，而且持续时间之长，也是令人难忘的：直到 1937 年 1 月 9 日，槟城《南洋商报》还刊登北马来亚文化界于 1 月 7 日举行鲁迅纪念大会的报道。

这些报道文章在地域上涉及国内 20 多个城市，国外则涉及多个国家，见报形式上兼有消息报道、通讯、特写、名人访谈、评论、社论、鲁迅生平简介、丧仪照片和生平照片、鲁迅作品选刊如《死》等。在方式上也多采用非常特别的处理，例如《申报》，在 10 月 20 日的头版上有《中流》《作家》的广告，而在上面就特别提到："鲁迅先生最后遗著"，杂感一篇在《作家》内，散文一篇（即《捷克译本短篇小说选集序》）在《中流》内，译著一篇（《死魂灵》第二部）在《译文》内。21 日、22 日在连续报道之外,都有鲁迅遗作的出版报道。这种处理都是异乎寻常的,表明了特别的重视。

还有一个现象,就是出版纪念专版、专刊的很多。据不完全统计,有太原《山西党讯》、北平《北平新报》《中报》《大路报》《中国日报》《华北日报》、九江《九江日报》、济南《山东日报》、南通《新文艺》报、开封《民言日报·跋涉》、上海《文化报》《申报·图画特刊》《东方快报》、无锡《人报》《锡报》、青岛《民报》《时报》、漳州《复兴日报》、厦门《闽南文艺协会会报》、泉州《国民日报》、香港《循环日报》《大众日报》、泰国《华侨日报》等。其中太原的《山西党讯》还连续出了七号专刊,发表文章 29 篇。这份看起来在宣传国民党政策的刊物,居然如此积极地悼念鲁迅,也是令人稍感诧异的事,但也说明鲁迅作为一名享誉海内外的文化名人的影响力无法掩盖。

鲁迅逝世后,有一万多人前往万国殡仪馆瞻仰鲁迅遗容,数万人参加葬礼,同时,在北平、南京和全国 20 余座大中城市举行纪念会。比如 10 月下旬,清华文学会在同方部举行追悼大会,闻一多即席演讲:鲁迅"除了文章以外还要顾及国家民族永久的前途",因此一想到他"不先想到他的文章而先想到他的人格";11 月 1 日,由南开大学教授罗恺岚与青玲艺话团、草原诗歌会、海风诗歌小品社、南开大学学生会等 13 个团体发起的天津追悼鲁迅会在市立第二十九小学礼堂召开,天津文艺界 100 多人参加,会上各团体和个人发表讲演,会上募集鲁迅先生奖学金,以继承鲁迅的遗志。1937 年,在鲁迅逝世周年的忌日,毛泽东发表《论鲁迅精神》的重要讲话,给以后的鲁迅纪念活动奠定了基调。

此外,海外还有日本、泰国、新加坡、马来西亚等地举行纪念会。可见影响之大。

众所周知,鲁迅长期被国民党政府通缉,被污蔑为"堕落的文人"。面对社会各界包括中国共产党要求给予鲁迅公正待遇的呼声，国民党南京政府表示沉默，既不支持，也不反对。正所谓“正能克邪”，在整个丧仪活动中，当时的政府居然没有派特务捣乱，耐人寻味的是却有少数官方人士参加，例如国民党财政部长孔祥熙、上海市市长吴铁城。还有某些国民党党刊如《山西党讯》还连续出了七号专刊，发表文章29篇纪念鲁迅的文章。这些都说明鲁迅作为一名享誉海内外的文化名人的影响力无法掩盖，国民党政府在这种氛围下，不得不有所收敛，遏制了国民党南京政府对鲁迅追悼、纪念活动的破坏行动。

参加鲁迅葬礼的人员阶层广泛。除了与鲁迅经常联系的弟子之外，还有演员、学生、工人、职员等，许多人与鲁迅并没有太多接触，甚至并不认识，但他们为鲁迅逝世而悲伤，意识到失去精神上的支柱，道义上的榜样。当年参加葬礼的夏征农回忆：“当时形势是戒严的，参加出殡的人，我是准备被抓的。因为有名的人在那里，所以没有抓人。”很多人都是见到送葬队伍后，见到这雄壮的场面，受到感染而跟进去的。如杨小佛回忆：“那天下午，正在校门口看到葬仪的队伍，一打听才知道这回事，原来是鲁迅的葬仪。看到大学生们立刻跟了进去，大学生好去，我们中学生也好去，于是跟着十来个大学生一起参加。从大西路很近，马路一转就到了。”

在重庆、成都、武汉、延安等地，在鲁迅逝世后，一般每年10月都有纪念鲁迅的集会活动。无论在抗战期间，还是在内战时期，纪念鲁迅几乎成为中国思想文化界最重要、最经常、范围最广、影响最大的文化活动。可以与此相提并论的，只有对孙中山的例行纪念，但那基本上是在国统区，而且多由政府部门操办，形式趋于简单和程式化。而纪念鲁迅则不限区域，更多由民间筹办，更富于内涵。它的影响更加真实而且广泛。如1937年10月19日延安陕北公学举行鲁迅先生逝世一周年纪念会，校长成仿吾任会议主席，毛泽东发表《鲁迅精神》的重要讲话。毛泽东明确指出：“鲁迅在中国的价值，据我看要算是中国的第一等圣人。孔夫子是封建社会的圣人，鲁迅则是现代中国的圣人……”同时概括了鲁迅的三个特点：“政治的远见；斗争的精神；牺牲精神。”“我们纪念鲁迅，就要学习鲁迅的精神，把它带到全国各地的抗战队伍中去，为中华民族的解放而奋斗。”毛泽东的这一讲话在国统区文化界引起了广泛的关注，毛泽东对鲁迅的高度评价也得到了全国进步文化人士的认可，这有力地促进了鲁迅精神及其文化遗产在国统区的传播。1940 年 1 月，毛泽东在延安新创刊的《中国文化》杂志创刊号上发表著名的《新民主主义论》，对鲁迅的“三家五最”的评价就此产生，这比 1937 年毛泽东对鲁迅的评价更加全面而准确，从政治文化上肯定了鲁迅的历史地位，这个评价一直延续至今。除了延安，全国其他许多地方都有鲁迅纪念会，如 1938 年 10 月 19 日，文化界在重庆召开了“鲁迅先生逝世二周年纪念会”，2 000 多人出席大会，会议主席邵力子致辞，谢冰莹向鲁迅遗像献花圈，台静农报告了鲁迅的生平事迹，老舍代表“文协”就学习并继承鲁迅的战斗精神发表了演讲；但是，延安的鲁迅纪念活动和研究最深入，纪念规格也最高，评价也最一致。

以鲁迅逝世、举行葬礼为契机，大家从中得到感悟：鲁迅的思想犹如一座灯塔，它照亮了我们前进之路。鲁迅的民族气节、对反抗黑暗社会的精神，对中华民族思想的深化、中华民族的崛起，都产生深远影响。比如原华东政法学院副院长曹漫之说：“我们那时候参加革命，并不是读了马克思列宁和毛主席的书，因为那时根本读不到他们的书，而是读了鲁迅的书去参加革命的。”

鲁迅葬礼也促使加快对鲁迅文化遗产的继承，如 1938 年《鲁迅全集》的出版，成为中国文学界第一部多卷的作家全集，成为我国文化生活的标杆，其传播涵盖了解放区和国统区，上海老领导夏征农曾捐赠了一套他在戎马生涯中好不容易保存下来的 1938 年版的《鲁迅全集》，阅读次数多了，书脊封面都已脱落，但他还是修补好不断地拿出来学习。毛泽东在延安窑洞的一张照片中,办公桌上也放着一套鲁迅全集。这套全集一版再版,供不应求。

上海文化界救国联合会在成功组织了鲁迅葬礼后,利用鲁迅葬礼产生的社会影响,多次发表声明,要求国民党政府停止剿共,停止内战,一致对外。上海救国会多次同情中共的举动惹恼了当时急于清共的国民党,也得罪了上海的日军。当时日本驻沪总领事若杉即命令领事约见国民党上海市政府秘书长俞鸿钧,要求逮捕救国会成员。南京国民政府于 1936 年 11 月 23 日上午,以"危害民国"罪在上海逮捕了救国会领导人沈钧儒、章乃器、邹韬奋、史良、李公朴、王造时、沙千里 7 位救国会的领导人,移送苏州江苏省高等法院羁押。由于 7 人都具有专业的社会地位,因此被称为"七君子事件"。

这一事件激起了中国共产党人、全国人民和国内外各方面人士的强烈抗议和谴责。宋庆龄、何香凝、张学良、杨虎城和国际友人罗素、杜威、爱泼斯坦等纷纷要求无条件释放沈钧儒等人。中国共产党和社会各界人士在全国开展了广泛的营救运动。1937 年 6 月 25 日,宋庆龄、何香凝、胡愈之等 16 人发起"救国入狱运动",要求入狱与沈钧儒等人一起受监禁。七七事变爆发后,蒋介石政府于 1937 年 7 月 31 日宣布具保释放沈钧儒等七人,并于 1939 年 2 月撤销了起诉书。

鲁迅离开我们已经整整 80 年,参加葬礼的人们大多数也已作古,但是,鲁迅的逝世及葬礼活动所产生的影响,感召、教育、濡染一代又一代中华民族子孙。鲁迅作为中华民族的脊梁,民族之魂,对中国社会起到了凝聚人心、树立旗帜的伟大作用;在中华民族遭受灾难之际,由于鲁迅的精神思想的影响,无论在解放区还是在国统区,无论在大后方,还是在战争前线,鲁迅精神直接激励了广大民众,中国人民在抗日战争的战场上前赴后继、冲锋陷阵,取得一个又一个胜利。许多人在他的感召下领悟了人生,追求着光明。在鲁迅文章被传播、鲁迅思想被传播,鲁迅精神被弘扬的过程中,1936 年 10 月鲁迅葬礼,是一个关节点,也是一次大推动,引起了全民的关注和感悟,由此形成中国文化界的常历常新的传统盛事,将永载中国文化史册。

"聆听":鲁迅演讲的研究新维度

杨益斌

鲁迅作为20世纪上半叶中国知名度美誉度极高的演讲家,其演讲不啻是黄钟大吕般的"呐喊"。真实的演讲,必然包含"言说"与"聆听"的双方。包括演讲在内的表达活动,都离不开"聆听"。任何"聆听"都不是一种单纯的听觉行为,更多的是包含了听觉行为在内的思维活动、智力活动、情感活动。鲁迅面向大众的公开"呐喊"与他经常"聆听"的演讲有何关系?这些"聆听"对鲁迅演讲的实践、思想与艺术产生了什么影响?

一、已有鲁迅演讲研究的缺憾:"聆听"与"呐喊"的人为割裂

众所周知,一个人如果要学会说话,必须从听话开始。"十聋九哑"的现象就证明了这一点。演讲家的养成,也是从"聆听"演讲起步的。然而,长期以来,包括鲁迅演讲研究在内的鲁迅研究,一般只专注于鲁迅自身的演讲而忽视鲁迅参与的演讲活动,也就是"聆听演讲"对其演讲的影响。

正如鲁迅在《未有天才之前》的著名演讲中所说的,"天才并不是自生自长在深林荒野里的怪物,是由可以使天才生长的民众产生,长育出来的,所以没有这种民众,就没有天才。"[1]我们学习、理解鲁迅这一位天才的演讲家,就需要用这个天才成长的规律来把握。以往的鲁迅演讲研究,基本上也是局限在鲁迅本人的演讲,

似乎鲁迅的演讲实践、思想和艺术，俨然一个独立发生、发展的东西，与具体的历史条件等没有多少关联。陈平原在《有声的中国——“演说”与近现代中国文章变革》中写道：“没有材料证明鲁迅接受过‘演说学’方面的专门训练，但从一九二六年在厦门大学的演说，我们可以断言，起码从那时起，鲁迅已经很好地掌握了广场演说的技巧。”[2]这种技巧从何而来？历来的研究者似乎都没有关注及此。大略言之，一与他长期在大学和中学兼课，擅长讲课有着重要的直接联系，二与他任职教育部、中山大学等，因工作需要主持会议、发表讲话、作出决策等不无关系；三与他经常参加各种会议、活动，聆听他人的演讲或多或少有关联，从他人的演讲中显然可以得到演讲主题、演讲内容、演讲艺术等多方面的影响，更可以从演讲现场效果来比较演讲技巧的高下，为自身演讲提供借鉴。有关鲁迅对他人演讲的聆听与研究，长期关注不够，鲜有成果。其实，不仅是鲁迅演讲技巧等可以作如是观，鲁迅演讲实践、思想和艺术等，何尝不是如此。积累有年之后，如能将鲁迅本人的演讲适当勾连、比较鲁迅聆听的他人演讲，当能开辟一个新的研究方向，从而有助于深化丰富鲁迅研究。因此，将鲁迅演讲研究从鲁迅本人的演讲拓展到他所聆听的演讲，是更加深入具体地贴近、理解鲁迅演讲天才的一个新的必由之路。

二、在场的“聆听”：催生、激励鲁迅的言说

作为现代意义上的“演说”，也叫“演讲”或“讲演”，就是“在听众面前就某一问题表示自己的意见或阐说某一事理。”[3]陈平原曾提到：“按使用的功能，晚清以降的‘演说’，大致可分为两类：一是政治宣传与社会动员，二是文化传播与学术普及。”[4]鲁迅终其一生，主要发表的演讲当属后一类，即文化传播与学术普及；主要聆听的各类演讲大体就不脱这两大类。进一步细分，鲁迅一生发表的演讲主要属于学术演讲、教育演讲和礼仪演讲；经常聆听的主要

就是政治演讲、学术演讲、教育演讲、礼仪演讲等。

鲁迅自己演讲,也听过不少他人的演讲。最晚在留日期间,他就经常听演讲。关于鲁迅一生在现场“聆听”的演讲,目前似乎缺乏深入具体的研究。笔者就资料所及,对其聆听演讲的类型、数量与质量等作一简要概述。这里,以《鲁迅全集》中的鲁迅日记[5]等为依据,整理出未必完全的部分统计情况,简述如下。

(一)任职教育部期间聆听讲演概况

1912年7月9日:“临时教育会议开始。”蔡元培在这个茶话会上演说了临时教育会议的性质。

7月31日:“本部开谈话会,总、次长演说。”

8月5日:“下午赴部听教育会议员说各地教育状况,而到者止浙江二人。”

9月6日:“上午赴本部职员会,仅有范总长演说,其词甚怪。午后赴大学专门课程讨论会,议美术学校课程。”

1913年1月4日:“上午赴部,有集会,设茗酒果食,董次长演说。”

2月5日:“范总长辞职而代以海军总长刘冠雄,下午到部演说少顷,不知所云。”

1915年9月6日:“午后往通俗教育研究会。”会上首任会长梁善济发表有关该会宗旨的演说,并推选高步瀛等三十三人为干事。

10月28日:“下午通俗教育研究大会。”会上由新任教育总长张一麐致“训辞”,鼓吹小说要“寓忠孝节义之义”,并宣布由新任教育次长袁希涛兼任该会会长。

12月6日:“午后听青年会中人余日章演说。”

1923年1月19日:“……上午往高师校讲。……复至高师校听爱罗先珂君演说。……”爱罗先珂应该校国文学会之邀,往讲《过去的幽灵》。记录稿经耿勉之译成中文,26日由鲁迅寄孙伏园,29 日发表于《晨报副刊》。

1923 年 5 月 14 日:“……晚与裘子元往西吉庆饭,复至大学第二院听田边尚雄讲说《中国古乐之价值》。”《中国古乐之价值》原题为《支那古代音乐的世界价值》,日文讲辞载本月 20 日、27 日日文《北京周报》第六十五、六十六号,译文载本月 23 日《晨报副刊》。

1924 年 4 月 23 日:“午后往世界语校听小坂狷二君演说。”小坂狷二君演说的演讲题为《大同的企图》,讲演稿在日文《北京周报》第一一〇号。

1924 年 5 月 8 日:“……逮夕八时往协和学校礼堂观新月社祝泰戈尔氏六十四岁生日演《契忒罗》剧本二幕,归已夜半也。”新月社是以留学英美的知识分子为核心的文学和政治性团体。成立于 1923 年,主要成员有胡适、徐志摩、闻一多、梁实秋等。1924 年 4 月印度诗人泰戈尔访华,5 月间到北京时正逢其 64 岁生日,新月社因借东单协和医学校礼堂为他举行庆祝会,由胡适主持,梁启超说明泰戈尔中文名“竺震旦”的含义,泰戈尔致词,嗣由徐志摩、张歆海、林徽因演出他的剧本《契忒罗》。

任职教育部期间聆听讲演总计 13 次。演讲人既有当时的教育总长蔡元培等教育部正副部长,又有参加通俗教育研究会的名流学者,还有外国友人如俄国著名诗人爱罗先珂、日本人田边尚雄和小坂狷二。演讲形式,有的是专题学术演讲,有的是研讨会,还有礼仪性质的致词等。

(二)离开教育部到广州时期聆听的演讲概况

1926 年 10 月 10 日:“上午举行国庆纪念。午后开国学研究院成立会。”国学研究院成立会:国学研究院,即厦门大学国学研究院。由林文庆兼任院长,沈兼士、林语堂分任主任、秘书。该院成立大会于是日下午举行,来宾约三百余人。林文庆、沈兼士等演说后,即进行茶叙,并参观该院图书部及古物陈列室。展品中有鲁迅所藏六朝、隋、唐等造像拓片。

12 月 12 日:“赴平民学校,演说五分钟。”平民学校由厦门大学学生自治会主办。教员多由学生兼任;学员为厦大年轻工人和附近工农子女。本月 12 日借厦门大学群贤楼召开成立会,邀请鲁迅、林文庆、林玉霖等人出席并演说,鲁迅既是演讲者也是聆听者。

1927 年 1 月 23 日:“午后梁匡平等来邀至大观园饮茗,又同往世界语会,出至宝光照相。”广州世界语者是日举行大会,欢迎步行全球抵达广州的德国世界语学者赛耳(Zeihile),鲁迅、孙伏园应邀出席并讲演。另据李伟江所提供的史料,在大会上演讲的还有会议主席黄尊生、伍大光,世界语学者赛耳等。可见鲁迅当时聆听的讲演并不局限于孙伏园一人。[6]

3 月 1 日:“午中山大学行开学典礼,演说十分钟,下午照相。”开学典礼于是日正午十二时举行,到会者有师生及来宾共两千余人。鲁迅以教务主任身份讲演,记录稿初刊于《国立中山大学开学纪念册》,题为《本校教务主任周树人(鲁迅)演讲辞》,后又改题为《读书与革命》,刊登于 4 月 1 日《广东青年》第三期。未收集。据李伟江的考证,初刊《本校教务主任周树人(鲁迅)演讲辞》的《国立中山大学开学纪念册》,“列 B 类‘本校开学典礼日演说辞’栏之八”,可见当时开学典礼上还有其他人发表了演说,鲁迅当时无疑是聆听了这些演说的。[7]

3 月 29 日:“上午往岭南大学讲演十分钟,同孔容之归,在其寓小坐。”岭南大学:美国基督教会在广州创办的大学,前身为 1888 年(光绪十四年)成立的格致书院。1927 年 1 月由国民革命政府收归国人自办,改名私立岭南大学。是日该校为纪念黄花节,邀请鲁迅与孔祥熙讲演。鲁迅讲稿佚。鲁迅演讲完毕同孔祥熙返回并在孔家小坐,显见是听完了孔氏讲演的。

离开教育部到广州时期聆听演讲总计 8 次,重要的如厦门大学国学研究院成立会上林文庆、沈兼士等人演讲,厦门大学平民学校成立会上林文庆、林玉霖等人演讲，广州世界语者大会上孙伏园演讲，岭南大学黄花节纪念大会上孔祥熙的演讲等。

至于鲁迅北京教育部任职期间至厦门期间参与会议、会见、仪式等次数约90次，广州期间参与或者主持的会议次数约10次，大体上每次至少听到1人次演讲，不少是多人次演讲。

由上可知：鲁迅参与的这些活动，与会者大多绝非泛泛之辈，名望、身份、思想、见识、口才等至少有一个方面都颇不一般。他所听到的演讲，不乏中外名人名家，个人立场观点未必相同，演讲形式、风格也各如其面，演讲效果、反响评价不尽一致。这些无不作用于鲁迅身上，其“聆听”或多或少或强或弱地刺激鲁迅的心灵。它们可能是一种理解、吸收或者同化、顺化，也可能是排斥、反感，从而能引发反向的思索。这些，都构成了鲁迅演讲的实践、思想及艺术的前提，也是解读、研究鲁迅演讲不可忽视的重要的内外环境。

这里暂以章太炎和吴稚晖为例。在逝世前二日所作《因太炎先生而想起的二三事》（未完稿）中，鲁迅回忆道——

> 凡留学生一到日本，急于寻求的大抵是新知识。除学习日文，准备进专门的学校之外，就赴会馆，跑书店，往集会，听讲演。我第一次所经历的是在一个忘了名目的会场上，看见一位头包白纱布，用无锡腔讲演排满的英勇的青年，不觉肃然起敬。但听下去，到得他说“我在这里骂老太婆，老太婆一定也在那里骂吴稚晖”，听讲者一阵大笑的时候，就感到没趣，觉得留学生好像也不外乎嬉皮笑脸。“老太婆”者，指清朝的西太后。吴稚晖在东京开会骂西太后，是眼前的事实无疑，但要说这时西太后也正在北京开会骂吴稚晖，我可不相信。讲演固然不妨夹着笑骂，但无聊的打诨，是非徒无益，而且有害的。[8]

可以说，哪怕到临终前两天，鲁迅都没有忘记“观看”“聆听”吴稚晖当年排满演讲的复杂而特别的感受。吴稚晖夹着笑骂然而却是无聊的打诨之演讲，给鲁迅留下了没趣、有害的印象。这一方面表明吴稚晖式的演讲风格，或者不符合鲁迅的对演讲的心理期待因而发生了反感直至排斥；另一方面，这种演讲，事实上引起了鲁迅对演讲的深刻思考。十分严肃的排满主题的政治演讲，在吴稚晖式的打趣之中，变得油滑低俗，政治的严肃性顿时消解于无形。这于达成演讲主旨，委实害莫大焉。

至于革命元勋、学术大师章太炎，鲁迅早年曾亲炙其人其书其演讲。无论政治演讲还是学术演讲直至教育演讲，鲁迅无疑都受益不少。这里仅以其在民报社聆听章先生讲学为例。1908 年（光绪三十四年）夏，他与许寿裳、钱玄同、周作人等请章太炎在民报社讲解文字学，每周一次，坚持大约半年。

鲁迅在 1936 年 10 月 9 日的《关于太炎先生二三事》写道：“前去听讲也在这时候，但又并非因为他是学者，却为了他是有学问的革命家，所以直到现在，先生的音容笑貌，还在目前，而所讲的《说文解字》，却一句也不记得了。”[9]当然，这种写法旨在压抑时人对太炎先生为“粹然”“宁静的学者”的有意无意之误解误读误评，特意彰显、弘扬太炎先生“有学问的革命家”的本来面目。“所讲的《说文解字》，却一句也不记得了。”这句话自然不可当真。

章氏的这种讲学，不管它到底是学术演讲还是教育演讲，从周作人、许寿裳等人的回忆里，颇能看出聆听这段讲学的经历对鲁迅的影响不容小觑。

周作人在《鲁迅的青年时代》里写道：“《说文解字》已经讲完，民报社被封，章先生搬了家，这特别班也就无形解散了，时间大概也只是半年多吧，可是这对于鲁迅却有很大的影响。鲁迅对于国学本来是有根底的，他爱楚辞和温李的诗，六朝的文，现在加上文字学的知识，从根本上认识了汉字，使他眼界大开，其用处与发见

次会,念一卷经,演说一通,宣言一下,或者睡一夜觉,做一首诗也可以”。总之,照样能够另变一人,和“以前之我”绝无关系。[21]古人云,修辞立其诚;演讲者,言为心声。政客、军阀等当时各种名人,演说无操守,善变如流氓。诸如此类,自然没法给鲁迅好感。

再如《南腔北调集·经验》写道:“例如近来有些看报的人,对于什么宣言,通电,讲演,谈话之类,无论它怎样骈四俪六,崇论宏议,也不去注意了,甚而还至于不但不注意,看了倒不过做做嘻笑的资料。”[22]这里对当时党政要人、军阀政客的所谓演讲谈话等不加注意,嗤之以鼻,视为笑谈。久见其怪,怪已不怪!这种经验倘若成为大多数人的共同感受,有关演讲者及其所代表的政治集团和阶级的公信力当然也就荡然无存了。

这种不在场的“查旧帐”式的对“演讲”文本的“聆听”,和前面所述在场的“聆听”,都以各自的方式,经由输入、吸收,最终内化成自己的东西。在适当的内外条件刺激或作用下,“聆听”之后内化的成果,完全可能以“呐喊”的形式得以表达出来。以此观之,积累经年的“聆听”,与鲁迅独特的“呐喊”,包括演讲在内的各种言说,自然就有了天生的血肉联系了。

四、鲁迅演讲的历史还原:“聆听”“呐喊”的双向互动

综上所述,不妨尝试从发生学角度阐释、还原鲁迅演讲、原声“呐喊”何以发生、何以如此。

“聆听”形成原初的演讲印象,这很大程度上建构起了鲁迅对演讲的前理解。大量、反复的聆听经验,不断刺激作用,或者同化或者拒斥,或者强化或者改造,与鲁迅既有的或者部分表述、思想虽有调整但基本精神却一以贯之的为人生的文化启蒙立场、立人本位相互激荡,便熔铸产生了特异的鲁迅演讲思想。鲁迅自身的演讲实践,反过来加深了他对演讲的个性化体验和认知。于是聆听与践行交互为用,互为因果,其演讲思想愈益与众不同,其演讲

艺术愈益独具风采。

“聆听”在某种程度上激励催生了鲁迅演讲的实践。正面的感受、成功的演讲，树立了榜样；负面的感受、失败的演讲，激发了反思。这些在一定环境与条件下，就比较容易转化为实际的演讲行动。有了躬身实践，以后再身处演讲现场，其聆听就具有了新的注意指向，不再是泛泛的听听而已，必然有内容、形式、技巧、思想等方面的比较、思考甚至碰撞。如此聆听，必有前所未有的心得体会，经过消化吸收，借鉴运用到自身，对于其演讲实践自然会发生或多或少的助益。

聆听所关注、收获的不仅仅在于对演讲思想、实践的发生、发展与提升，同样也适用于演讲的艺术。分开阐述，只是便于分析。实际上，聆听这一过程，对于演讲的思想、实践、艺术是同时混沌式的发生作用的。

以上主要从“聆听”角度，爬梳整理，在兼及鲁迅演讲的思想、实践及艺术的同时，或许能够从新的视角更好地理解“鲁迅演讲何以发生，又何以如此”。

（于湖南工艺美术职业学院）

本文系湖南省 2012 年度高校科学研究一般项目《鲁迅的演讲思想与艺术研究》（课题编号：12C1041）和益阳市社会科学成果评审委员会 2012 年度立项课题《鲁迅演讲观和演讲艺术研究》（课题编号：29）的阶段性成果。

参考文献

1　鲁迅：《坟·未有天才之前》，《鲁迅全集》第一卷，人民文学出版社 2005 年版（下同），第 174 页。

2　陈平原：《千年文脉的接续与转化》，三联书店（香港）有限公司 2008 年版，第 206 页。

3　夏征农：《辞海》（1999 年版缩印本：音序），上海辞书出版社 2002 年版，第 1966 页。

4 陈平原:《"演说现场"的复原与阐释——"现代学者演说现场"丛书总序》,《社会科学论坛》2006年第9期。

5 鲁迅:《日记(1912—1926)》《日记(1927—1936)》,《鲁迅全集》第十五、十六卷,人民文学出版社2005年版。

6、7 李伟江:《鲁迅粤港时期史实考述》,岳麓书社2007年版,第256页、第41页。

8、9 鲁迅:《且介亭杂文末编·因太炎先生而想起的二三事》,《鲁迅全集》第六卷,第578页、第566页。

10 周作人,止庵:《鲁迅的青年时代》,北京十月文艺出版社2013年版,第44页。

11、12、13、14 许寿裳:《亡友鲁迅印象记·许寿裳回忆鲁迅全编》,上海文化出版社2006年版,第27—28页、第29页、第275—276页、第29页。

15 鲁迅:《210729致宫竹心》,《鲁迅全集》第十一卷,第399页。

16 鲁迅:《日记十六》,《鲁迅全集》第十六卷,第50—51页、第61页。

17 《鲁迅全集》第六卷,第249页。

18、19 《鲁迅全集》第三卷,第554页、第558页。

20、22 《鲁迅全集》第四卷,第594—595页、第554—556页。

21 《鲁迅全集》第五卷,人民文学出版社2005年版,第245—247页。

翻译与重写:鲁迅译《查拉图斯特拉如是说》
——译本分析与“接受”辨析

蒋　硕

鲁迅与尼采是鲁迅研究中的一个重要题目,相关文章于鲁迅在世时就已出现,到现在研究不断深入,已有近百年的历史了,中外学人的相关研究文献汗牛充栋,可以说涉及了鲁迅与尼采关系的方方面面。但笔者在回顾前人研究时,感觉到回归译本本身,细致分析译本的工作仍然需要,鲁迅的译本和他用以说明的附记,仍然有一些问题未能受到应有的重视和合理的解读。这些问题并非是不重要的,它将成为进一步研究的起点。以现在的翻译理论看来,翻译就是一种重写。因此,翻译也就是译者对原文的接受,它体现了译者的主体身份和文化语境。鲁迅对尼采的翻译和译后附记也明显体现了他极具风格的接受特点。

一、鲁迅翻译《查拉图斯特拉如是说》的过程

鲁迅早年注意尼采学说,在日本留学时期,适逢日本的“明治时期尼采热”,尼采成为当时日本社会青年和学术界热议甚至论战的话题[1]。鲁迅通过日本学界的中介接触了尼采的思想和学说,后来又进而阅读了尼采的原著[2]。回国后,他开始自行翻译《察罗堵斯德罗如是说》(今通译《查拉图斯特拉如是说》)[3]。鲁迅第一

次翻译此书,和他其他早期译作一样,使用文言。翻译的最晚定稿时间可能为1918年[4],原译稿只有全书绪言(序言)的第一至三节。同年,他已开始用白话创作了第一部小说《狂人日记》。1919年,五四运动前后,新旧两派的文化论战也进入高潮。1919年2月林纾发表《荆生》,3月发表公开信《致蔡鹤卿书》,攻击新文化运动人物,批判白话文运动。鲁迅1919年1月致许寿裳信中说:"主张用白话者,近来似亦日多,但敌亦群起,四面八方攻击者众,而应援者则甚少……"[5]1920年他第二次翻译该书,《鲁迅日记》1920年8月10日记载"夜写《苏鲁支序言》讫,计二十枚。"[6]鲁迅应于是夜完成序言的翻译,并刊于1920年9月出版的《新潮》月刊。[7]他不仅译出《序言》全文,并撰有附记,而且译入语也改为白话。在1920年3月写的《〈域外小说集〉序》中,鲁迅说:"其中许多篇,也还值得译成白话,教他尤其通行。"[8]这里我们也可以推想《查拉图斯特拉如是说》也是鲁迅认为值得再译成白话的,目的是使它更为通行,以起到思想传播的作用。从鲁迅翻译生涯来看,第二次翻译的《察拉图斯忒拉的序言》为鲁迅第二篇白话文翻译,与同年1月译成的武者小路实笃《一个青年的梦》和同年10月译完的俄国阿尔志跋绥夫《工人绥惠略夫》均是鲁迅作为新派人物与保守派斗争致使翻译语言转换的早期成果。

鲁迅于1909年回国,但直到1918年才定稿出版第一篇尼采的著作,这离他第一次接触尼采已有10多年了。是什么使鲁迅开始决意翻译出版尼采呢?我们看到,鲁迅回国后起初对辛亥革命抱有希望,但随着革命后所显现的现实又使他感到了极大的失望[9]。其时,复古思潮漫延,其一是"以严复的尊孔读经论、康有为的孔教运动和廖平的'孔经哲学'为代表"[10],袁世凯也举行了祭孔活动。其二"以康有为的'虚君共和'、梁启超的'开明专制'及杨度等人的'君政复古'为代表"[11]。袁世凯短暂称帝之后中国又形成了军阀割据的局面[12]。复古思潮与现实政治相互作用,对当时社会产生很大的影响。1918 年 7 月，在致钱玄同信中鲁迅骂刘师培等人说："中国国粹，虽然等于放屁，而一群坏种，要刊丛刊，却也好不足怪。该坏种等，不过还想吃人……但该坏种等之创刊屁志，系专对《新青年》而发……初不料《新青年》之于他们，竟如此其难过也。"[13]他这时着手出版尼采，正是用以反击文化复古思潮，宣传进化论，呼唤"超人"，并与其他文化界人士的译介一起，于五四运动时期形成了中国第一次尼采热[14]。另一方面，随着"一战"的进行，西方文化界开始集中反思西方文化的弊端，如 1918 年斯宾格勒的《西方的没落》出版。一战后中国作为战胜国在外交上的失败也给中国文化界对晚清以来大举学习西方的思路带来了质疑，民族主义运动爆发，并随着新文化运动的展开把 1915 年开始的东西文化问题的论战推向高潮。其中，杜亚泉、辜鸿铭、梁漱溟及梁启超的《欧游心影录》等都对西方文化进行了反思，甚至否定[15]。鲁迅此时翻译出版尼采这一现代西方文明批判者的著作，也正是以另一种形式参加讨论，甚至是具有学理性的更为深刻的讨论。1920 年 5 月致宋崇义信中，他说："仆以为一无根底学问，爱国之类，俱是空谈；现在要图，实只在熬苦求学……"[16]后来他也说人们大谈尼采，而中国连尼采一部书的全译也没有[17]，他是考虑通过翻译这样基础性的工作得以更深入地研讨中国的问题。当然，这也是鲁迅对他留学回国前夕所写的《文化偏至论》等文章思路的一种延续。

据周作人[18]、许寿裳[19]的回忆文章和张钊贻[20]、李冬木的研究可知，鲁迅在日本留学期间，购买了德文原版的尼采《查拉图斯特拉如是说》，其版本应是"雷克拉姆万有文库"（Reclam Universal Bibliothek）版。并购入了日本学者登张竹风的《尼采与二诗人》和桑木严翼的《尼采氏伦理说一斑》两书[21]进行研读。另据 1923 年 6 月上海商务印书馆出版的《现代日本小说集》鲁迅所译森欧外两篇小说的附记可知，鲁迅买有生田长江于的《扎拉图斯忒拉》日译本,并将森欧外的《沉默之塔——代〈扎拉图斯忒拉〉译本的序》翻译为中文,收入《现代日本小说集》[22]。现在学者也一般认为鲁迅在1918年和1920年翻译时参考了这个日译本。但据《鲁迅手迹和藏书目录》来看,现藏日译本为1924年版[23],已晚于鲁迅实际的翻译时间了。

鲁迅本想自家翻译全书,后命其学生,曾留学德国的徐梵澄将全书译出,并代其定书名为《苏鲁支语录》[24]。这个书名如第一次翻译的《察罗堵斯德罗如是说》一样,仍然采用文言,体现了原著的古雅风格。《察罗堵斯德罗如是说》的译名借用了佛典套话"如是我闻",查拉图斯特拉本是古波斯拜火教先知,鲁迅译名也选择了佛经一类的宗教经典。《苏鲁支语录》则套用儒家宋学经典《朱子语类》,和禅宗语录。根据他日记后的书账,我们得知当时鲁迅正大量购买,研读佛经。[25]

二、鲁迅译本分析

在对鲁迅前后两种译本的比较研究的基础上,笔者发现鲁迅的白话文译本是较为忠实的,漏译、错译并不多见。问题较大的为其第一个译本,即文言译本,而文言译本又以第一节问题最为突出。在这一节中,鲁迅漏译了两句话[26]。第一句即原文的"... ich bedarf der Hände, die sich ausstreken."[27]英译本为"I need hands outstretched to take it."[28]白话鲁译本为"我等候伸出来的手了"。钱春琦译本为"我需要有人伸手来接取智慧"[29]。英译本和钱本为了译文更加通顺易懂,分别增加了"to take it"和"来接取智慧"这一目的状语,而白话鲁译本采取的是直译的方法。漏掉的另一句为"... bis die Weisen unter den Menschen wieder einmal ihrer Thorheit und die Armen einmal ihres Reichthumas froh geworden sind."白话鲁译本为"直到人间的贤人又欣喜他的愚和穷人又欣喜他的富。"钱本为"直到世人中的智者再度乐其愚,贫者再度乐其富。”几种译本意思基本吻合。对比原文与鲁译的漏译处，可以看到第一处漏译使鲁迅的文言译本读起来意思更加连贯，语句更加紧凑，鲁迅当年删去本句也许是出于文章美感的考虑，而漏译的第二句，尼采在原文里使用了类似于“Paradox”（悖论）的修辞手法，使话语充满张力，含义具有多重性和模糊性。在白话译本附记中，鲁迅也说：“……用箴言集成，外观上常见矛盾，所以不容易了解。”可能鲁迅认为这句话难以被读者理解而删掉了。

第三节中有两句在1919年1月15日《新青年》第六卷第一号上发表的《随感录四十一》中先出现过，鲁译白话本抄录如下，括号中的是《随感录四十一》中的译文。

> “真的，人间是污秽的浪（人是一个浊流）[30]。人早该是海了（应该是海了），能容下这污秽的浪儿没有不净（能容这浊流使他干净）。
>
> “喂（咄），我教你们超人：这便是海，在他这里，能容下你们的大侮蔑。”

文言本：

> 诚哉！人浊流尔。若其祈能受浊流，而无不净，维为海已。
>
> 嘻！吾诏汝为超人。此海也，是中则能注汝大慢易。

原文：

> Wahrlich, ein schmutziger Strom ist der Mensh. Man muss schon ein Meer sein, um einen schmutzigen Strom aufnehmen zu Können, ohne unrein zu werden.

Seht, ich lehre euch den Übermenschen: der ist diess Meer, in ihm kann eure grosse Verachtung untergehn.

鲁迅的文言本和《随感录》都把“Mensh”译成“人”,这是对的,但最后出的白话本却译成“人间”,似乎并没有完全做到直译。另外,把“Strom”译成“流”也比“浪”要更忠实原文。鲁迅在《随感录》中,把尼采的一句话译错了。在“能容这浊流使他干净”中,鲁迅用了使动用法,“使”的主语应是海,而“使”的对象就成了“他”,即文中的“浊流”。这样就成了浊流变干净了。原文中这句说的是海本身没有变得污浊,在此意思上,文言和最后的白话鲁译本都是正确的。徐译本、钱译本和黄译本也都是这样译的。鲁迅何以在文言译本后几个月就改了译文,从而译错了意思呢?《随感录四十一》一开始就说看到一封匿名信,大概是寄来嘲笑新派的。因此,鲁迅说:“现在的中国,社会上毫无改革,学术上没有发明……国人的事业,大抵是专谋时式的成功的经营,以及对于一切的冷笑”。而中国人则“大抵在如此空气里成功,在如此空气里萎缩腐败,以至老死。”接着他举出尼采,呼吁中国青年“都只是向上走,不必理会这冷笑和暗箭”。阻碍只是“几粒石子,任他们暗地里掷来;几滴秽水,任他们从背后泼来就是了”[31]。鲁迅这里明显地在批判当时的社会环境,写作时有着鲜明的主体、客体意识,把客体当作批判的对象。因此,鲁迅在写作《随感录四十一》时,便不自觉地把原句一个并不强调主客对立的描述主体的句子,译成了更具有目的性的主体对客体的改造,“使他干净”。在《鲁迅与终末论》里,伊藤虎丸也提出了一个“整体对象化”的概念,意思是鲁迅在对旧制度文化的反抗中有一种将其“整体对象化”的努力[32]。我们在《随感录四十一》的改译中也看到了类似的情况,第二年(1920),鲁迅在第三次翻译这句话时又把它改了回来。

文言鲁译本第三节中另有一处,疑为标点错误,导致意思谬误。译文为:"彼之求知,犹狻猊之求食。与此贫陋,此秽恶,此可怜豫也。"原文为"Begehrt sie nach Wissen wie der Löwe nach seiner Nahrung? Sie ist Armuth und Schmuthz und ein erbärmliches Behagen!"英译本为:"Doth it long for knowledge as the lion for his food? It is poverty and ..."这两句的第一句为问句,根据《国家图书馆藏鲁迅未刊翻译手稿》影印的文言译文手稿来看,鲁迅没有标点他的译文[33],而是用了疑问助词"与",表示疑问语气,所以本句断句应为"犹狻猊之求食与。此贫陋,此秽恶,此可怜豫也"。这里,狮子是雄猛地象征[34],正与后句"可怜的满足"(erbärmliches Behagen)相对,因此是一种反问的修辞,有对比和讽刺的含义。若照原来的断句,为一陈述句,则反问语气顿失,意思与原文相谬了。同节另一句亦可证明。"夫非十架之同情。爱人之人,尝离于此者与。"原文为:"Ist nicht Mitleid das Kreuz, an das Der genagelt wird, der die Menschen liebt?"英译本为"Is not pity the cross on which he is nailed who loveth man?"原句也是问句,鲁迅同样没用问号,而代之以疑问助词"与"。"离"通"罹",用如"离骚"。鲁迅把原句拆分为两句翻译,译文基本准确。

在第六节中,白话鲁译本有"恶鬼会从我这里偷去一条腿。"原文为"dass mir der Teufel ein Bein stellen werde."英译本是"the devil would trip me up."钱本为"魔鬼会伸腿把我绊倒。"黄明嘉译注疏本为"魔鬼会向我伸腿。"[35]德文"stellen"是放置,竖放的意思,没有偷的含义。偷字应为"stehlen",此处是鲁迅错译了。

在第七节中,白话鲁译本有"无聊的是人的存在。"原文为"Unheimlich ist das menschliche Dasein."英译本为"Sombbre is human life."且不说英译本把德文富有哲学内涵的Dasein(此在/存在)译为life是否合适,因为尼采哲学向被认为是存在主义的一员[36]。且看鲁迅将Unheimlich译为"无聊",则此词有阴森的,可怕的之意并非无聊的用法。钱本作"人的生存是阴森可怕的。"黄译本为“人的生存是可怕的。”

在第八节中，鲁迅译本有“他于是将死尸横在空洞树里，当作枕头。”原文是“Da legte er den Todten in einen hohlen Baum sich zu Häupten.”英译本是“He then put the dead man in a hollow tree at his head.”徐本为“他将死者平头安置在一空树穴里。”钱本作“他把死人放进他头顶上的一棵空心树里。”此处没有拿死尸当作枕头的意思，应是一处明显误译。但是鲁迅是否有故意为之的可能呢？鲁迅十分赞赏死尸的艺术，在作品中经常出现关于死尸的文字。在《随想录四十三》中，他甚至谈到美国画家的一幅画上有一排排的死尸，他赞赏道：“这才算得真的进步的美术家的讽刺画。”认为这样才能“发生感动，造成精神上的影响。”[37]鲁迅在译文中有可能为了更加感人和表达的有力，对原文有意无意地采用了间离的陌生化处理，加上了原文中本没有的“当作枕头”。要知道鲁迅翻译这个白话文译本时已经采用了直译，他不会随意增减原文的，像本句这种为增强艺术效果的改动，鲁迅只是偶尔为之。

第九节，鲁译本有“那弄碎他们的价目的表册的……”原文为“der zerbricht ihre Tafeln der Werthe.”英译本为“Him who breatketh up their tables of values.”钱本是“是把他们价值之石板打碎的人。”此处用圣经典故，在摩西五经的《出埃及记》中，耶和华与摩西在西奈山顶立约/法，刻于石板之上，是为旧约。后耶稣与世人重定新约，以饼和酒纪念其肉体与血液的代赎，《耶利米书 31：33—34》说：“我要将我的律法放在他们里面，写在他们心上。”[38]所以鲁迅这里译为“价目的表册”似未译出原意。或者，鲁迅是故意去掉原文中的基督教因素，因为当时北京知识界已开始对基督教有了反对的声音，随后发展成为声势浩大的“非基运动”。

鲁迅在 1907 年作的论文《摩罗诗力说》的开篇引文也是译自《查拉图斯特拉如是说》。鲁迅的译文为“求古源尽者将求方来之泉，将求新源。嗟我昆弟，新生之作，新泉之涌于渊深，其非远矣"[39]。这段文言译文出自原书第三部中 Von alten und neuen Tafeln(《古老的法版和新的法版》)的第 25 节。原文如下:

> "Wer über alte Ursprünge Weise wurde, siehe, der wird zuletzt nach Quellen der Zukunft suchen und nach neuen Ursprüngen.
>
> "Oh meine Brüder, es ist nichtüber lange, da werden neue Völker entspringen und neue Quellen hinab in neue Tiefen rauschen."

黄明嘉译本为:

> "看呀,由于了解古代源头而变得智慧的人,是终定要寻求未来的源泉和新的源头。
>
> "哦,我的弟兄们,不用太久,就会产生新的民族,新的源泉将潺潺流进新的深渊。"

鲁译把原文两个自然段合为一段。原文第一自然段中的"Weise wurde(变得智慧)"没有译出。第二自然那段的"neue Völker(新的民族)"则译为"新生"。Hinab 是向下的意思,文中指水向下流。而鲁迅则译为"涌",涌为自下向上冒出之意。鲁译把意思译反了。鲁迅把 neue Völker(新的人民或民族)"译为"新生",是归化翻译,因为尼采本意呼唤超人和新人,用以批判、更新甚或代替由多个民族构成的当时基督教文明的西方世界。而鲁迅则是针对当时本民族的精神和文化,即"国民性"的改变,并非欲取其他民族以代之。这样就可以理解他的翻译措辞了。

三、鲁译《察拉图斯忒拉的序言》附记读解

附记是鲁迅对其用白话翻译的《察拉图斯忒拉的序言》的概

要介绍和一些疑难的解释说明。他说:“但就含有意思的名词和隐晦的句子略加说明”,所以附记是体现鲁迅本人对尼采和《查拉图斯特拉如是说》认识的重要文本。虽然里面的见解一定包括了其他学者的研究成果和翻译时参考的德日文注释,但这里也有鲁迅的选择在里面,体现了鲁迅的接受和他在文化论战中的立场与思索。

第三节写道:“走索者指旧来的英雄以冒险为事业的;群众对于他,也会集观览,但一旦落下,便都走散。”这里显然是鲁迅自留日期间就生发的与“国民性”相关的“看客”主题的又一次显现[40]。群众和走索者在这里分别变成了看与被看者。这在后来的鲁迅小说,如《示众》《药》《孔乙己》中一再出现。

第三节还说到:“不是你们的罪恶——却是你们的自满向天叫……意即你们之所以万劫不复者,并非因为你们的罪恶,却因为你们的自满,你们的怕敢犯法;何谓犯法,见第九节。”在第九节尼采用了反复的修辞把一段话说了两遍,以示强调之意:“瞧这些善良正直的人们!/最虔诚的信徒!他们最仇恨谁呢?最仇恨破坏他们价值标牌的人,最仇恨破坏者、违法者——但他正是创造者。”(黄明嘉译)因此这个所谓的犯法者就是破坏原有价值体系的人。KSA 版注说:“犹如摩西”[41]。《圣经·出埃及记》32:19 说:“摩西挨近营前,就看见牛犊,又看见人跳舞,便发烈怒,把两块版仍在山下摔碎了”[42]。而第三节中说到的:“不是你们的罪过——而是你们的满足感向天呼喊,是你们罪过中的贪婪向天呼喊!”(黄明嘉译)这里的满足感,KAS 版注:“指平凡,无聊。”[43]同节稍前也说道:“你们的灵魂(幸福/理智/美德)难道不是贫乏、龌龊、一种可怜巴巴的舒适?”(黄明嘉译)尼采在这里显然还是在与圣经互文性的同时批判当时西方基督教文明所带来的西方文明的没落,并呼唤超人的出现。鲁迅在这里与尼采暗合处也就是鲁迅面对的是帝国与古老文明衰落的中华。他也呼唤新人的出现,“立人”以重塑中国“国民性”,使中国不至消亡。但是,鲁迅所呼唤的新人与尼采的超人是不一样的。这或许是两人差别的核心。通观《查拉图斯特拉如是说》,尼采是以希腊文明,或尼采的希腊来重估西方基督教文明。尼采本是教授希腊、罗马文化的古典学者。他认为希腊是“大地”的,相对于基督教是“天”的;希腊是“人”的,相对于基督教是“神”的。他说:“不要让你们的爱和认识从地上飞去……像我一样,把飞去的道德带回大地吧……让道德给大地赋予意义、人的意义!”[44]因此他的名言说那一基督教的“上帝死了!”而另一方面,鲁迅的立场则是中国的,他不会用希腊来拯救中国,中国自然也不是基督教国家。尼采端出的雅典与耶路撒冷之争是西方文明的核心命题。[45]而经过鲁迅的接受,这一命题早已转化成新与旧的进化论问题。[46]他看重的是打破旧有价值,而新价值则未必是希腊。

第八节中,鲁迅写到“Zarathustra 被小丑恐吓,坟匠嘲骂,隐士怨望。坟匠(Totengraeber)是专埋死尸的人,指陋劣的历史家,只知道收拾故物,没有将来的眼光;他不但嫌忌 Zarathustra,并且嫌忌走索者,然而只会诅骂。”这里鲁迅对坟匠的突出描绘无疑让人联想到五四运动前后,新旧两派论战正酣之际,新派眼中保守派的形象。鲁迅这时执教北大,并加入《新青年》,保守派林纾等攻击不断。鲁迅在五四前后的文章、书信中常常提到新旧派之争。比如,1919 年 3 月发表《随感录三则》,就回击了林纾、张厚载,讽刺了孔令贻[47]。这里的走索者鲁迅在第三节中说:“指旧来的英雄以冒险为事业的。”鲁迅对古代的东西自然不是一概否定,他后来说:“我们从古以来,就有埋头苦干的人,有拼命硬干的人,有为民请命的人,有舍身求法的人……”并称他们为“中国的脊梁”[48]。但是鲁迅认为他们也是坟匠/保守派嫌忌的对象。这种对中国现状的认识无疑是十分深刻的。

第十节中,鲁迅写道:“愚昧和高傲便是群众。而这愚昧的高傲是教育(Bildung)的结果。"我想鲁迅对尼采的这个观点是深有同感的。他常说中国人自大,在《随感录三十八》中,他说:"中国人向来自大",并进一步把中国人的自大总结为"只可惜没有'个人的自大',都是'合群的爱国的自大'"[49]。这里的自大与高傲是同义的。另外他也常说中国人好古,他说的好古和愚昧也是有联系的,在《随感录四十二》里,他说:"自大与好古,也是土人的一个特性"[50]。当时上海的灵学会也正在搞扶乩活动。[51]而中国人的愚昧的高傲/自大而好古,在鲁迅看来也同样是教育的结果。他谈道:"中国的十三经二十五史,正是酋长祭师们一心崇奉的治国平天下的谱,此后凡与土人有交涉的'西哲',倘能人手一编,便助成了我们的'东学西渐',使土人高兴"[52]。旧派人物大多苦读过包括四书五经在内的十三经等,但在鲁迅看来,他们不过是愚昧和高傲的土人、酋长罢了。鲁迅把教育分为两种,一种是旧式教育,这是他所批判的,另一类是新式教育,他同意青年进入新式学堂,在《我们现在怎样做父亲》中,他是希望对子女进行新式教育的[53]。

通过分析,可以说鲁迅这个附记中所写的内容与其说是解释尼采的作品不如说大多是他当时在论战中所关注的中国问题,体现了鲁迅对尼采的接受和他早期期待尼采的视野。

另一点值得注意的是,鲁迅与尼采研究专家张钊贻在《早期鲁迅的尼采考——兼论鲁迅有没有读过勃兰兑斯的〈尼采导论〉》中说:"鲁迅在《破恶声论》中说:尼采不恶野人,谓中有新力。此语出处一直不详,笔者多年寻觅,几乎读遍尼采著作,亦终无所获……然而,就在登张竹风的《费里德里西 · 尼采论》里,发现很相近的句子。这句源自勃兰兑斯的《导论》,勃兰兑斯说:(文化市侩主义)'竭尽全力加强自己的野蛮性,但却缺乏野蛮性原有的生机和野性的力量。'所谓'野蛮性'的意思出于尼采《作为自白者的施特劳斯》的第二节,但里面却没有缺乏生机之类的话,勃兰兑斯的引申虽然比尼采的原话更接近鲁迅的引述,但还是有点距离。

而登张竹风则进一步把意思转述为:(伪学者)'连野蛮民族的清新威力都没有',把'野蛮性'变成'野蛮民族',跟鲁迅的话就更接近了。"[54]张先生以此论证鲁迅了解勃兰兑斯的尼采论述。但是在笔者看来,首先鲁迅此语并非出自《破恶声论》,而是出于《摩罗诗力说》。其次,这句话的出处可能还是《查拉图斯特拉如是说》。在第四部,《跟君王们对话》第一节中,查拉图斯特拉说:"我觉得更好、最可爱的还是健康的农民,粗野、狡黠、顽强、坚韧:这是今天最高的种族。今天,农民是最优良的;农民种族应当作主人!"(钱春琦译)"尼采不恶野人,谓中有新力"中所说的野人是指野蛮民族,还是指农民?笔者认为是指农民。《汉语大词典》野人条目第一个解释说:"泛指村野之人;农夫"[55]。引例中有嵇康的《与山巨源绝交书》,有《百喻经》,都是鲁迅深有研究的典籍。再看《破恶声论》,里面说:"顾民生多艰,是性日薄,洎夫今,乃仅能见诸古人之记录,与气禀未失之农人;求之于士大夫,戛戛乎难得矣"[56]。这句话与上引尼采原文全句意思是很接近的,这里鲁迅所写的就是"农人"。所以,鲁迅所说的野人应是指农人或农民,而不是登张竹风的"野蛮民族"了。"尼采不恶野人,谓中有新力"还是出于尼采自己的书。在《摩罗诗力说》中,鲁迅紧接着讨论了文明与野蛮的关系与更迭,并列举中国与西方,谓中国不应自傲古老历史,应眼光向前,勇猛前进,进而引出罗摩诗人。鲁迅这里体现了对尼采学说的转化性接受,他关注的是中国在文明进化中的前途。

(于首都师范大学文学院比较文学系)

注释:

1 李冬木:《留学生周树人周边的"尼采"及其周边》,《东岳论坛》,2014年第3期,第31—34页。

2 周遐寿:《鲁迅的故家》,上海出版公司1953年版,第390页。

3 《鲁迅译文全集》第 8 卷,福建教育出版社 2008 年版(下同),第 72 页。

4 李浩:《鲁迅译稿〈查拉图斯特拉如是说〉序言》,载《上海鲁迅研究 2015 春》,上海社会科学院出版社 2015 年版,第 196 页。作者推测最晚定稿时间也有可能为 1917 年。

5 鲁迅:《190116 致许寿裳》,《鲁迅全集》第十一卷,人民文学出版社 2005 年版(下同),第 369 页。

6 鲁迅:《日记第九》,《鲁迅全集》第十五卷,第 408 页。

7 《鲁迅译文全集》第 8 卷,第 76 页。

8 鲁迅:《译文序跋集·域外小说集序》,《鲁迅全集》第十卷,第 177 页。

9 [日]丸山升:《鲁迅·革命·历史:丸山升现代中国文学论集》,王俊文译,北京大学出版社 2005 年版,第 36—39 页。

10 吴雁南等主编:《中国近代社会思潮:1840~1949》第二卷,湖南教育出版社 1998 年版,第 32 页。

11 吴雁南等主编:《中国近代社会思潮:1840~1949》第二卷,第 32 页。

12 王桧林主编:《中国现代史》,北京师范大学出版社 2004 年版,第 4—5 页。

13 鲁迅:《180705 致钱玄同》,《鲁迅全集》第十一卷,人民文学出版社 2005 年版,第 363—364 页。

14 张钊贻:《鲁迅:中国"温和"的尼采》,北京大学出版社 2011 年版,第 4 页。

15 王桧林主编:《中国现代史》,第 364—365 页。

16 《200504 致宋崇义》,《鲁迅全集》第十一卷,第 383 页。

17 鲁迅:《二心集·"硬译"与"文学的阶级性"》《鲁迅全集》第四卷,第 216 页。

18 周遐寿:《鲁迅的故家》,第 390 页。

19 许寿裳:《亡友鲁迅印象记》,人民文学出版社 1953 年版,第 4 页。

20 张钊贻:《早期鲁迅的尼采考——兼论鲁迅有没有读过勃兰兑斯的〈尼采导论〉》,《鲁迅研究月刊》1997 年第 6 期,第 13—15 页。

21 李冬木:《留学生周树人周边的"尼采"及其周边》,第 35—37 页。

22 《鲁迅译文全集》第 2 卷,第 22 页。

23 北京鲁迅博物馆编:《鲁迅手迹和藏书目录》第三集,1959 年内部资料,第 9 页。

24 [德]尼采:《苏鲁支语录》,徐梵澄译,商务印书馆 2009 年版,第 1 页。

25 鲁迅:《丁巳日记》,《鲁迅全集》第十五卷,第 258 页。

26 《鲁迅译文全集》第 8 卷,第 72 页,本文中出现所有鲁迅《查拉图斯特拉如是说》序言译文、附记均出自本书,不一一注明出处。

27 http://www.wissensnavigator.com/documents/Zarathustra.pdf 本文中出现所有《查拉图斯特拉如是说》德文原文均出自此处下载电子书,不再一一注明出处。

28 Friedrich Nietzsche. Thus spake Zarathustra; translated by Thomas Common. Mineola, NY: Dover Publications,1999. p.1.本文中所有《查拉图斯特拉如是说》英译文均出自本书,不一一注明出处。

29 [德]尼采:《查拉图斯特拉如是说:详注本》,钱春绮译,生活·读书·新知三联书店 2007 年版,第 3 页。本文中出现所有钱春绮《查拉图斯特拉如是说》译文均出自本书。

30 鲁迅:《热风·随感录四十一》,《鲁迅全集》第一卷,第 341—342 页。

31 鲁迅:《热风·随感录四十一》,《鲁迅全集》第一卷,第 340—342 页。

32 [日]伊藤虎丸:《鲁迅与终末论:近代现实主义的成立》,李冬木译,生活·读书·新知三联书店 2008 年版,第 106 页。

33 《国家图书馆藏鲁迅未刊翻译手稿》第一册,国家图书馆出版社 2014 年版,第 35 页。

34 [德]尼采:《苏鲁支语录》,徐梵澄译,第 5 页。本文中出现所有徐梵澄《查拉图斯特拉如是说》译文均出自本书,不再一一注明出处。

35 [德]尼采:《扎拉图斯特拉如是说:一本为所有人又不为任何人所写之书》,黄明嘉,娄林译,华东师范大学出版社 2009 年版,第 45 页。本文中出现所有黄明嘉《查拉图斯特拉如是说》译文均出自本书,不再一一注明出处。

36 张钊贻:《沉迷鲁迅尼采二十年著译者言》,《读书》2002 年第 7 期,第 137 页。

37 鲁迅:《热风·随感录四十三》,《鲁迅全集》第一卷,第 347 页。

38 《圣经·中英对照和合本》,中国基督教协会出版 2007 年版,第 1283 页。

39 鲁迅:《坟·摩罗诗力说》,《鲁迅全集》第一卷,第 65 页。

40 钱理群:《鲁迅作品十五讲》北京:北京大学出版社 2003 年版,第 31—46 页。

41 [德]尼采:《扎拉图斯特拉如是说:一本为所有人又不为任何人所写之书》,第 50 页。

42 《圣经·中英对照和合本》,第 147 页。

43 [德]尼采:《扎拉图斯特拉如是说:一本为所有人又不为任何人所写之书》,第 37 页。

44 [德]尼采:《查拉图斯特拉如是说:详注本》,第 83 页。

45 张辉:《尼采的面具——〈查拉图斯特拉如是说〉书名试解》,《读书》2015 年第 2 期,第 91 页。

46 中国社会科学院文学研究所鲁迅研究室编:《鲁迅与中外文化的比较研究》,中国文联出版公司 1986 年版,第 287 页。

47 鲁迅:《集外集拾遗补编·随感录三则》《鲁迅全集》第八卷,第 106—107 页。

48 鲁迅:《且介亭杂文·中国人失掉自信力了吗》《鲁迅全集》第六卷,第 122 页。

49 鲁迅:《热风·随感录三十八》,《鲁迅全集》第一卷,第 327 页。

50 鲁迅:《热风·随感录四十二》,《鲁迅全集》第一卷,第 343 页。

51 鲁迅:《热风·随感录三十三》,《鲁迅全集》第一卷,第 320 页。

52 鲁迅:《热风·随感录四十二》,《鲁迅全集》第一卷,第 344 页。

53 鲁迅:《坟·我们现在怎样做父亲》《鲁迅全集》第一卷,第 134—145 页。

54 张钊贻:《早期鲁迅的尼采考——兼论鲁迅有没有读过勃兰兑斯的〈尼采导论〉》,《鲁迅研究月刊》1997 年第 6 期,第 13—15 页。

55 罗竹风主编:《汉语大词典》第 10 卷,汉语大词典出版社 2001 年版,第 403 页。

56 鲁迅:《集外集拾遗补编·破恶声论》,《鲁迅全集》第八卷,第 30 页。

鲁迅之武者小路实笃三文译稿

李　浩

鲁迅最早何时接触到武者小路实笃的作品，尚无法确知。不过，可以确定的是，周作人的介绍有关键性的作用。日本学者山田敬三曾说，"《白桦》杂志创刊的前一年——1909 年 8 月，鲁迅结束了整整七年在日本留学的生活，回到了中国。周作人在这以后又在日本继续待了两年。《白桦》所掀起的那一股热潮，他比鲁迅起码是亲身感受到了。"[1] 由此，鲁迅经周作人读到武者小路实笃的作品，应该没有多少异议，鲁迅翻译他的剧本《一个青年的梦》也是周作人的介绍文章。当然，鲁迅翻译该剧本，主要是"我对于'人人都是人类的相待，不是国家的相待，才得永久和平，但非从民众觉醒不可'这意思，极以为然，而且也相信将来总要做到"。[2] 当然，对于《一个青年的梦》鲁迅也是有"但书里的话，我自然也有意见不同的地方"[3] 的说法。

据鲁迅所编的"关于文艺论说"的译文集《壁下译丛》，其中收鲁迅翻译的武者小路实笃文论四篇：《凡有艺术品》《在一切艺术》《文学者的一生》《论诗》。这四篇译文，据上海鲁迅纪念馆编《鲁迅著译系年目录》（上海文艺出版社 1981 年版）记载都有鲁迅译稿存世。国家图书馆出版社 2014 年版的《国家图书馆藏鲁迅未刊翻译手稿》收有三篇手稿：《论诗》《凡有艺术品》《在一切艺术》，分别编在第二、六卷。这三篇分别发表于 1926 年 6 月 25 日《莽原》半月刊第 12 期，1926 年 9 月 10 日《莽原》半月刊第 17 期，

1926年8月25日《莽原》半月刊第16期。《论诗》译稿写于“语丝稿纸”的背面,共2页;《凡有艺术品》译稿写于素纸上,共1页;《在一切艺术》译稿也写于素纸上,共2页。《国家图书馆藏鲁迅未刊翻译手稿》编印时将三篇译稿手稿分别切割为6页,2页,4页。《论诗》稿前有红字批注“约44行”,《在一切艺术》稿末“(一九一二年七月原作)”前有红字批注“六号”。

因这三篇的篇幅都不长,且都有修改,现将三篇译稿中的修改辨识情况列于下,译稿中被删改者,能辨识的以“原系”示之,无法确切辨识的,以“原疑”示之,并“□”替代;所谓后加者,指译稿中明显后插入的文字;倒置者,为译者自作倒置符号者。

《论　诗》

刊《国家图书馆藏鲁迅未刊翻译手稿》第二卷,国家图书馆出版社2014年版。

第59页
“有人的处所”,“处所”原系“地方”

第60页
“诗虽说是做的”,“诗虽说”系“虽说诗”倒置
“是生出来”,“出”原疑为“下”
“所谓做者”,“所谓”为后加
“不过是将那生出来”,“是”“那”为后加;“出”原疑为“下”
“加以整理”,“整理”后删“的事”
“和诗是缘分很少的”,该句前删“是”
“附属着韵律”,“附属着”原疑“□□”
“那韵律”,前删所添加之疑“又附属”
“试合着既成的形式”,“试”系后加

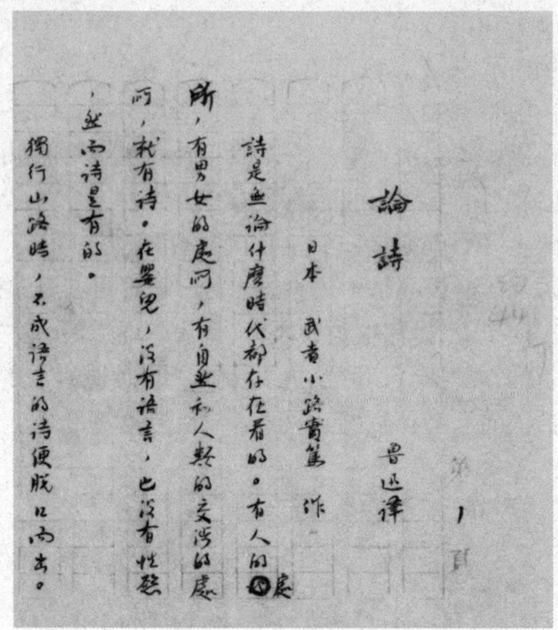
論詩

魯迅譯

日本　武者小路實篤　作

詩是無論什麼時代都存在着的。有人的處所，有男女的處所，有自然和人類的交涉的處所，就有詩。在嬰兒，沒有語言，也沒有性慾，然而詩是有的。

獨行山路時，不成語言的詩便脫口而出。

鲁迅译稿《论诗》影印件。

第 61 页

“是和水很相像”，“是”为后加

“大河”，其后删“的存在”

“是仗着河堤防止”，“着河”，原系“□□”，后改“□□”，后改“着那河”，后删“那”；“防”，原疑“防”，后改为“岸”，再改定为“防”

“但河堤须不可是纸糊的东西”，“河”系后加；“须”原系“岸”；“的东西”原疑“□□”

“和河堤战斗”，“河”系后加

“所可尊敬者”，“所”系后加；“者”原系“的”

“只在牠不使从内部”，“不使”原系“成为”

“前约这一点”，“这一点”系后加

第 62 页

“这虽然是很普通”,“虽然”系后加;“普通”原系“通俗”

“倘不磨,即使钻石也不发光的就是”,“倘不磨”前删“就是”;“即使”原系“金刚”,后改“□□”,再改定;“就”原系“便”

“即使不磨,也是有趣的意思”,“,”、“是”、“意”系后加

“可是以诗而论”,“以”系后加;“而论”原系“者”

“将自己的心的动作”,该句前删“也还是”

“也还是”,“还”系后加

“将心的所以照样”,该句前加“:”;句后删所后加的“的东西”

第 63 页

“便不成其为东西”,“便不”原系“则不”;“其”系后加

“将在自己内部”,“在”系后加

“闲话和裨贩”,“贩”前原加“□”,后加“裨”

“技巧呢,依着办法”,“呢”系后加;“依”原系“看”;“办”原系“做”

“火以各种的状态跳舞,并不是”,“的”、“并”系后加

第 64 页

“此后,诗要渐渐地盛大罢”,“此后,”、“地”系后加

“人造社会的人类里”,“社会”原系“人类”

“能够朴素地生活”,“朴”系后加

“在散文底的时代,诗更应该被饥渴”,“底”系后加;“被”原系“像”

该译稿影印件缺印最后一句。《鲁迅著译系年目录》记《论诗》条:“6 月译(据手稿文末所注)”(第 113 页)

《凡有艺术品》

刊《国家图书馆藏鲁迅未刊翻译手稿》第六卷，国家图书馆出版社2014年版。

第22页

该页两处“倾注在作品里”，“倾”系后加

“自己由得于心的”，“得”后删一字

“无论别人怎么说”，“无论”原系“不问”

“而确实地走向”，“走”原系“步”

“我也只好在别人没有留心的处所”，“也”系后加；“人”后删“所”

第23页

“使良心无所不届”，“使”前删“也”；“届”原系“届”

“耐心地走去”，“耐”原疑“耐”

“不顾质料”，“质”前删“实”

“外观更重质料的”，“质”前删“实”

“被个人的误解”，“被”原系“由”；“人”后删“而来”

“不置重于”，“置重”原疑“□意”

“也不辟易的内容”，“辟易”原系“惧怕”

“而惟将包裹展开去”，“去”系后加

“赏赞无须要牠来得快”，“要”原系“使”

“批评家的一想情愿的要求”，“一想情愿”原系“任意”

“不是真心希望着作者”，“心”系后加，“着”原疑“著”

“不会根本地”，“不”原系“说”

“总得说些什么”，“些什么”原系“几句话”

“惟有在不能见的东西显现出来的处所，才生出”，“惟有在”原疑“□在”；“处，才”原系“处地方”

“能见的处所”，“处所”原系“地方”

《在一切艺术》

刊《国家图书馆藏鲁迅未刊翻译手稿》第六卷，国家图书馆出版社 2014 年版。

第 24 页

“还没有完全充实”，该句前删“有”；句末删一字

“是玩着把戏的”，“把”系添加；“戏”后删“法”

“装着充实似的脸”，“充实”后删“着”

“这人就是假东西”，“就”系添加

“以假的也不妨”，“以”原系“说是”

“写着为满足的时代”，“写着”后删“就好”

“即使意思之间是在造谎”，“意思之间是在”原系“准备着”

第 25 页

“但倘使知道是在造着谎”，“使”、“在”系后加

“一件真实的事”，“的”系后加

“那就不下于写着真实了”，“那”原系“那也”改“也”，最后改“那”；“不下”原系“□”；“着”原系“实”

“也就行罢”，“也”原系“是”，后改“□”，最后改“也”

“拿出十元的镀金的金币来，说道‘这是假的’”，此两句原系倒置；“币”原系“圆”

“而想别人”，“想”系后加

“十元收用了去的人”，“收”、“了”系后加

“像陀密埃和陀拉克罗亚”，删两名后之外文原名（收入《壁下译丛》时恢复）

“是没有的罢”，“是”系后加

“像勖梵和迢尼所画”，“像勖梵”原疑“雪□”，改为“雪

梵(P.P.Chavannes)和迢尼",再改

"便说真实是不能写的","便"原系"就";"不能"系后加;"的"原系"不过"

"无论怎样的写实家","写实家"前删"一个"

"不会懂得所谓'自由'和'个性'","会"原系"能";"所谓"系后加

"也许拙罢","拙"原疑"□"

"但倘教","倘"前删"是";"教"原系"使"

"就陀思妥夫斯基也就不成","也"系后加

第 26 页

"的人,才能够批评文事","人"原系"人";"才"系后加;"事"原系"章的事"

"一直到极端","一直"系后加;"极"后,删"端"改"端",再删"端"改"端"

"是不干休的","不干休"原疑"□放不下"

"毫不带着世界","不带着"原疑"□有"

"没有大处的人","没有"原疑"丝□伟";"处"系后加

"不愿意到","到"系后加

"做些尽自己","尽自"原系"全"

"是一样意思","是"系后加

第 27 页

"只有能够因着","能够"系后加

"才是真有个性","才"系后加

"记得的东西","东"原系"事"

"是文艺之士的工作","之士"原系"家";"工作"原系"事业"

“文艺之士应该”,“之士”原系“家”

“新鲜似的讲起来,就要觉得”,“新鲜似的讲起来”原系“再说一因”;“要”系后加、

“现今的文艺之士”,“之士”原系“家”

“称为文艺之士”,“之士”原疑“家□”

“则乡下的”,“乡”原系“在”

“想来总该要不耐烦的”,“想来”系后加;“要”原疑“对”

“正如落乡”,“正如”原系倒置

“日本的文艺之士”,“之士”原系“家”

“然而,在乡下”,“在乡”原疑“□□”

“大艺术家”,“大”后删“文”

《论诗》译稿有别与其他两篇,也许是写在有宽松绿格子,且横向较长的“语丝稿纸”上的吧,该译稿的手迹至少给笔者以洒脱、灵动的感觉,有一气呵成之势,仿佛如一件书法长卷。从译稿全篇的改动来看,可以推测基本是在译成正文后再进行修改。不过,文末的“前者的时候,如喷火山的”的五行诗句,字形、笔势明显不同于前文,推测是在前文翻译完成之后,再三斟酌后再行翻译的,其间可能相隔比较长久的时间——是否是在校改前文时添译,或者此后,都无法推测,甚至也无法推测是否是当天翻译全文当天进行校改的。《论诗》论说并不十分严谨,思绪驰骋,几近于散文诗,武者小路实笃在文章中认为人之生命本真是诗的源泉,诗是人类固有的能力,但又限于“仅生于活泼泼的心”的人;诗又受于韵律的规范;诗是生命的本真之力和形式的统一。译稿的修改,基本是连接词的修改或添加,全文令人瞩目的修改是“大河,是仗着河堤防止着力的泛滥而存在的”一句,其中的“仗着河堤防止”的译文经过了数度的修改。但译文也有费解之处,如“但河堤须不可是纸糊的东西。河的力,必须不绝地和河堤战斗”,其“但河堤须

不可是纸糊的东西”比较费解，该句原译文为“但堤岸不可是纸糊□□”，想象出纸糊的河堤，比较令人意外，或者武者小路实笃的思绪就是如此驰骋的吧。同样的，“将心的所有照样，煎浓了而表现，便不成其为东西”一句，其中“照样”比较费解，该词之后，译稿显示删了后加的“的东西”，该译文中，该译稿另有“照样地表现”“照样地活起来”等语。此外，“倘不磨，即使钻石也不发光的就是”，原译文为“就是倘不磨，金刚钻石也不发光的便是”，不清楚修改前的译文中的“就是”两字是否是一开始便被删除，“就是倘不磨”明显不通；“金刚钻石”与“钻石”有涵盖面上的差别，校改后，将“金刚”改为“即使”，使全句有转折，应是正确的句式，但不知日文原文是怎样的。

《凡有艺术品》的主旨在文章开首一段便表明：“凡有艺术品，无须要懂得快，然而既经懂得，就须有味之不尽的味道。这是，不消说得，必须有作者的人格的深的。凡艺术家，应该走着自己的路，而将对于自然和人类的深的爱，注入于自己的作品里。”本篇译稿是誊写稿，书写规整，修改比较少，且译文比较古雅。比如“必须有作者的人格的深的”，这里的“深”有“深微”之意，《易·系辞》有“惟深也能通天下之志”句；“也不辟易的内容”，译稿显示“辟易”是由“惧怕”改成，“辟易”有退避或者开垦之意，作退避者，有《史记·项羽本纪》：“是时，赤泉侯为骑将，追项王，项王瞋目而叱之，赤泉侯人马俱惊，辟易数里，与其骑会为三处”，作开垦者，有《吕氏春秋·士容论·上农》：“地未辟易，不操麻，不出粪”。在本译文中，应作开垦解。此外，本译文中，将“不问”改为“无论”，“地方”改为“处所”，都是为保持译文形式统一的修改。不过译文中，将原“任意”改为“一想情愿”则与现在的通用用法有别，不过这在鲁迅的译文中不是孤例（他的创作中未见）：《一个青年的梦》中有“如果以为可以教妻子也照自己的意见做去，那只是一想情愿的空想罢了”[4]“尽力的献上了供养，说些一想情愿的事”[5]，

《一天的工作》也有“他是咬住着田地的呵！不要一想情愿罢!”[6]译稿中，有删去一字，然后再写同样的字的情形，如“使良心无所不届”之“届”，此处的“届”意为“极”，《说文解字注》云：届“一曰极也。释言曰。届、极也。”又如，“耐心地走去”之“耐”也是删后再写上的，直观地反映了鲁迅对翻译用词的斟酌。

译稿《在一切艺术》与《凡有艺术品》译稿一样，是誊写稿，统计修改处与《凡有艺术品》相差不多。《在一切艺术》的文章主旨，也如《凡有艺术品》一样，在开首第一段就进行了揭示：“在一切艺术，最犯忌的是有空虚的处所；有无谓的东西；还没有全充实。只有真东西充实着。不充实的艺术，都是虚伪的；至少，那没有充实的处所，是虚伪的，是玩着把戏的，虽然也有工拙。”在译稿中，提到欧美艺术家的时候，原有三处注明了他们的原名，校改时候都被删除，《莽原》初刊与译稿一致，该译文被收到《壁下译丛》时候，增加了原名标注。同样，文章所提到的法国画家彼埃·毕维·德·夏凡纳(Pierre Cecile Puvis de Chavannes 1824—1898)，译稿显示，译名初翻译为“雪□”“雪梵”，后定为“勗梵”，该译文收入《壁下译丛》时，“勗梵”改为“沙樊”。在鲁迅所译的日本学者板垣鹰穗的《近代美术史潮论》中，鲁迅将之译为“普维斯兑沙樊(Puvis de Chavannes)”。如同前两文一样，译稿中的修改，留下了努力接近原文表达的痕迹，如，“即使意思之间是在造谎”，原译文为“即使准备着造谎”；又如，“新鲜似的讲起来”，原译文为“再说一因”；当然，译稿中也有译者设法简洁表达的痕迹，如“才能够批评文事”，原译文为“能够批评文章的事”。

以这三篇译稿来看，在形式上，《论诗》译稿书写洒脱灵动，正符合该文提倡人类生命之真的文意；《凡有艺术品》、《在一切艺术》两篇译稿书写规整，《凡有艺术品》译文倾向于古雅。董炳月在论述武者小路实笃被引介到中国时说：“《一个青年的梦》一定程度上改变了中国人的日本观，使当时的中国人能够超越现实的利害关系建立世界意识与人类意识。”[7] 从鲁迅的这三篇译文来看,都是作者围绕着怎样在艺术上正确地表达人类的自我意识而展开的探讨,鲁迅选择翻译这些文章,应是他对武者小路实笃的将人类意识运用于艺术创作和欣赏的观点的认同。鲁迅在《〈壁下译丛〉小引》中说:“书中的各论文,也并非各时代的各名作。……但我是向来不想译世界上已有定评的杰作,附以不朽的,倘读者从这一本杂书中,于绍介文字得一点参考,于主张文字得一点领会,心愿就十分满足了。”[8]

[本论文系国家社科基金重大项目“《鲁迅手稿全集》文献整理与研究”B组(项目批准号:12&ZD167)的阶段性成果。]

注释:

1 [日]山田敬三:《鲁迅与日本“白桦派”作家》,卞立强译,《国外文学》1981年第4期。

2、3 鲁迅:《译文序跋集·〈一个青年的梦〉译者序》,《鲁迅全集》第十卷,人民文学出版社2005年版(下同),第209、210页。

4、5 《鲁迅译文全集》第1卷,福建教育出版社2008年版,第344页、第427页。

6 《鲁迅译文全集》第6卷,福建教育出版社2008年版,第246页。

7 董炳月:《梦与梦之间——中国新文学作家与武者小路实笃的相遇》,《鲁迅研究月刊》2003年第2期。

8 鲁迅:《译文序跋集·〈壁下译丛〉》,《鲁迅全集》第十卷,第306—307页。

史料·辩证

《鲁迅文物经手录》一则

——包袱中的宝物

叶淑穗

1960年1月的一个下午,许广平先生突然来到博物馆。她没有去找馆领导,也没有到陈列大厅去看展览,与平时陪外宾来馆参观和来馆指导工作不同。她一身素装,手里提着一个白色的小包袱。直接来到我们的文物库房。这个库房是建馆初期盖的平房,房子很低矮,设备很简陋(与现在的库房相比,简直是天壤之别)。但许先生对此并不在意。她是来找许羡苏先生的。许羡苏先生是她的老同学、青年时的好友。许广平先生之所以能把大批鲁迅文物安心地交到鲁迅博物馆,这与许羡苏先生的工作是分不开的。

当时我与许羡苏先生正在核对文物,见许广平先生来了,忙起身迎接,许广平先生走进库房,把包袱放在桌上,并轻轻打开。她简单地作了交代,并从中抽出几份稿件(我看到这稿件似乎很像她的笔迹),轻声但又非常肯定地对许羡苏先生说:"这些文章在我生前请不要发表。"然后就把这个包袱包起来交给许羡苏先生,似乎没有更多的语言,这些文物就这样交接了。许广平先生又坐了一会,就匆匆告辞了。

许广平先生走后,我和许羡苏先生打开这包袱。我们惊喜地发现,里面有鲁迅致许广平当时未发表的书信七封和许广平致鲁迅的书信十一封。它们都是1932年11月间鲁迅回北京探望母亲时的二人的通信。这些书信应当是未编入《两地书》的那一部分书信。更使我们震惊的是这里面还有周恩来总理的手迹。那是一份周总理在文化部文物局上报的《为华东军政委员会文化部拟筹设上海鲁迅纪念馆征询意见》文件上的批示:“同意许副秘书长于十月中赴沪一行,周恩来　八.四”并附《筹备鲁迅纪念馆建馆计划草案》一份。另一份是周总理亲笔写的“上海鲁迅纪念馆”的题名手迹。这应当是上海鲁迅纪念馆建馆的中央批件和周总理为上海鲁迅纪念馆的题名。我们知道这些都是重要文件,因而赶快报告馆领导,并及时用挂号寄上海鲁迅纪念馆。而今,在上海鲁迅纪念馆编辑出版的《上海鲁迅纪念馆馆藏文物珍品集》中收录了这件周恩来总理的批件,并注明“一九六〇年一月北京鲁迅博物馆提供”。

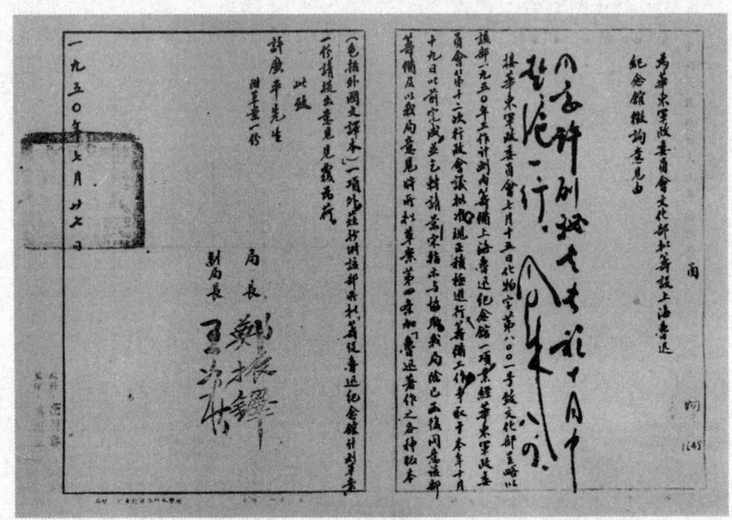
為華東軍政委員會文化部擬籌設上海魯迅紀念館徵詢意見由

接華東軍政委員會七月十五日化物字第八〇〇一號致文化部呈略以該部一九五〇年工作計劃內籌備上海魯迅紀念館一項業經華東軍政委員會第十二次行政會議批准現正積極進行籌備工作并擬於本年十月十九日以前完成並已[illegible]請[illegible]指示与協助[illegible]我局除已函復同意該部籌備及以我局意見將所擬草案第四條加「魯迅著作之各種版本（包括外國文譯本）」一項外茲將該部所擬籌設魯迅紀念館計劃草案一份請提出意見見復為荷

此致

許廣平先生

附草案一份

局長　鄭振鐸

副局長　王冶秋

一九五〇年七月廿六日

同意許副秘書長於十月中赴沪一行。周恩來　八.四

周恩来总理关于许广平赴沪筹建鲁迅纪念馆的批示

1950年7月下旬,中央文化部文物局同意筹设上海鲁迅纪念馆,并征询政务院副秘书长许广平的意见。8月4日,政务院总理周恩来在函件上批示同意许广平赴沪指导建馆。1960年1月北京鲁迅博物馆提供。

包袱中包着的许广平先生再三嘱咐的在她生前不要发表的稿件:一篇是《风子是我的爱》,还有一篇是《魔祟》。这两篇文稿中蕴含着青年的许广平对鲁迅纯真的爱。她提出在她生前不要发表是可以理解的。鲁迅博物馆鲁迅研究室遵从先生的嘱托。在先生逝世后的1985年才将两篇文章首发于《鲁迅研究动态》第一期,由陈漱渝先生和李允经先生分别写了介绍,对文章作了很好的诠释。

小包袱中还有一些零星的文物。这应当是许广平先生对鲁迅博物馆的最后一批捐赠了。她没有声张,更没有提出任何的要求,就这样悄悄地放下,悄悄地离开了。在博物馆建立的过程中,许广平先生对鲁迅博物馆提供的鲁迅文物大到鲁迅故居、鲁迅文稿、书信、日记……小到鲁迅的一张字条,先生都是尽其所有、无条件地给予国家,给予博物馆。她不只是鲁迅文物的保护者,更是鲁迅文物的无私的奉献者。她为了我们,为了我们的子孙后代留下这一大批珍贵的文化遗产,我们要永远地纪念她,铭记她的伟大功绩与贡献。

2015年10月

中华艺大史实续探

乔丽华

位于虹口区(原闸北)窦乐安路(今多伦路)上的中华艺术大学,曾是左翼文艺运动的重要据点。中华艺大的前身为上海艺术大学,1925年上海艺大发生风潮,在陈抱一、陈望道、丁衍镛等组织倡导下,同年底部分教职员退出上海艺大而创办中华艺大,最初校址在闸北青云路,1927年初迁至江湾路花园街。[1] 这一时期该校艺术空气活跃,被认为是中国西画运动革新的重要力量。1929年下半年,中华艺大校址迁入窦乐安路233号一座三层小洋楼,由中共地下组织接办,聘请陈望道任校长,夏衍任教务长并实际主持校务,自此该校成为左翼文艺运动的中心。[2] 郑伯奇、夏衍等领导的艺术剧社,许幸之等发起成立的时代美术社,都以中华艺大为主要活动据点,当然,最广为人知的是1930年3月2日在这里召开了"左翼作家联盟"成立大会,实现了大革命失败后左翼知识分子的第一次大团结。然而,迄今为止,关于中华艺大的基本情况还是无法完全了解清楚。本刊2015年冬季号发表王锡荣先生《中华艺大史实再探》一文,对于中华艺大前期创办的情况做了较为彻底的调查。本文则拟对中华艺大的结束时间做一些探讨。

关于中华艺大的情况,夏衍等虽写过文章提及它与左翼文艺运动的关系,但对于中华艺大本身的情况交代得很简略。曾担任该校西洋画科主任的许幸之在"左联"成立60周年之际专门撰写了《关于"中华艺大"校址和"左联"成立大会会址》一文,对中华艺大的创办、教学概况、学校环境等做了较为全面的阐述。但在此文中他说:“终于在1930年8月的一日,在国民党反动军警的迫害下,封闭了中华艺大校门,并逮捕了师生三十六人。从此,这个新兴的、进步的、向往自由与民主、向往共产主义理想的艺术学府,不得不以短暂的生命而告终……”[3] 这个时间是如何确定的,许文并没有说明依据。在另一篇写于1980年的《左翼美术家联盟成立前后》一文中,[4] 他曾根据相关史料,对中华艺大被封于8月的说法有所修正。由此也使得他对“美联”成立大会的时间及地点(究竟是7月成立于暑期文艺补习班还是5月成立于虹口窦乐安路)产生疑问,认为需要进一步调查。

中华艺大5月24日被查封是无可置疑的事实。1930年6月出版的《新地月刊》(即《萌芽》第6期)有详细报道。本期有《左翼作家联盟的两次大会记略》一文,提到在5月29日的会上其中一项决议是:“中华艺术大学护校委员会准备在‘五卅’自行启封被当局查封的中华艺术大学,左联全体一致参加行动。”[5] 本期还刊有署名“李茵”的《中华艺术大学被封》一文,对5月24日下午武装警察搜查该校教室,逮捕该校教职员及学生36人的情况有详细记载,全文如下:

> 五月二十四日下午三时许,有武装警察四五十名,将中华艺大四面包围,严密搜查,所有该校讲室及一切地方悉被翻乱,在校同学均为武装警察搜检监视,全失去了一切自由。结果检得了该校学生会为纪念“五卅”的宣言数十张,当即捕去正在上课的与在校寄宿的教职员及男女学生三十六名。这三十六个被捕的教职员和学生都是用汽车运往公安局去的,据说一共载了六大汽车。
>
> 不曾被捕的该校教职员和学生听见这个消息以后,听说非常愤急,即时通知全校教职员与同学开会筹商对付方法。

但是在他们的会还未开之前，下午六时许他们的学校已被市教育局实行封闭了，所有在校的一切校工都被赶了出来，两扇铁门紧闭，上面贴了一个"上海市教育局查封"的条子。

听说在该校未封之前，就有很多包探警察出入校所，虽经该校同学驱逐了数次，但仍是不能禁止他们的来往，有如(几)次甚至是外国巡捕与中国警察一同来的。每次来时都是自由地在校中逡巡一遍一无所获地去了。有一次，突然来了七八十个全付武装的探捕警察，将该校同学周倬云君如绑票似地架到公安局去，原因是周君担任了该校学生会所办的平民夜校底委员长。

中华艺大为什么要遭封闭呢？当局为什么这样地注意他们呢？据一个记者所认识的该校同学说："原因很简单，就是中华艺大的教职员和同学要革命，要打倒帝国主义，要反对统治阶级压迫民族，要争取他们本身底一切自由……"

中华艺大被封以后，该校教职员与学生都非常愤怒，他们不但未因这个大的压迫，大的恐怖而畏缩，反因这个而更加积极。他们共同成立了一个护校委员会，一方面准备下期的继续开办，一方面领导全体教职员及学生来与统治阶级奋斗，拼命。

自护校委员会成立以来，所有该校教职员和学生不多是积极努力于护校工作，而且还努力地参加了与他们底护校有关系的一切运动。在文字的宣传上除了发许多单为护校的宣言传单外，还发出若干革命的宣传品。如"援助印度革命""反对军阀混战"……等是。因为他们知道他们底护校工作只有与一切革命运动连系起来才能收得效果。

中华艺大的教职员和学生，他们除了经常出发写标语发传单，到各学校各工厂各马路讲演报告之外，还做了一次轰轰烈烈地自行启封学校的运动。那是在中国的伟大的革命纪念日——“五卅”那天做的。

“五卅”到了，所有全上海的革命群众都跑到南京路去参加盛大的示威运动，一百多个中华艺大的教职员和学生也当然参加，他们在狂热的示威当中，在热烈地高喊一切革命口号当中，提出了自行启封中华艺大的意见，要求全上海的革命群众一致参加。当下得到了全上海的革命群众底一致赞成，浩浩荡荡地把广大的革命群众由南京路领到了窦乐安路，开催了一个热烈地群众大会，举行个慷慨激昂的讲演，并且还击破了中华艺大底窗门。行动之后，我看见了贴在中华艺大底大门上的这样的一张很大的布告：

“在旧的社会快要完全崩溃，新的社会行将产生的时候，反动的统治阶级在其主人帝国主义指导之下为要维持其最后的生命，便不顾一切地厉行其可耻的白色恐怖来压迫一切革命的民众，镇压整个的革命运动。他们底有计划地屠杀民众，逮捕青年，解散民众团体，禁止结会集社，封闭学校，禁止罢工罢课……都是由此而出的，中华艺大底封闭自也不能属外。

“统治阶级底厉行白色恐怖，正是表示其对于革命没有办法，表示其快将死亡，真正的革命群众决不因此而畏缩，必能因此而激动其更大的反抗，更努力的革命。中华艺大底一百多个教职员及学生敢向全上海革命的群众宣告，中华艺大底教职员及同学决不无耻地屈服于统治阶级底白色恐怖之下，一定与之奋斗到底，不达目的，誓不罢休。

“中华艺大底全体教职员及学生为了要争取自己本身底自由，为了要完成自己的责任和革命，特会同全上海底革命群众来自行启封我们底学校。我们否认统治阶级底封闭，否认统治阶级底一切。

中华艺术大学全体教员暨全体学生通启”

经过了这次启封运动之后，该校底护校工作更是积极，听说不久还要做一次启封运动，在这次启封运动中我们相信一定更加热烈，参加的人一定更多。[6]

这篇文章记述了五卅当天中华艺大教员学生和革命群众第一次启封中华艺大的行动，并提到“不久还要做一次启封运动”。可惜6月以后各种左翼刊物被当局查封，关于中华艺大的启封运动是否再次进行亦不得而知。

中华艺大究竟何时关闭？可以说迄今没有确切的说法。不过，王学文的《左联与社联的一些关系》一文里，对中华艺大的结局却有这样的交代：

中华艺大被封后，学校有一笔款子交给了组织。党利用中华艺大这批款子和几个教务工作人员，先在法租界环龙路办了一个“文艺暑期补习班”。这个名称是接受洪深的意见，他说：“你们要叫学校，国民党就要登记、捣乱，不如避免这些麻烦，叫补习班。”负责人是上级指定的，社会科学方面是我，文艺方面是冯雪峰。学校设有这两方面的课程，学生分为两班，由“社联”、“左联”的成员来上课。[7]

他还提到，继暑期补习班后，又办了一个“现代学艺研究所”，这个研究所“经费仍为上述款项，情况与补习班大致相同。”大约两个月后由于两名学生从事政治活动被捕而遭租界当局查封。

对这一点，在刘芳松的《“左联”回忆片断》中也曾提到，他说：“补习班似与刚刚被查封的中华艺大有点渊源，因为原中华艺大校长陈望道和教师汪馥泉等都在补习班继续任教，还有两个原中华艺大学生会执委，也在这里作为学生，仍任学生会执委，专事学生的政治活动，如号召参加校外示威游行，飞行集会等。”据他回忆，补习班于1930年6月开办，由于学生会的何、张频繁组织动员听课学生参加当时地下党布置的示威游行和飞行集会,特别是8月1日在南京路举行的一次规模较大的示威游行,导致补习班秩序被打乱并遭暴露,这之后不久未等结业就停办了。[8]

作为负责人,冯雪峰有如下回忆:

> 1930年7月和8月,左联和社联在文委领导之下共同办了"暑期补习班"。王学文代表社联,我代表左联,学员主要是从杭州、济南及其它城市动员来的左倾学生共有六十人左右,一部分学社会科学的由王学文负责,一部分学文学艺术的由我负责。地址在法租界环龙路,未注过册,是一个地下的暑期学校。从学员中发展了一些党员团员。8月上旬成立的美联即在这里开成立大会,学员中搞美术的都加入了美联。
>
> 9月间,"现代学艺讲习所"由左联和社联合办,王学文与我共同负责,王学文代表社联并管社会科学方面的课程,我代表左联并管文艺方面的课程,由洪深出名向公共租界工部局注册。只两个月即被查封了。地址是在公共租界(即英租界)威海卫路。
>
> 上述"暑期补习班"和"现代学艺讲习所",讲师都是不固定的,随时由左联、社联、剧联中人去讲。鲁迅去"暑期补习班"讲过一次(《鲁迅日记》中1930年8月6日那次)……[9]

这两个补习班,鲁迅日记里也有记载。在8月6日的日记中记载:"午后往夏期文艺讲习会讲演一小时。"据刘芳松回忆,这次演讲主要谈的是左翼文艺创作中的不良倾向。鲁迅9月13日的日记里又提到:"上午收《十月》稿费三百,捐左联五十,借学校六十。"据全集注释,这个"学校"就是指现代学艺讲习所,可见作为"左联"领导人,鲁迅对这两个补习班是鼎力支持的。[10]

这个现代学艺讲习所(又称"现代学艺研究所")大约10月或

11 月间被封闭,冯雪峰曾述及它的最终结局:“当时巡捕房来查封的理由说是作为学校,并未向工部局登记过和领取牌照,‘一定是共党的机关’云云……被封闭后决定不再办,但有一部分学员一时没有地方去,就在沪西近郊地方(路名已忘记)租一房子,继续由王学文和我负责帮助这部分学员进修一个时候,都是由文委及左联和社联的党团决定的。(记得完全结束是在 30 年底或 31 年初)”[11]

实际上,洪深曾因出面担任现代学艺研究所所长而被法院传讯审查。据 1931 年 2 月 25 日《申报》:

复旦暨南两大学教授洪深(字浅哉)、去年八月间、与其友田汉等在公共租界威海卫路赁屋创办现代学艺研究所、洪任所长、旋经当道查得该所系反动派所组织、知照特区地方法院封闭、以遏乱萌、事隔半载、以为不致再有问题发生、不意陆海空军驻汉行营参谋处、近忽查悉洪深亦该所反动一份子、以洪住于租界、应向领团引渡、特咨请外交部依法办理、外部因租界已设有正式法院、自可径行审判、爰转令江苏高等法院第二分院、拘洪到案讯究、高分院首席检察官王振南、立发拘票、交总巡捕房拘提、惟洪住法租界、未能直接执行、而已为洪所闻、乃延同詹纪凤律师、于前日午后二时半、赴捕房自首

关于该研究所的情况,报道中也曾提及:

田之经济颇拮据、所中器具、均系借用、该所房租、月须二百元、而所中初祇允一百五十元、旋由我调停、言定月租一百六十元、该所课目分四类、即戏剧·社会·文学·美术、我担任戏剧、田任文学、杨志铭任社会、而一许姓则任美术、及至开学、讵习戏剧者、竟无一人、我甚灰心、乃改任教授“发音及演

说"一课、然学生多不愿受我训迪故仅赴所二三次、上课一次、余事概不顾问、厥后田汉主办之南国剧社、有学生一名、在南京为卫戍司令部捕去、田之寓所、亦在本埠法租界、曾经警备部会同法捕房派员至田家搜查、获书籍数本、并逮捕两人、复来我家搜查、因我有极多之书籍、当日搜查历三小时之久。[12]

报道中的"田"指田汉,田汉后来的回忆中提及1930年9月17日为鲁迅50岁生日举办的那次聚会,其中有这样的话:"那天虽然热闹,大家心里却并非轻松,因为正是政治上压迫十分严紧的时候,洪深兄主办的'学艺研究所'也受着摧残。"[13]此事在1931年3月16日《文艺新闻》中也有报道,《洪深访问记》开头即提到:"戏剧界闻人洪深氏,近来可谓是多事之秋,自去年大光明映罗克之《不怕死》而酿成'案'后,继即住宅被搜查,近又以现代学艺研究所挂名所长的缘故,致被高等法院二分院开刑庭侦查。结果因洪氏本身实无何种嫌疑,且关于此事亦已得南京中央党部之谅解,市社会局长潘公展特莅庭证明;于是乃以不起诉处分。"由此可知现代学艺研究所曾引发不小的风波,研究所因被怀疑"秘密训练共产党"遭查封,田汉和洪深两位戏剧界知名人士亦因此遭到搜查,洪深更是不得不去法捕房自首,所幸最终得到国民党中央党部的谅解,未予起诉。

值得注意的是,上述报道中关于该所课程,其中提到"一许姓则任美术",当指许幸之。许幸之后来的回忆中并没有提到他在暑期文艺补习班或现代学艺研究所任教的经历,可能在他看来这只是名称的改变,其本质仍是中华艺大,所以在他印象中,中华艺大结束至少应当在8月。许幸之在5月被捕释放后,又投入到暑期文艺补习班及现代学艺研究所的教学工作中,继续从事左翼活动。由此也解释了为什么"美联"成立大会在位于法租界环龙路上的暑期文艺补习班召开，在中华艺大旧址无法开展活动的情况下，“美联”成立大会只能在这里举行。也难怪在许幸之的记忆里，“美联”是在中华艺大成立的，中华艺大的结束是在8月。

从中华艺大的开办到结束可以看到，在当时严峻的形势下，中共为了开展活动而不得不想方设法来开辟阵地从事文艺宣传活动：在5月底窦乐安路的中华艺大被查封后，“左联”和“社联”又设法在法租界开办暑期文艺补习班（大约从1930年6月到8月），在公共租界开办现代学艺研究所（大约从1930年9月到11月）。这两个补习班，虽然换了地点和名称，实质上依旧是我党领导下的教学场所，是中华艺大的延续，也是开展左翼活动的又一处重要据点。因此，从狭义上说，中华艺大在5月底被查封，基本上就结束了；但如果把它的教学活动与文艺暑期补习班和现代学艺研究所联系起来看，则中华艺大最后彻底结束要到1930年底了。

注释：

1 周国伟、柳尚彭：《寻访鲁迅在上海的足迹》，上海书店出版社2003年版，第86页。

2 1929年9月5日，上海《民国日报》在“学校消息”栏内报道说：“中华艺术大学，现已聘定沈端先氏为文科主任。”转引自方育德：《有关艺术剧社史实的几点辨正》，《新文学史料》1991年第2期。

3 中国左翼作家联盟成立大会会址纪念馆、上海鲁迅纪念馆编：《左联纪念集（1930—1990）》，百家出版社1990年版，第148页。

4 载李桦、李树声、马克编：《中国新兴版画运动五十年》，辽宁美术出版社1982年版，第122—139页。

5 《新地月刊》影印本，上海文艺出版社1959年版，第263页。

6 《新地月刊》（1930年版影印本），第276—280页。

7 王学文：《左联和社联的一些关系》，《左联回忆录》，中国社会科学出版社1982年版，第144页。此文写作日期为“1979年10月”。

8 刘芳松：《“左联”回忆片断》，载《左联纪念集：1930—1990》，第42页。

9、11　冯烈、方馨未整理:《冯雪峰外调材料》(上),《新文学史料》2013年第1期。

10　1956年董每戡为纪念鲁迅先生逝世20周年写有《难忘的印象》一文,也提到这个补习班:"当时左联办了一个'文学研究所'(名称是否这样?记不得了)。在威海卫路,鲁迅先生要亲自出马教'中国小说史',我也担任了'欧洲文艺思想史'一课,满以为从此有机会可以和先生多接近,不料这个研究所办不到几个月就被巡捕房封掉,先生有否去上课,我都记不清楚了。"转引自陈寿楠:《董每戡在左翼文化运动时期》(2010年7月17日《温州日报》"瓯越副刊")。

12　《高分院开庭侦查洪深反动嫌疑》,《申报》1931年2月25日第11版。

13　田汉写于1945年的《漫忆鲁迅先生》一文,提及1930年9月17日为鲁迅50岁生日举办的那次聚会,其中有这样的话:"那天虽然热闹,大家心里却并非轻松,因为正是政治上压迫十分严紧的时候,洪深兄主办的'学艺研究所'也受着摧残。"原载《评论报》周刊(昆明)1945年10月20日,第53期。

鲁迅与“武梁祠”

思　齐

鲁迅在《呐喊·自序》中写钱玄同来找他给新青年写文章时的背景，已为人所熟知，那就是日日夜夜抄古碑——“S 会馆里有三间屋，相传是往昔曾在院子里的槐树上缢死过一个女人的，现在槐树已经高不可攀了，而这屋还没有人住；许多年，我便寓在这屋里钞古碑。”三十几岁的单身男子，独居在一个疑似凶宅荒凉院子里，除了上班，余下的时间就是抄古碑，照他自己话说：“客中少有人来，古碑中也遇不到什么问题和主义，而我的生命却居然暗暗的消去了，这也就是我惟一的愿望。”[1] 使人感到极度的颓唐和凄凉，但从现实看来，这一段是为了反衬最后终于在钱玄同的努力劝说下，鲁迅作为“昏睡铁屋子”里少数几个清醒的人，起来呐喊争取毁坏铁屋子，难免进行一些文学上的夸张。事实上，鲁迅撰写《狂人日记》《阿 Q 正传》，在新文化运动上发出了振聋发聩的呐喊后，他并没有放弃这项“消磨生命”的爱好。抄古碑只是一项笼统的说法，换言之，应该叫做石刻拓片辑录工作。这项工作，从 1912 年《壬子日记》6 月 26 日“上午太学守者持来石鼓文拓本十枚，元潘迪《音训》二枚，是新拓者，我以银一元两角五分易之”开始，一直到 1936 年 8 月 18 日致信王正朔，向其咨询“桥基石刻，亦切望于水消后拓出，迟固无妨也”还在持续。内容包括了碑碣、汉画像、摩崖、造像、墓志、阙、经幢、买地券、钟鼎、铜镜、古钱、古砖、瓦当、砚、印等诸多方面。现在可见的鲁迅收藏的历代金石拓片，有 5

100 余种,6 200 余张,数目庞大[2]。

在收集拓片的工作中,鲁迅对于汉画像的重视是引人注目的,他积极推动汉画像在书面装帧及版画艺术的作用,成果显著。汉画像中,鲁迅数次提到了“武梁祠”,颇值得注意,关于这一点,赵献涛先生在《鲁迅与汉画像新论》(石家庄学院学报 2008 年 7 月)中,叙述了武梁祠,通过《出关》中的孔子见老子情节是基于武梁祠“孔子见老子”画像石,《说胡须》中用“黄易掘出汉武梁祠石刻画像来,男子的胡须多翘上”讽刺国粹家,《中国小说史略》中自觉地运用“实物图像与遗文互相释证”的二重证据法,分别从小说、杂文、文学史等方面肯定了武梁祠对鲁迅的作用,已毋庸赘言,但是对鲁迅书信、日记、作品中历次对武梁祠的记载并没有完全描述。笔者通过本文,介绍“武梁祠”的情况以及鲁迅为研究武梁祠所做的工作。

武梁祠位于山东嘉祥县的武梁墓前,是为东汉一个官吏家族成员中的武梁(78—151)而建,建造时期约为 147—151 年,它是保存下来最完整的公元 2 世纪祠堂,祠堂的内部墙壁上布满浮雕,还有一块石碑,铭文记载了祠堂建立年代和祠堂主人的生平。武梁祠的画像石,雕刻技法是平面凸起的图像,稍稍铲去背景。[3] 屋顶、山墙和墙壁表现了东汉人心目中宇宙的三个有机组成部分——天界、仙界和人间。[4] 内容主要包括了像尧舜禹等古代帝王,节妇和孝子的事迹、还有荆轲刺秦王等刺客故事,描绘了某些特定历史人物和事件,这可见容庚描述画像细节:“今以一、二、三石相连而观之,第一层为古帝王十人及节妇梁高行、秋胡妻、义姑姊、楚昭贞姜、代赵夫人、梁节姑姊、齐继母、京师节女八事。第二层孝子曾子、闵子、老莱子、丁兰、伯榆、邢渠、董永、朱明、李善、骑都尉、三州孝人、羊公、魏汤、赵××、孝孙十五事。第三层曹子、专诸、荆轲、蔺相如、范且、豫让、聂政、无盐八事,属于刺客五,其它者三……层次井然。”[5] 还有一些场景的绘画,比如“桥头水陆攻占”、

“升鼎”等，则是至今未能确定是哪个具体事件。

对武梁祠的研究，到宋代才有武梁祠画像刻石的著录，最早是赵明诚的《金石录》：“右汉武氏石室画像五卷，武氏有数墓，皆在今济州任城县。墓前有石室，四壁刻古圣贤画像，小字八分书，题记姓名，往往为赞于其上，文词古雅，字画遒劲可喜，故尽录之，以资博览。”[6] 他将之称为武氏石室，到南宋的学者洪适，在《隶释》将之定名为武梁祠：“予案任城有从事椽武梁碑，以桓宗元嘉元年立。其辞云，‘孝子仲章、季将、季立，孝孙子侨，躬脩子道，竭家所有，选择名山，南山之阳，擢取妙好。色无斑黄，前设坛墠，后建祠堂，良匠卫改，雕文刻画，罗列成行，摅骋技巧，委蛇有章’。似是谓此画也。故予以武梁祠堂画像名之。”[7] 并在《隶续》中记录了武梁祠的画像石。此后元、明两代，武梁祠的画像石没有在金石学家们的著作中提起。1786 年，清代学者黄易重新发现了武氏墓地，当时祠堂已经被持续的黄河洪水冲垮，各种石头埋在不同的位置，黄易将画像石进行了发掘，并建造保管室进行保管。武梁祠的拓本，有流传下来的伪称为“唐拓”的宋拓本，是第一石上半石的剪装本，黄易虽然对其发掘的画像石进行制作拓本，但石像多年湮没在土中，剥落侵蚀很多。因为拓本总是年代越久的越清晰，所以“唐拓”本受到清代金石学家的推崇，在黄易收藏“唐拓”之后，曾经过火烧，但火烧之后签名题跋的就有 26 人：分别是张謇、郑孝胥、康有为、罗振玉、陈三立、严复、赵尔巽、缪荃孙、王寿彭、吴重熹、姚永槩、柯劭忞、宝熙、徐世昌、萧方骏、江瀚、劳乃宣、梁启超、刘师培、冯煦、费树蔚、张伯英、王树枏、姚华、罗复堪、赵椿年。[8] 可以说，武梁祠是当时金石学家和对金石有兴趣的学者们最关注的研究对象之一。在这种情况下，喜爱碑帖的鲁迅注意到武梁祠也是理所当然的事。

鲁迅记载中最早提到武梁祠，是 1913 年，这年 9 月 11 日日记记载“胡孟乐贻山东画像石刻拓本十枚。”[9] 在其后的书帐中明确指出："武梁祠画像佚存石拓片十枚，胡君孟乐赠，九月十一日。"这是别人赠送给鲁迅的武梁祠画像拓片，此后鲁迅就开始自己搜集，1915年5月1日日记："午后往留黎厂买武梁祠画象并题记等五十一枚，八元。"[10]5月16日日记："午后至留黎厂买《文叔阳食堂画象》一枚，武氏祠新出土画象一枚，又不知名画象一枚，共银二元。"[11]

在搜集了大量汉画像石拓片后，鲁迅更加发现武梁祠画像的可贵。如完整性，1923年1月8日他写信给蔡元培说："汉石刻中之人首蛇身象，就树人所收拓本觅之，除武梁祠画象外，亦殊不多，盖此画似多刻于顶层，故在残石中颇难觏也。"[12]在写《朝花夕拾·后记》中谈到二十四老莱子图时，他写道："汉朝人在宫殿和墓前的石室里，多喜欢绘画或雕刻古来的帝王，孔子弟子，列士，列女，孝子之类的图。宫殿当然一椽不存了；石室却偶然还有，而最完全的是山东嘉祥县的武氏石室。我仿佛记得那上面就刻着老莱子的故事。但现在手头既没有拓本，也没有《金石萃编》，不能查考了。"[13]

鲁迅说手头没有拓本，也没有《金石萃编》，那是因为写《朝花夕拾·后记》的时候是1927年7月，身处广州漂泊在外，自然不可能带拓本之类。他定居上海之后，就开始继续搜求。比如1934年2月20日致姚克信，"武梁祠画像新拓本，已颇模胡，北平大约每套十元上下可得。"[14]对武梁祠拓本的行情非常熟悉。鲁迅刚到上海时尤其收的不少，但都拓工不佳，以致于后来想专辑出版而不能用，只能托台静农继续收求，1934年6月9日信中说："对于印图，尚有二小野心。一，拟印德国版画集，此事不难，只要有印费即可。二，即印汉至唐画象，但唯取其可见当时风俗者，如游猎，卤簿，宴饮之类，而著手则大不易。五六年前，所收不可谓少，而颇有拓工不佳者，如《武梁祠画象》，《孝堂山画象》，《朱鲔石室画象》等，虽具有，而不中用；后来出土之拓片，则皆无之，上海又是商场，不可得。兄不知能代我补收否？即一面收新拓，一面则觅旧拓（如上述之三种），虽重出不妨，可选其较精者付印也。"[15]同月 18 日又写信说明收购的要求："石刻画象，除《君车》残石（有阴）外，翻刻者甚少，故几乎无须鉴别，惟旧拓或需问人。我之目的，（一）武梁祠，孝堂山二种，欲得旧拓，其佳者即不全亦可；（二）嵩山三阙不要；（三）其余石刻，则只要拓本较可观，皆欲收得，虽与已有者重出亦无害，因可比较而取其善者也。但所谓'可观'者，系指拓工而言，石刻清晰，而拓工草率，是为不'可观'，倘石刻原已平漫，则虽图象模胡，固仍在'可观'之列耳。"[16]这里可见鲁迅深以武梁祠新拓本的模糊不清为苦，希望能找寻到旧拓本，比较清晰，可以做研究跟出版之用。

鲁迅对画像石，已经清楚认识到其作为生活史料的价值，这点是其他金石学家远远不及的。传统金石学家更注重文字，对图画却比较忽视，他们更愿意用文字来描述画像，这一点，许广平也有所提到："一般研究碑石的，向多倾注于文字；对于画像，大抵很少留意。"[17]鲁迅却看到了画像石保存了当时的历史情景，比如要了解秦朝，典章文物可以看夏曾佑的《中国古代史》，"生活状态，则我以为不如看汉代石刻中之'武梁祠画像'，此像《金石粹编》及《金石索》中皆有复刻，较看拓本为便，汉时习俗，实与秦无大异，循览之后，颇能得其仿佛也。"[18]所以他后想印行汉画像石选集，选取的也是"即印汉至唐画像，但唯取其可见当时风俗者，如游猎，卤簿，宴饮之类"，希望留下历史材料以供读者使用。但同时，鲁迅又非常敏锐地指出，画像石的画面，保存的只是当时朝代的特色，画面上描摹的其他朝代，可能只是出于想象，所以 1934 年 6 月 21 日致信郑振铎说明给青年印古画普及版时，光用明本不够："因为明人所作的图，惟明事或不误，一到古衣冠，也还是靠不住，武梁祠画象中之商周时故事画，大约也如此。"[19]他以武梁祠画像为例，认为其中商周故事画，因为时间久远，细节可能出自想象，未必准确。这种谨慎的治学观点是颇值得学习的。

鲁迅研究武梁祠所用的书,除了王昶的《金石萃编》,更多的是冯云鹏与冯云鹓合著的《金石索》,此书1821年出版,这是一部综合性古器物图谱,其中几乎印行了几乎所有的武氏祠画像,《金石索·石索》的卷三和卷四集中了武氏祠资料。这本书成为鲁迅研究汉画像石的重要来源,1934年2月11日他致姚克信中说:"生活状态,则我以为不如看汉代石刻中之《武梁祠画像》,此像《金石粹编》及《金石索》中皆有复刻,较看拓本为便"。但是,当时的木板印刷技术要求将画像雕刻到板上再进行印刷,很多细节都被遗漏或者刻错。[20]

随后有翟中溶的《武梁祠堂画像考》,这是一部研究武氏祠墓地铭文和画像的专著。此书完成于道光年间,但直到1926年才由刘承幹校印出版,鲁迅买到这本书颇为不易,1934年5月在得到许寿裳寄来的《嘉业堂丛书书录》后,他专程去嘉业堂上海分室买古籍书,第一天没找到地方;隔一天再去,地方找到了,账房不在不能买;又去一次,直接说卖完了,到这年11月3日才托人买到:"晚蕴如及三弟携阿菩来,并为托梓生从吴兴刘氏买得其所刻书十五种三十五本,共泉十八元四角。"[21]这批书里就有翟中溶的《武梁祠画像考》。可惜这本书让鲁迅很失望:"瞿木夫之《武梁祠画像考》,有刘翰怡刻本,价巨而难得,然实不佳。瞿氏之文,其弊在欲夸博,滥引古书,使其文浩浩洋洋,而无裁择,结果为不得要领。"[22]

1891年和1907年,法国汉学家沙畹(Edouard Chavannes),两次实地考察了武梁祠遗迹,并将研究写入了1913年出版的《中国北方考古考察》,鲁迅有没有见此书,目前不知,但是鲁迅曾大量收入有关少数民族文化遗迹的金石类典籍,比如罗振玉、王国维合编的《流沙坠简》,王树枬编的《新疆访古录》,鲁迅也积极搜求王仁俊的《敦煌石室真迹录》、罗振玉《敦煌零拾》《敦煌石室碎金》

《敦煌变文集》和陈垣的《敦煌劫余录》，并连续购进日本东亚考古学会出版的《东方考古学丛刊》4 册等，尤其是《流沙坠简》，系根据法国沙畹寄来的手校本的照片，所以鲁迅有可能看过该书对于武梁祠的记载。

“武梁祠”只是鲁迅整理画像石工作的一个缩影，如果不扩大到金石拓片，光是画像石的搜集他就进行了二十几年，这是一个观察到古代遗留的图像资料在历史、美术等领域大有可为的学者兢兢业业的学术工作，他的收集跟留存，如今还遗泽后人。

注释：

1 《鲁迅全集》第一卷，人民文学出版社 2005 年版（下同），第 440 页。

2 夏晓静：《鲁迅的书法艺术与碑拓收藏》，《鲁迅研究月刊》2008 年 01 期。

3 巫鸿：《武梁祠——中国古代画像艺术的思想性》，生活·读书·新知三联书店 2006 年版，第 77 页。

4 巫鸿：《武梁祠——中国古代画像艺术的思想性》，第 92 页。

5 容庚：《汉武梁祠画像录》，《考释》6 页下。转引自巫鸿：《武梁祠——中国古代画像艺术的思想性》，第 59 页。

6 巫鸿：《武梁祠——中国古代画像艺术的思想性》，第 11 页。

7 马子云：《谈武梁祠画象的宋拓与黄易拓本》，故宫博物院院刊，1960 年 6 月 15 日。

8 马子云：《谈武梁祠画象的宋拓与黄易拓本》，故宫博物院院刊，1960 年 6 月 15 日。

9 鲁迅：《癸丑日记》，《鲁迅全集》第十五卷，第 78 页。

10 鲁迅：《乙卯日记》，《鲁迅全集》第十五卷，第 170 页。

11 鲁迅：《乙卯日记》，《鲁迅全集》第十五卷，第 172 页。

12 鲁迅：《230108 致蔡元培》，《鲁迅全集》第十一卷，第 433 页。

13 鲁迅：《朝花夕拾·后记》，《鲁迅全集》第二卷，第 333 页。

14 鲁迅：《340220 致姚克》，《鲁迅全集》第十三卷，第 29 页。

15 鲁迅：《340609 致台静农》，《鲁迅全集》第十三卷，第 145 页。

16 鲁迅：《340618 致台静农》，《鲁迅全集》第十三卷，第 150 页。

17 许广平:《鲁迅回忆·续·关于汉唐石刻画像》,《许广平文集》第二卷,江苏文艺出版社 1998 年版,第 353 页。

18 鲁迅:《340211 致姚克》,《鲁迅全集》第十三卷,第 23 页。

19 鲁迅:《340621 致郑振铎》,《鲁迅全集》第十三卷,第 157 页。

20 巫鸿:《武梁祠——中国古代画像艺术的思想性》,第 58 页。

21 鲁迅:《日记二十三》,《鲁迅全集》第十六卷,第 483 页。

22 鲁迅:《351115 致台静农》,《鲁迅全集》第十三卷,第 583 页。

鲁迅留日初的一些史料及嘉纳治五郎访问陆师学堂

徐昭武

1895年中日《马关新约》(俗称《马关条约》)的签订,标志着中国在甲午战争中的惨重失败。中国人则从甲午的失败中震惊于自己的落后,痛恨自己在政治、经济、军事、文化上的不如人,决心振奋精神,重塑“国魂”。于是先有孙中山于1894年11月在檀香山发起组织兴中会,号召“振兴中华”,接着康有为在1895年5月在北京发动“公车上书”,要求变法维新。这种情绪反映到政府,便有大臣奏请派学生赴日留学之议。张之洞的《劝学篇》被皇帝颁发各省,留学日本便被确立为政策。1896年6月,中国第一批留日学生13人到达东京就读。学界一般将这一年看成是中国政府正式向日本派遣留学生的起始。此后数年留日人数增加并不多,1899年有207人,1901年有280人,但1902年一下猛增到500人。1903年后,留日形成高潮。鲁迅于1902年赴日留学,属于较早的留学生之一。

日本外务省外交史料馆内的外务省记录《在日清国留学生关系杂纂　陆军学生　海军学生　外之部　第一卷》中,还保存着当年关于鲁迅、伍仲文等6人赴日留学时的2份公函(参见金建陵《南社中的民族教育家伍仲文》刊载于《档案与建设》2006年第2期)。

当时日本驻上海总领事馆事务代理岩崎三雄关于鲁迅、伍仲文等从南京出发的通知公函:

函第八二号(明治卅五年三月二十日接受)

南京陆师学堂俞总办带领留学生来日出发之件

江南陆师学堂俞总办江苏候补道俞明震此次奉两江总督之命,兼来日视察学务,带领该学堂毕业生二十二名,矿务学生六名,同随行人员,教习罗良监、王继美、翻译森村要、文案陈贞瑞、陈衡恪等将于本月二十四日由南京出发,于本月二十九日左右乘坐该港起航的邮船会社的轮船来日。故,到达东京时希望有关方面给予方便一事已由天野南京文馆主任作了具体汇报。敬请酌情予以照料。

此致

敬礼

明治三十五年三月二十一号于上海

总领事馆事务代理　岩崎三雄(印)

外务大臣男爵小村寿太郎殿下

此函记载鲁迅等乘船只去日本事。函中所云"矿务学生六名"分别是张邦华(燮和)、徐庆铸(甄才)、周树人(豫才)、刘乃弼(济舟)、顾琅(石臣)、伍崇学(仲文)。

当时清朝驻日本公使蔡钧给日本外务大臣小村寿太郎的公函:

受第四五四二号(明治三十五年四月十一号接受)

拜启陈者本大臣兹准南洋咨派矿务毕业学生六名来东研究矿学该生等均系初到为语

贵国语言文字拟先入

宏文学堂肄业俟其通晓语言文字后再行送入别校相应开列名单送请

贵大臣查照即希

费神转送入学肄习是为至荷专泐奉恳顺颂

日祉

大日本外务大臣男爵小村寿太郎阁下　　蔡钧谨具　中三月初四(印)

第三十一号

南洋派遣矿务学生

计开:徐庆铸　顾　琅　周树人　张邦华　刘乃弼　伍崇学

鲁迅留日不能不提创办弘文学院的嘉纳治五郎。

嘉纳治五郎(1860—1938)是近代日本历史上的一个重要人物。他创立了“柔道”,并将其普及推广成一种世界性的体育运动;他曾是著名的“筑波大学”前身的东京高等师范学校的校长,任职长达23年,是近代日本师范教育和中等教育的领军人物;他还是近代日本留学生(中国留学生)教育的开创者,创办了日本第一所从事留学生教育的学校,中国人熟知的陈独秀、黄兴、宋教仁、章炳麟、鲁迅、胡汉民、吴敬恒、杨度等,都是他的毕业生。他被称为“柔道之父”“体育之父”和“教育之父”。

弘文学院(后改名为宏文学院)是1902年4月,嘉纳治五郎为中国留学生开办的私立补习学校。鲁迅同月初由南京经过上海抵达东京,当时该校第一届学生共56名,其中寄宿生22名。学生年龄从17到34岁不同,平均年龄为25岁,虚岁22岁的周树人还算年轻。弘文学院的课程,时间最多的是日文,其次便是体操,另外有地理历史、数学、理科、图画、英语等。嘉纳治五郎当校长,在校园内设了校长的住房,嘉纳还是决定住在弘文学院里,可见他重视中国留学生的程度。鲁迅入学的第二年即1903年3月,在弘文校园内开设了讲道馆牛込分道场;成立后第一本名单收录的33名成员里,就有周树人以及他在江南陆师学堂同学的名字。“讲道馆牛込分场修行者誓文”清楚地记载着周树人、张邦华、刘迺弼、顾琅的名字。

另外，北京鲁迅博物馆收藏的1904年鲁迅等六人联名致沈瓞民书信，有南京一起来的同学刘乃弼、顾琅、陈衡恪、张邦华、伍崇学的签名，信中还有鲁迅的添笔。[1]

由此说明，鲁迅刚到日本，与一同前来的同学交往密切，关系融洽。

值得一提的是，1902年7月21日到10月16日，即鲁迅刚到日本不久，嘉纳治五郎接受日本外务大臣小村寿太郎的劝说，到中国实地考察教育现状。日本媒体对此十分重视，于1902年8月10日，在日本的《国士》杂志上以嘉纳本人的名义，系列报道了嘉纳去中国考察教育的信息。嘉纳一行航海经由朝鲜到中国，历时近3个月，经过烟台、塘沽、北京、天津、上海、杭州、苏州、南京、长沙、武汉等城市，参观了数十所学校，形成了对中国新式学堂的初步认识。通过对中国教育的实地考察，嘉纳强化了参与中国教育改革的动机，进一步形成了关于中国教育改革的主张。

嘉纳在南京曾访问过江南陆师学堂，对正在弘文学院就读的鲁迅等学生，一定会更加关注他们在中国的学习生活。可惜所知资料甚少。陈三立的诗作正是嘉纳考察中国学务、考察江南陆师学堂的佐证：

日本嘉纳治五郎以考察中国学务来
江南既宴集陆师学堂感而有赠

陈三立

国家丧败余，颇复议新政。仍遵今黄谟，嗫嚅诵甲令。
四海学校昌，教育在釐正。所恨益纷庞，末由基大命。
去圣日久远，终古一陷阱。礼乐坏不修，侈口吃孔孟。
譬彼涉汪洋，航筏失导迎。盲僮拊驹犊，旷莽欲何骋。

陶铸尧舜谁，多算有借镜。东瀛唇齿邦，泱泱大风盛。
亦欲煦濡我，扶以御物竞。群士忽奔凑，有若细流迸。
觥觥嘉纳君，人伦焕斗柄。创设师范章，捷速日还并。
归置游钓地，瞬息变讴詠。起死海外方，抚汝支那病。
顷者翩来游，蓄念挚且劲。纵迹北而南，王公遍造请。
联袂金陵城，须眉柳月映。雍容貌儒者，顿使增叹敬。
朋侣二三辈，冠服尽明靓。晶天虫鸟绝，酒坐龙虎横。
剑珮冷无声，深堂步寥敻。历观我黉舍，根柢析究竟。
瞠目不能答，头汗羞瞀瞢。君既洞症结，反拟施括檠。
色下语益纯，孰云杂嘲评。余乃执爵兴，种祸岂能更。
诱掖振厉之，先觉顺其性。大同无町畦，天人互相庆。
欷歔立歧路，仰视纤云浮。持此谢嘉宾，且以证后圣。[2]

陈三立（1853—1937），字伯严，号散原，江西义宁（今修水县义宁镇桃里竹椴）客家人，近代同光体诗派重要代表人物。晚清维新派名臣陈宝箴之子。陈散原被誉为中国最后一位传统诗人。他是画家陈衡恪及国学大师、历史学家陈寅恪之父。这时儿子正在嘉纳治五郎学校就读，校长来访自然接待更加用心。

分析陈三立的诗作，可分为三部分：

“国家丧败余，颇复议新政”至“群士忽奔凑，有若细流迸”为第一部分。作者陈述国内情况，可以说这是简要说明戊戌变法。“新政”，当然是指 1898 年（戊戌）4 月“下诏定国是，决定变法维新”。但是，8 月，“慈禧皇太后再出训政，于初六日起，御殿理事，幽德宗（光绪）于瀛台”“罢一切新政”。所以，诗句接着说：“仍遵今黄谟，嗫嚅诵甲令”。“所恨益纷庞，末由基大命”，诗人哀愤之中看到“陶铸尧舜谁，多算有借镜。东瀛唇齿邦，泱泱大风盛”，日本的经验是可以借鉴的，说明嘉纳访华正当其时。

第二部分从“觥觥嘉纳君，人伦焕斗柄。创设师范章，捷速日还并。”至“色下语益纯，孰云杂嘲评”。描写嘉纳到金陵江南陆师学堂以后，参观、提问、议论，使得诗人作为朝廷官员张口结舌。写嘉纳“人伦焕斗柄”，当然是过誉之辞。“瞠目不能答，头汗羞瞀蕾”。瞀（mào），眼花；蕾（yòng），酗酒。可以想象，当时这位官员在日本嘉纳面前的窘相。这位日本人也够厉害的，“色下语益纯，孰云杂嘲评”。嘉纳口口声声要为中国“代兴教育为己任”，这当然使诗人更加感激。

最后一部分，“余乃执爵兴”至“持此谢嘉宾，且以证后圣”，抒发接待日本客人以后的感想，表示对嘉宾的谢意。

江南陆师学堂虽然只开办四期后就停办，但学堂办得颇为认真。学堂招收年龄在 13 至 20 岁之间，文理通顺能知大义者入学。学额 150 名，分马队、步队、炮队、工程队各门，“各门约以二年为期，二年后再令学习炮法一年，又须略习德国语言文字，以使探讨图籍，大约通以三年为期。”学堂聘请德国教习，讲授兵法、行阵、地利、测量、绘图、算术、营垒、桥路各种功课及马、步、炮兵种阵法。1899 年总办钱德培纂辑，《江南陆师学堂武备课程》共 16 册，2 000 多页。由德国特屯和恩授课，杨锦堂口译，黄昺龙编次。内容包括兵法学、营垒学、军器学等。嘉纳来访，无疑对办学有所促进。辛亥革命领袖赵声上将、吴旸谷上将、抗日将领方振武上将等人曾就学于江南陆师学堂。

注释：

1 参见葛涛《鲁博藏鲁迅等六人联名致沈飏民的书信考释》（《鲁迅研究月刊》2015 年第 3 期），原信如下：

迪民先生同学台鉴接读

来示　敬悉　　英文典至今尚无人来取

台驾安抵申江　行装甫卸　家庭朋友之乐　固不待言　而　足下

滔滔雄辩　海客谈瀛　想必有天花乱坠之观也　申浦宴游　依然如昔　不独　足下目击伤心　而弟等亦为之浩叹

学院自　君去后　山东速成师范诸君　联翩返国　湖北诸子又结队而来　强士季黻移居外塾已入高等师范学校　绥之独处神田　乃弼将出院就学速成政法科　由是时局为之一变　此语近来之出典

足下倘得重航东海　尤所欣盼　此复　敬颂

侍祺不宣

同学 刘乃弼、顾琅、陈衡恪 / 周树人、张邦华、伍崇学已移外塾 同顿首

附呈江西学会章程一册。

2　陈三立:《散原精舍诗文集》(上),李开军校点,上海古籍出版社 2003 年版,第 51—52 页。

本色的鲁迅,真实的传记

——我如何写《搏击暗夜——鲁迅传》

陈漱渝

研究一位作家,当然首先要研究他创作的文本,但同时也要了解他的生平和他的生活的时代,这样才能做到“知人论世”,更准确地解读其文本。研究鲁迅的路径同样如此。

为鲁迅立传,就应该写出鲁迅的本色,为读者塑造一个确曾存在过的真实的鲁迅。那么,何谓“本色”,究竟能不能再现一个“真实”的鲁迅?

我认为,本色就是指本来面目。这是一个客观的存在,独立的存在,具有自身不变的性质。

鲁迅自幼喜爱美术,所以对色彩很敏感,对色彩的描写很准确。比如鲁迅谈司徒乔的画:“深红和钳碧的栋宇,白石的栏杆,金的佛像……紫糖色脸……”他使用“粉面朱唇”四个字描写绍兴戏里的“女吊”(女吊死鬼),石灰色的脸,红彤彤的嘴唇,女吊的外貌特征顿时就刻印在读者的心版上了。

那么,用什么颜色形容鲁迅的本色较为妥帖呢?我认为是红色与黑色。“红”象征鲁迅那种火焰般的创作激情,相当于冰谷中那团珊瑚色的死火,相当于地壳深层里的地火,“熔岩一旦喷出,将烧尽一切野草,以及乔木……”[1]“黑”象征鲁迅冷峻的性格,坚毅的精神，复仇的意志。鲁迅的新编历史小说《铸剑》，写楚王杀死了铸造干将莫邪剑的工匠，工匠之子眉间尺为父报仇，势单力薄。有一位行侠仗义的黑色人，长得黑瘦，须眉头发都黑，穿一身青衣，背一个青包裹。他砍下自己的头，帮助眉间赤的头将大王的头咬得眼歪鼻塌，满脸鳞伤，直至断气。黑色人自称“宴之敖者”，这正是鲁迅的笔名，也是鲁迅自身形象的艺术写照。我认为这种理解大抵不错。鲁迅挚友许寿裳指出，鲁迅在“冷静与热烈双方都彻底。冷静则气宇深稳，明察万物；热烈则心中博爱，自任以天下为重。其实这二者是交相为用的。经过热烈的冷静，才是真冷静，也就是智；经过冷静的热烈，才是真热烈，也就是仁”。许寿裳建议将鲁迅的《阿Q正传》和《祝福》比照对看，就能发现鲁迅冷热交融的特质。

再谈谈我对“真实”的理解。“真”是“伪”的对立面，所以古训提倡真善美，反对假恶丑。正因为“真”反映的是人的本色，所以古代又把人物肖像称之为“写真”。“实”，也就是实际，实在，诚实，指真实存在的事物或情况。

但是东西方都有一种相对主义观念，表现在否定事物的客观性、稳定性，片面强调其变动性、不稳定性。在中国，老子和庄子的辩证思想中也包含了相对主义的因素。庄子认为诸子百家的学说，“彼亦一是非，此亦一是非”。意思是：由于时间、空间和所受教育环境的限制，人都具有其主观片面性。我们无法跟夏天的虫子谈冰雪，因为夏虫受到时间季节的限制；无法跟井底的青蛙谈大海的辽阔，因为青蛙受到所处空间的限制；无法跟那些思想偏颇的知识分子谈真理，因为他们受到教育环境的束缚。他们自以为是，把自己的看法当成正确，把别人的看法当成谬误。在庄子看来，要辩论出一个是非，那是对真理的全面性的歪曲。西方哲学史上也有以赫胥黎、休谟、康德等人为代表的“不可知论”，到了20世纪60年代，更出现了相对主义哲学和相对主义史学。

我认为，世界上只有尚未认识的事物，不存在不可认识的事物。同一事物有相对和绝对这两种既有联系又有区别的属性。相对是有条件的、暂时的、有限的；绝对是无条件的、永恒的、无限的。任何事物既是绝对的，又是相对的，这两方面不可分割，是辩证的统一。绝对存在于相对之中，并通过无数相对体现出来；在相对中有绝对。人们对客观事物的认识，也是绝对和相对的统一。具体到鲁迅这个历史人物而言，他肯定是可以认识的，但又不是任何人能够一次性地穷尽其本质。但可以通过对其本质不完全的、近似的、有条件的、相对正确的反映，逐步接近他的本质。

从鲁迅本人的作品来看，他是反对相对主义的。1935 年秋，魏金枝先生在《芒种》第 8 期发表了一篇《分明的是非和热烈的好恶》，认为是非难定，爱憎也就为难。有似是而非，也有非中之是。据物理学说，地球上的无论如何的黑暗中，总有 X 分之一的光。但在鲁迅看来，似是而非总体上就是“非”，而非中的是其实就是“是”。尽管黑暗中总有 X 分之一的光，但白天就是白天，黑夜就是黑夜。

鲁迅《故事新编》中有一个独幕剧，叫《起死》，就是借庄子的形象来批判相对主义和无是非观，剧中的庄子经过一片荒地，捡到一个 500 年前的骷髅，便请主管人生死寿命的司命大神让它还魂。结果骷髅变成了一个 30 岁左右的乡下汉子，一丝不挂。汉子说他姓杨，小名杨大，学名必荣。他向庄子要衣服、包裹和伞，因为他出门时原来带了这些东西。庄子是主张相对主义的，便说：“鸟有羽，兽有毛，然而王瓜茄子赤条条，此所谓彼亦一是非，此亦一是非。既不能说没有衣服对，也不能说有衣服对。”汉子认为庄子说的是屁话，揪住庄子剥他的道袍，急得庄子赶紧报警。可见有衣服还是比没有衣服好，人还是应该穿衣服的。所以，凡事物都有其本色，真实也是可以逐步揭示的。否则，我们为历史人物立传，就成了信口开河，随意着墨，从而也就失去了传记的价值和意义。

鲁迅生前写过两篇自传：一篇叫《俄文译本〈阿 Q 正传〉序及著者自序传略》，涉传部分不足千字。从题目可知，这是应《阿 Q 正传》俄文译本的译者王希礼（B.A.Vassiliev）之约而写的。这篇自叙传略写于 1925 年，所以对鲁迅生平的简介也就止于 20 世纪 20 年代中期。另一篇自传写于 1934 年，不足 900 字，对生平的介绍止于 1927 年。当时美国人伊罗生编译一本中国现代短篇小说集，选收了鲁迅作品，书名为《草鞋脚》，需要入选作家的小传，鲁迅就写了这一篇。这两份自传在史料上当然极具权威性，但毕竟文字太短，满足不了读者全面了解鲁迅生平的需求。

在中国出版的第一部鲁迅传记，应该是日本人小田岳夫的《鲁迅传》，原由日本筑摩书房社出版，20 世纪 40 年代翻译为中文，在长春、上海、北平等地出售。这本书写于日本侵华时期，有一些日本军国主义的偏见，所以鲁迅夫人许广平很不满意。直到 1948 年，王士菁的《鲁迅传》才由上海新知书店出版，后多次重印或修订再版。许广平认为这是中国人自己写的鲁迅传，比较客观，值得一看；缺点是征引鲁迅著作的原文过多，而这些引文又极容易看到。后来王士菁接受了许广平先生的意见，对引文作了大量删削。自王士菁的《鲁迅传》问世之后，有关鲁迅的传记大约有 50 种，其中包括合传、评传、图传，乃至小说体或戏剧体传的鲁迅。

在已出版的传记中，哪一本最值得推荐，又有谁是撰写鲁迅传的不二人选呢？这个问题很难回答。事实上，为避免内容重复，我很少翻看其他作者所写的鲁迅传记。

要写好鲁迅传，首先要对鲁迅有一个比较准确的总体把握，也就是要正确回答“鲁迅是谁”的问题。在我的学生时代，这完全不成为问题。因为毛泽东在《新民主主义论》中对鲁迅有十分明确的定位：“鲁迅是中国文化革命的主将，他不但是伟大的文学家，而且是伟大的思想家和伟大的革命家。”但近三十多年以来，对于上述定位的质疑之声时起时伏。坦率来说，我研究鲁迅从刚开始直至今日，一直还是从这三个方面把握鲁迅的本质，从来没有动摇过。我认为，对鲁迅的质疑，只要是出于纯正的学术动机，都是一件好事，反映了当今言路的扩展，政治环境的日趋宽裕。至于对不对则是另一回事。

其实，对于鲁迅是谁这个问题，在毛泽东发表《新民主主义论》之前就有人作出了种种回答。我手头有一部《鲁迅先生纪念集》，是1937年鲁迅先生纪念会编辑出版的，收集了鲁迅去世之后中外报刊发表的悼文、函电和挽联，基调是对鲁迅的颂扬和缅怀。

这本纪念集的众多读者首先众口一辞地肯定了鲁迅作为伟大的文学家的存在，认为他的创作既吸收了西方文明，又保留了东方特质。蔡元培在《记鲁迅先生轶事》中指出："鲁迅先生去世，是现代文学界大损失，不但外国人这样说，就是日本与苏俄的文人也这样说，可说是异口同声了。"周作人将鲁迅的文学贡献分为研究和创作两个部分：研究部分包括了辑校古籍，收集汉画石刻，撰写《中国小说史》等学术专著；创作部分包括了鲁迅的小说和散文。周作人认为鲁迅创作成就有大小，但无不有其独特之处。极具原创性，这是周作人对鲁迅创作成就的最高评价。1936年10月2日，茅盾带了一位美国记者格兰尼奇到鲁迅家摄影。离开鲁迅寓所，格兰尼奇十分动情地对茅盾说："中国只有一个鲁迅，世界文化界也只有几个鲁迅。鲁迅是太可宝贵了！"日本评论家新居格指出，"《阿Q正传》不仅是普罗文学，而是更深广透彻人性根底的文学。"新居格还指出，鲁迅不仅是中国作家群峰中的高峰，而且是国际的大文学家。

鲁迅不仅是文学家，而且是思想家。早在1929年，林语堂就称颂鲁迅是"叛逆的思想家"[2]。这本纪念集收录了王瑶的《悼鲁迅先生》一文。他认为把鲁迅仅仅视为一位文人是歪曲了鲁迅，至少也是不了解鲁迅。日本评论界也认为，鲁迅之所以在中国文坛占有最高位置正是因为他具有的思想，他对于政治情势的远见卓识，不是其他作家可以企及的。

鲁迅思想是一种资源性质的思想。2016 年 2 月 12 日，著名艺术家闫肃以 86 岁高龄去世。从 20 世纪 50 年代至今，闫肃创作了千余件作品，《西游记》主题歌《敢问路在何方》即是代表作之一。闫肃生前说，《西游记》的音乐编辑王文华找他写这首歌的歌词，说此前找了好几个人写，导演杨洁都不满意。开头几句写得很顺："你挑着担，我牵着马，迎来日出，送走晚霞"，下面就卡壳了。他在屋里踱步，走来走去，准备高考的儿子烦了，说："来回走什么呀？你看地面上都走出一条道来了！"这句话如醍醐灌顶，让闫肃想起了鲁迅《故乡》的结尾那句名言："其实地上本没有路，走的人多了也就成了路。"他说对呀，路在哪里？路在脚下。敢问路在何方，路在脚下！闫肃说，他站在巨人肩上看世界，一下子就看得远了。所以鲁迅就是这种精神资源性的作家。

1998 年，我为开明出版社编了一套《鲁迅锦言集》，共 6 册，分别收录了鲁迅谈人生、谈人物、谈文化、谈中国人、谈中国社会，以及辩证谈问题的"锦言"。所为"锦言"，是指鲁迅作品中那些充满睿智、寓于哲理的语言，是精品中的精粹、宝藏中的瑰宝。仅此一套书，就能反映出鲁迅思想的深刻和广泛。现已出版的鲁迅研究著作中，有《鲁迅的教育思想》《鲁迅的哲学思想》《鲁迅的文学思想》《鲁迅的美学思想》《鲁迅的法律思想》《鲁迅的历史观》，等等，可见称鲁迅为思想家并非溢美之词。

当然，鲁迅有些想法乍听起来让人感到奇怪，但实际上另有内涵值得品味。比如，人们常说"上有天堂，下有苏杭"，苏州有园林，杭州有西湖，但鲁迅偏不喜欢西湖，甚至说"西湖是应该填掉的"[3] 那原因并不是否定西湖的自然美，而是每年春夏之交，总有一些穿长衫摇折扇的"名士"们在湖边摇来摆去，故作风雅状，让鲁迅感到难受。西湖边有十个著名景点，号称"西湖十景"，其中之一是"雷峰夕照"。雷峰塔是一座古建筑，但鲁迅却公开撰文希望它彻底倒掉。这也不是鲁迅主张破坏文物,而是因为传说中白娘子被压在塔低下,成为了中国妇女被压在社会底层的象征,所以鲁迅期盼着雷峰塔早日倒塌。

除了文学家和思想家的身份,鲁迅是不是还可以称之为革命家呢?在这本纪念集中,邹韬奋、胡愈之等人就是侧重从民族民主革命的角度评价鲁迅,指出他是民族革命的伟大斗士,因而才成就了他在文学创作方面的伟大业绩;他是伟大的革命家,才能够在作品中充分表达中华民族解放运动的动向。鲁迅的生命史就是一部"有不平而不悲观,常抗战而亦自卫"的战斗史。他的斗争对象,对内是封建余孽,对外是帝国主义。革命有不同战线,鲁迅是在思想文化战线战斗。他有对革命的独特理解,也有其独特的战斗方式。

作为一位革命家,鲁迅对中国的政治革命持有什么看法呢?1933 年至 1936 年,美国记者埃德加·斯诺多次访问鲁迅,准备跟姚克合作,把《阿 Q 正传》翻译成英文。因为《阿 Q 正传》以辛亥革命为历史背景,他们就谈到了革命这个敏感的问题。斯诺问:"你认为俄国政府形式更加适合中国吗?"鲁迅的回答是:"我不了解苏联的情况,但我读过很多关于革命前俄国情况的东西,它同中国的情况有某些类似之点。没有疑问,我们可以向苏联学习。此外,我们也可以向美国学习。但是,对中国说来,只能够有一种革命——中国的革命。我们也要向我们的历史学习。"[4] 这回答得多好呵!在 70 多前,鲁迅就指出中国革命具有中国特色,必须选择具有中国特色的道路,这正体现了一位革命家的政治远见!

在《鲁迅先生纪念集》中,从"三家"的角度全面评价鲁迅的是萧三。在《反对对于鲁迅的侮辱》一文中,萧三一开头就写道:"鲁迅先生不仅是中国伟大的文学者,而且是有权威的思想者和英勇的民族革命斗士——这是无论他的友和敌都不能否认的。"萧三是中国左翼作家联盟驻国际革命作家联盟的代表,也是毛泽东青年时代的同学和友人。他的文章发表于 1936 年巴黎出版的中文报纸《救国时报》，而毛泽东的《新民主主义论》发表在 1940 年 1 月。也就是说，萧三对鲁迅“三家”的评价虽然没有毛泽东论述得全面深刻，但却比毛泽东要早三年多。判断历史人物的功绩，不是根据他有没有提供现代社会所要求的某些东西，而主要是根据他比他的前辈提供了哪些新的东西。比如评价鲁迅，我们不能抱怨他为什么没有预言苏联的解体，为什么没有预言社会主义阵营的解体，为什么没有直接回答今天中国社会面临的一些棘手问题。因为在鲁迅生前苏联还是一个成立不到 20 年的年轻共和国，而社会主义阵营直到他去世 9 年之后才开始形成。至于中国的改革开放，那更是鲁迅去世 43 年之后才出现的新生事物。我们不能因此否定鲁迅作为革命家的存在。

在 20 世纪 90 年代中期，西方提出了一个概念，叫“破坏性创新”，或者叫“颠覆性创新”。比如数码相机颠覆了胶卷相机，激光光盘取代了录音带，液晶电视机取代了显像管电视机。但是，要在社会科学领域内搞创新，情况就比较复杂。我们既不能邯郸学步，墨守成规，又不能因人废言，简单化地否定前人。1932 年 4 月 29 日，鲁迅整理完自己的著译书目，写了一篇附记。他说：“对于为了远大的目的，并非因为个人之力而攻击我者，无论用怎样的方法，我全都没齿无怨言。但对于只想以笔墨问世的青年，我现在却敢据几年的经验，以诚恳的心，进一个苦口的忠告，那就是：不断的（！）努力一些，切勿想以一年半载，几篇文字和几本期刊，便立了空前绝后的大勋业。还有一点，是：不要只用力于抹杀别个，使他和自己一样空无，而必须跨过那站着的前人，比前人更加高大。”对于鲁迅，我们不能光去做那种抹杀，颠覆的工作，也应该潜下心来做认真的研究，做科学的评价。

不同人撰写鲁迅传，都应该体现自己的特色，这样才可能产生互补性。我是一个有自知之明的人，从来没有幻想单靠写一部传记就能立下"空前绝后的大勋业"。我把我写的这部鲁迅传定位为普及性读物,以真实可靠和通俗可读为特色,可以推荐为文学青年和高校文科学生学习鲁迅的入门书。我不认为普及可以等同于肤浅,可以等同于没有学术性。相反,我断言,学术肤浅之人,绝不可能写出成功的普及性读物。

为了写好这部鲁迅传,我对如何处理好以下五方面的关系进行了一番思考:第一手资料和第二手资料的关系、鲁迅跟他同时代人的关系、历次论争中鲁迅与其论敌的关系、历史性与当代性的关系、真实性与文学性的关系。

我理解的"第一手资料"就是自己发现的新资料,具有独家首发的性质,"第二手资料"是利用和援引他人发现和整理的资料。史料一经公开披露,就成为了社会公器。在鲁迅研究园圃中,鲁迅研究资料的挖掘和整理是一个成果丰硕的领域。早就有学者说过,鉴于鲁迅研究资料业已大体齐备,今后不可能再有什么新的发现足以导致研究界对鲁迅做出颠覆性的评价,至多不过能够丰富鲁迅研究的内容而已,所以,一本成功的传记,既要吸纳前人优秀的学术成果,又要有原创性的观点和新挖掘的史料。我多次讲过,无法要求一本书字字出彩,章章见新,从头到尾讲述的都是前所未闻的事情。任何一本书,如果能有三分新意,就说明在学术研究的过程中有进展,因而就应该在学术之林有立足之地。

我这本书虽然不足 30 万字,是前两年断断续续写成的,但也有我近半个世纪以来学习鲁迅的知识积累。比如这本传记第六章《寂寞新文苑,平安旧战场》,记述 1912 年 5 月至 1926 年 8 月鲁迅在北京的生活。对于这一段历史我就长期进行过独立研究。早在 38 年前,即 1978 年,我就在北京人民出版社出版了《鲁迅与女师大学生运动》,在天津人民出版社出版了《鲁迅在北京》。早在 35 年前,我又在天津人民出版社出版了《许广平的一生》——这是关于许广平的第一部完整传记,写序的就是周海婴先生。33 年前,人民文学出版社陆续出版了四卷本《鲁迅年谱》，我就是年谱中“北京时期”的主要执笔者和定稿人。鲁迅在北京生活的 14 年中，有两件事对他的一生影响至深，一件是 1923 年 7 月跟二弟周作人失和，另一件是 1925 年 10 月跟学生许广平恋爱。对于“失和”一事，周氏三兄弟都讳莫如深，但在社会上却有不少传闻。直到前些年，海外还发表了周作人儿子周丰一的信件，说他的舅舅羽太重九目睹了鲁迅跟他姐姐羽太信子在榻榻米上“滚床单”的一幕。我随即写了一篇《流言应止于智者》，发表在《中华读书报》，用史料证明 1923 年羽太重九远在日本，根本无法了解在北京八道湾发生的家庭纠纷。我在这本传记中列举了关于周氏兄弟失和的不同说法，结论是问题出在周作人的日本太太身上。证据之一，就是香港的赵聪写过一本《五四文坛点滴》，认为周氏兄弟失和，“坏在周作人那位日本太太身上”。1964 年 10 月 17 日，周作人在致香港鲍耀明的信中承认赵聪的说法“公平翔实，甚是难得”“去事实不远”。有了周作人本人的肯定，其他局外人就很难置喙了。周作人用《伤逝》为篇名翻译罗马诗人的作品，鲁迅用《伤逝》为篇名撰写小说，篇名中隐含了对兄弟情谊断绝的伤感，也是我的一个发现。

关于鲁迅跟许广平的婚恋过程，我也认真进行过长时间的考证，因为他们年龄毕竟相差 18 岁。我开始不理解，许广平为什么会一开始就爱上一个成熟型、师长型的“大叔”。她的青春是在激情飞扬的五四时代中度过的，她在青春萌发难道就没有浪漫情怀和情感经历吗？大约是 20 世纪 70 年代末，我读到许广平的一篇散文，题为《新年》，发表于 1940 年 1 月 10 日《上海妇女》杂志第 4 卷第 2 期，文章中有一段文字引起了我的好奇。许广平写道：“到了第十八年纪念的今天，也许辉的家里都早已忘了他罢，然而每到此时此际，霞的怆痛，就像患骨节酸痛者的遇到节气一样，自然会敏感到记忆到的，因为它曾经摧毁了一个处女纯净的心，永远没有苏转。”“霞”是许广平的小名，家里人也都叫她“霞姑”，那么文章中提到的“辉”应该是许广平生活中一个刻骨铭心的人。许广平写这篇怀念文章的时候，这位“辉”已经去世 18 年了；也就是说，“辉”去世那年应该是 1922 年；那一年，许广平刚考进北京女子高等师范学校，即后来的女师大。这 18 年以来，每逢“辉”的祭日，许广平都会深情地在心中悼念他，就像一个风湿关节炎的患者每遇到气候不好的时候都会感到锥心的酸痛一样。

为了解开许广平与这位“辉”的关系之谜，我走访了许广平在女高师的闺蜜常瑞麟——《两地书》提到过她，鲁迅还给她的丈夫谢敦南写过信。常阿姨告诉我，这位辉全名叫李小辉，是许广平的表弟，也是许广平的初恋情人，当时是北京大学的旁听生。1922 年寒假，许广平住在常瑞麟家，不慎染上了猩红热。幸亏请到同仁医院耳鼻喉科的大夫来家诊治，方能起死回生。不幸的是，李小辉并没有许广平这样走运。他在探视许广平的过程中被染上了猩红热，三天后即病故。待许广平从昏迷中清醒过来，才发现李小辉因为给她送藏青果治嗓子，结果却丢掉了自己的性命。从此，感激、悔恨和无法解脱的痛苦一直缠绕在许广平心头，每年新年之际，她更为悲伤。

对于其他研究者近些年来发现的有关鲁迅研究新史料，凡涉猎到而又确有价值的，我也尽量予以采用。比如鲁迅从日本留学归国之后，首先到杭州两级师范学堂任职，为该校的日本教师担任翻译，并开设生理学课程。据当年同事夏丏尊 1936 年回忆，鲁迅教生理卫生，“曾有一次，答应了学生的要求，加讲生殖系统。这事在今日学校里似乎也成问题，何况在三十年以前的前清时代。全校师生们都为惊讶，他却坦然地去教了。他只对学生提出一个条件，就是在他讲的时候，不许笑。他曾向我们说：‘在这些时候，不许笑是个重要条件。因为讲的人的态度是严肃的，如果有人笑，严肃的空气就破坏了。’大家都佩服他的卓见。据说那回教授的情形，果然很好。”[5]2014 年，人民文学出版社让我编校一本《鲁迅科学论著集》，我在前言中强调鲁迅生理学讲义的原创性。但前些年有学者从鲁迅藏书中发现，这部教材主要是鲁迅根据日本教材《解剖生理及卫生》编译的，并没有什么原创性。不过在闭塞落后的中国开设生理学课程，在当时的社会环境中还是新潮的。

从这件事我受到一个启发。在 20 世纪五六十年代，鲁研界一度对鲁迅的早期思想评价过低，而且扣上了一顶大唯心主义帽子，以偏概全。近几十年又有另一种倾向，即抬高鲁迅早期思想，贬低鲁迅后期思想。这是不符合事物发展规律的。鲁迅并不像他的老师章太炎，“原是拉车前进的好身手，腿肚大，臂膀也粗”，到了晚年跟时代隔绝，拉着车屁股向后转了。[6]他的晚年正是他的成熟期，思想和作品怎么会反不如早年有价值呢？试想，鲁迅留学日本期间正值 22 岁到 29 岁，他在中国只学了几年西学，对于科学知识可以说只掌握了一点 ABC，日文尚在初学阶段，英文、德文、俄文大概只懂得一点皮毛。他对西方的了解大多是通过日文转译，而日本明治、大正时代对外国著作的翻译又很不严谨，这从鲁迅翻译的《月界旅行》《地底旅行》《造人术》就可以了解，不但日译本内容不完整，而且连原作者的姓名国籍都搞错了。鲁迅在《集外集·序言》中曾谈到他自编文集时曾故意删掉介绍镭元素的那篇文章和另一篇《斯巴达之魂》，就是因为他记得自己那时的化学和历史程度并没有那样高，“所以大概总是从什么地方偷来的，不过后来无论怎么记，也再也记不起它们的老家。”所以鲁迅自己把这类文字说成“抄译”，承认这些文章的内容可疑得很。鲁迅的这些表白是坦诚的，是实事求是的。不过从鲁迅的翻译取向，可以看出他青年时代的政治抱负和学术追求，但无论如何，鲁迅早期毕竟只能成为一个伟大人物的伟大起点。

在处理跟同时代人的关系上，我改变了以鲁迅的是非为是非的狭隘观念，采取了比较平实客观的表述方式。这一点在描写鲁迅厦门时期生活的章节中表现得最为明显。鲁迅原计划在厦门生活两年，共730天，到1928年再离开。但由于有度日如年之感，由两年改为一年，再由一年改为半年，实际只待了135天。过去的解释，说厦门大学是一个金钱世界，校长尊孔，理科排挤文科，削减国学院经费；同时国学院的顾颉刚拉帮结伙，现代派势力侵入厦大，让鲁迅忍无可忍。这时，南方革命勃兴，成为了革命策源地，于是鲁迅南下广州，投奔革命。

实际情况并非如此简单，我们不能单凭鲁迅在给许广平情书中的诉说来判断是非。比如鲁迅说厦大校长林文庆是英国籍的中国人，鼓吹"尊孔读经"。林文庆是新加坡人，新加坡当时是英国殖民地，所以他加入了英国籍。为了凝聚殖民地华裔同胞的人心，他运用了弘扬中华传统文化的方式。所以尽管林文庆的观点在鲁迅看来显得有些迂腐，但是他的尊孔跟袁世凯、张勋等封建复辟势力的"尊孔"有着本质的不同。厦门大学是爱国华侨陈嘉庚创办的一所民办大学，经费完全靠陈嘉庚做橡胶生意的利润支撑，以橡胶的售价折合成学校经费。20世纪20年代，全球正值第一次世界大战结束后的经济萧条时期。橡胶降价，学校经费自然就得削减。尽管如此，厦门大学仍按时支付教职员比较丰厚的薪酬，而校长林文庆却捐出了他1927年在厦大全年的工资6 000元，又将他在新加坡的30多英亩土地捐赠厦大。大学理科的经费超过文科，跟文理科的不同性质有关，至今教育界的状况仍然如此。至于顾颉刚，他是胡适的崇拜者，也散播过鲁迅的《中国小说史略》剽窃日本盐谷温著作的流言，但他毕竟不是鲁迅所说的"现代派"人物。"现代派"这个提法就不准确。顾颉刚跟西方现代派全不搭界，是中国史学界"疑古学派"的代表人物；他也不是"现代评论派"的正式成员。所谓"现代评论派"成员本来就流品不齐。如果一定要分派，那在现代文学界鲁迅和顾颉刚反倒都是"语丝派"成员。鲁迅说顾颉刚"日日夜夜布置安插私人"，多达七人，情况有所夸大。顾所荐之人其实只有潘家洵和陈乃乾两位:潘家洵是翻译家,厦门大学外语系急需的教师,而陈乃乾后来并没有来厦大任职。如果一定要说鲁迅跟顾颉刚之间有什么派别之分,那只能说在北京教育界"英美派"和"法日派"的矛盾纠葛中,顾颉刚倾向"英美派",而鲁迅倾向"法日派"。那么鲁迅在厦门大学为什么郁郁寡欢?这固然跟对南方的教学环境和生活习惯不适应有关,同时跟异地恋带来的情绪波动也不无关联。鲁迅当时在致友人信中就说过,厦大的教员中,凡太太在身边的,脾气都会好些。这句话看似说笑,实际上符合心理学原理。所以,我认为自己的传记再现了当年厦门大学职场的原生态,没有将鲁迅认为面目可憎、语言无味的同事们一个个漫画化,这是存真求实的做法。

鲁迅的同时代人中有一个重要方面,就是文学青年。深谙中国国情的鲁迅懂得,旧中国的根底盘根错节,要摧毁这间铁屋子,掀掉屋子里摆设的人肉筵席,单枪匹马是不行的,必须结成一条战线,而这条战线上的主力军就是青年。鲁迅虽然看到同是青年流品不齐,仍寄希望于青年;虽然曾经上当,但不因为有一个人做了小偷就怀疑一切人。不过,青年人大多涉世未深,文学青年又有神经过敏、狂妄自大的通病,加之鲁迅也有多疑善怒的性格缺陷,所以跟他周边的青年既有磨合也有摩擦,在我的《鲁迅传》中,对此也有比较客观、公正的描写。比如这本传记第九章第八节叫《奴隶之爱》,写鲁迅跟奴隶社作家萧军、萧红和叶紫的关系。叶紫是湖南籍左翼作家,革命经历丰富,但创作经验不足,又贫病交加,妻儿经常挣扎在饥饿线上。鲁迅不仅多次用铅笔认真为他改稿(用铅笔是因为叶紫如有不同意见,可以随时迅速擦掉),还曾怀揣刚出炉的烧饼来到他住的亭子间,将烫手的烧饼分给他的两个急切索食的孩子。但叶紫性格中有湖南人的蛮性,又不通人情世故,表现在他不仅自己登门让体弱多病的鲁迅替他改稿,还写信要求鲁迅替他做买卖的朋友写商店招牌。叶紫有位研究政治问题的朋友，写了一本《殖民地问题》，居然也要鲁迅为之作序，让鲁迅十分为难，感到就像要他批评诸葛亮的八卦阵那样无从下笔。“两个口号”论争期间，叶紫受同乡周扬委托，居然以谈“公事”为由要求病中的鲁迅出门谈话，官气十足，被鲁迅断然拒绝。此后叶紫生病，鲁迅仍然送给他 50 块钱治疗费，让叶紫的妻子到内山书店去取，实可谓仁至义尽。

不过鲁迅对青年人也未必没有误解的时候，这一点在他跟高长虹的冲突中有所表现。《鲁迅日记》中，关于高长虹的记载有 85 处；鲁迅杂文中，涉及高长虹的有 10 余篇 30 余处。鲁迅书信特别是《两地书》中更是多次提到高长虹。鲁迅批评高长虹文风晦涩且有尼采气息，这是对的。高长虹借《民报》广告称鲁迅为“思想界之权威者”兴风作浪，这是不对的。但导致鲁迅跟高长虹彻底决裂的却是题为《给——》的组诗，俗称“月亮诗”，其中有这样一段：“我在天涯行走，月儿向我点首，我是白日的儿子，月亮呵，请你住口。我在天涯行走，夜作了我的门徒，月儿我交给他了，我交给夜去消受。夜是阴冷黑暗，月儿逃出在白天，只剩着今日的形骸，失却了当年的风光。我在天涯行走，太阳是我的朋友，月儿我交给他了，带她向夜归去。夜是阴冷黑暗，他嫉妒那太阳，太阳丢开他走了，从此再未相见。我在天涯行走，月儿向我点首，我是白日的儿子，月儿啊，请你住口。”

上述诗句中的主要意象是“太阳”“夜”“月亮”。鲁迅听别人说，高长虹在诗中自比为太阳，月亮是许广平，“夜”是鲁迅，于是勃然大怒，决定对高长虹拳来拳对，刀来刀挡，绝不退让。鲁迅说：“我是夜，则当然要有月亮的……”于是对许广平改变了态度，由觉得“不配爱”变为“我可以爱”。

《给——》这样的朦胧诗，将其中的意象跟现实生活中的人物直接对号是十分牵强的，至少缺少确证。更何况诗中的“我”并没有自比为“太阳”，而说自己是“白日的儿子”“太阳是我的朋友”。

高长虹否认他对许广平单相思，据高长虹研究专家说，他暗恋的对象其实是女作家石评梅。在介绍鲁迅跟瞿秋白的亲密战友关系时，我当然首先肯定了二者之间的“知己”关系，详细描写了瞿秋白在鲁迅家四次避难的动人情景，但也指出瞿秋白一度低估鲁迅小说的价值（瞿认为《狂人日记》幼稚），指出了他们在翻译问题上存在某些分歧（鲁强调“信”，瞿强调“达”）。传中还指出了瞿秋白执笔、用鲁迅笔名发表的《王道诗话》一文中存在失实之处：胡适是应友人朱经农之邀到湖南讲学的，教学内容并没有“卖廉耻”，更没有收受湖南军阀何键的五千大洋讲课费，仅仅收取了四百元旅费。对鲁迅跟同时代人的关系，我认为秉笔直书，更加符合史传的要求。

如何处理历次论争中鲁迅和他的论敌的关系，更是撰写鲁迅传过程中的一大难点。文化人有不同的文化性格，有的人性格峻急，是非分明，眼里容不得半点沙子，遇到错误观点就予以批驳，行文不留情面，直到对方偃旗息鼓方肯罢休。另外一种类型的文化人性格平和，温文尔雅，习惯于正面陈述自己的看法，而回避跟他人的观点交锋。刚过世的杨绛女士曾借翻译英国诗人兰德的诗作写下了自己的心语：“我和谁都不争，和谁争我都不屑。”我认为对于不同的文化个性都应该尊重，不能以此判定他们人生境界的高下。

有人认为在传记中插入文坛论争，容易使行文枯燥，不如用其他故事性强的情节取代。我没有接受这种建议。鲁迅说：“文学的修养，绝不能使人变为木石，所以文人还是人，既然还是人，他心里就仍然有是非，有爱憎；但又因为是文人，他的是非就愈分明，爱憎也愈热烈。”[7] 在我看来，鲁迅的文章，都是是非分明、爱憎分明的血性文章，他的这种文化个性在论争文章中表现得最为突出。如果抽掉了论争文章，鲁迅文化宝库中就会流失很多璀璨的明珠，就会从根本上失去一个作为文坛斗士的本色鲁迅。

1998年,我编过一本《鲁迅论争集》,分上、下两册,共210万字,由中国社会科学出版社出版,收录了鲁迅一生亲历的17次大大小小的论争,其中1927年以前的共6次,如批判甲寅派、学衡派、现代评论派;1927年以后的十余次,如革命文学论争,跟梁实秋围绕人性论、翻译观的论争,批判自由人、第三种人,以及"两个口号"论争。还有个人之间展开的论争,论争对象有顾颉刚、高长虹、林语堂、朱光潜等。这些论争中,最为复杂、影响面最广的是发生在1935年至1936年的"两个口号"论争。

"两个口号"指周扬率先提出的"国防文学"口号和鲁迅、冯雪峰、胡风等为纠正"国防文学"口号的偏颇而提出的"民族革命战争的大众文学"口号。"国防文学"口号是1935年秋提出的,原以为最先写文章的是周立波,1967年在编辑《鲁迅研究资料》的过程中我才发现最早写文章的是周扬,他当时使用的笔名叫"企",因为周扬名"起应","起"跟"企"同音同调。因为文章短,周扬本人也搞忘了,我发现后复印了一份请他验证,才唤起了他的记忆。

"国防文学"口号提出的背景,是共产国际第七次大会提出要在资本主义国家建立工人阶级反法西斯的统一战线,在殖民地、半殖民地国家建立反帝国主义侵略的民族统一战线。中国共产党驻共产国际代表团负责人王明起草了一份宣言,简称"八一宣言",以中共中央名义提出停止内战,共同抗日,组织国防政府和抗日联军等政治主张,标志着中共的国内政策由反蒋抗日逐步转变为逼蒋抗日、联蒋抗日,直到1937年以后的"拥蒋抗日"。以周扬为首的上海文化界地下党组织看到相关文件,就自发地提出了"国防文学"主张,作为文化界建立抗日民族统一战线的口号。政治形势的急剧变化,中共政策的大调整,自然激活了人们的思想,产生了不同意见,引起了激烈争论。正如同毛泽东1938年在延安对徐懋庸讲的那样:"这个论争,是在路线政策转变关头发生的。从内战到抗日民族统一战线,是一个重大的转变。在这样的转变过程中，由于革命阵营内部理论水平、政策水平的不平衡，认识有分歧，就要发生争论，这是不可避免的。其实何尝只有你们在争论呢？我们在延安，也争论得激烈。不过你们是动笔的，一争争到报纸上去，就弄得通国皆知。我们是躲在山沟里面争论，所以外面不知道罢了。”毛泽东当年这番话是实事求是的，不过后来把“两个口号”之争视为路线之争，翻云覆雨，把相关人往死里整，实在是太残酷了。比如 1957 年据此把冯雪峰这个长征干部打成右派分子，“文化大革命”期间，又把周扬等“四条汉子”及其追随者都扣上了执行王明右倾投降主义路线的帽子，田汉被迫害致死，夏衍被打断了腿。

今天看来，周扬等人当时提出“国防文学”口号在大方向上是正确的，所以在文学界获得了广泛赞同，虽然他们把写国防题材的作品作为参加抗日统一战线的入场券是片面的，容易导致关门主义；虽然某些国防文学的代表作也有倾向性的问题，比如夏衍的剧本《赛金花》，把一个“夜事夷寝”的妓女写成了救北京居民于水火的“九天护国娘娘”，说她“替中国尽了很大的责任”，受到了鲁迅的冷嘲，但无论如何都不是路线问题。周扬当年 28 岁，夏衍当年 36 岁，都很年轻。年轻人犯错误，上帝也会原谅。

鲁迅当年被夏衍戏称为“老头子”，但也只有 56 岁，在今天还可能被视为中年人。鲁迅 1927 年在广州见过国民党在清党过程中如何杀人，“血的游戏”曾经吓得他目瞪口呆。他担心有些左联成员会忘记仇恨，想借统一战线之名到新政权里去混个一官半职，从此由地下转入地上，思想上一时转不过弯。周扬等人一贯以党的领导自居，跟左联的党外人士缺少沟通，做出重大决策事前也不跟鲁迅商量。夏衍直到晚年仍然说鲁迅毕竟不是党员，言外之意，就是凡党员都要比党外人士高明。鲁迅名义上被捧为左翼文坛盟主，实际上得不到应有尊重，所以心情感到“愤懑”：愤就是愤怒，懑就是烦闷，压抑。这种心情跟他的病体形成了一种恶性循环。

身体不好容易心情不好,心情不好更加剧了鲁迅的病情。我在《鲁迅传》中客观介绍了两个口号论争过程中双方的不同观点,以及不同人对同一件事的不同回忆,供本书的读者进一步深入研究。在介绍“两个口号”论证的过程中我有一个感触,就是张闻天曾说过:“宗派主义是一种罪恶。”实在是至理名言。试想,当年左翼文坛内部如果没有宗派主义,不存在所谓“鲁迅派”和“周扬派”的对立,怎么会使一场正常的论争发展成为一场恶斗?

中国文坛的宗派主义是否已经绝迹?我对当代文学的状况十分隔膜,没有发言权,但直到粉碎“四人帮”之后,文艺界在拨乱反正过程中,这种宗派情绪仍然存在。

在介绍鲁迅经历的其他论争时,我行文也是力求客观持平。如介绍以章士钊为代表的《甲寅派》时,我否定了 1925 年之后主张“尊孔读经”的《甲寅》,同时肯定了在反对袁世凯复辟时期虎虎有生气的《甲寅》。在介绍鲁迅与“现代评论派”的论争时,我也肯定了陈西滢的两重性。在介绍鲁迅跟“自由人”和“第三种人”的论争时,我肯定了“自由人”胡秋当年的进步倾向和晚年推动两岸和平统一的历史贡献。这些都是历史事实,作为一部史传,理应如实再现。

一本历史人物传记,自然应该让读者读起来有一种历史感,但历史是往昔的存在,而对历史的书写则是在当下,因此又必然带有当下的“在场感”。我在撰写这部鲁迅传时,不仅没有回避当下现实提出的问题,而且积极予以回应。近些年来,围绕鲁迅有一些极不靠谱的说法,比如说鲁迅缺失母爱,主要论据就是鲁迅笔下的长妈妈、衍太太等都形象鲜明,而却很少回忆自己的母亲。这位论者忘记了回忆文章的对象多为逝者,而鲁迅的母亲是在鲁迅去世之后七年才离开人世。又说鲁迅《琐记》中那位唆使他偷家里东西的衍太太兼具了母亲兼情人的角色,因为 16 岁的鲁迅常去找她聊天,而忘记了这个人物的原型是鲁迅的一位叔祖母,而鲁迅同时还去找她的男人聊天。在鲁迅笔下,衍太太是一位流言家。18岁的鲁迅之所以决定走异路,逃异地,去寻求别样的人们,是因为看透了衍太太之流的嘴脸和心肝。

近年来不少学者对鲁迅持负面评价,如撰文论述鲁迅与日本人内山完造有着难见阳光的关系,即超乎友谊和商业性质之上的秘密政治关系。换句话说,就是认为内山完造是日本政府的间谍,而鲁迅是这个间谍庇护下的臣民。甚至有学者还曲解鲁迅写给日本友人的书信,以证明鲁迅不仅不抗日,反而媚日。这些说法在某些人群中有一定影响而且颇具代表性。比如有人就在网上发帖子,说什么《鲁迅承认内山完造是日本间谍》,不仅责问鲁迅为什么不宣传抗日,而且责问鲁迅为什么不指名道姓地骂蒋介石。

针对这些歪理邪说,我特意在鲁迅传中增补了两节:一节题为《一位被视为"间谍"的日本朋友》,全面介绍了内山完造的生平及其与鲁迅的真实关系。事实上,内山完造不仅被国民政府迫害遣返,而且因客观介绍中国情况和掩护中国进步人士,两次被日本特务课和警视厅拘押审讯。中华人民共和国成立后,我国政府驻日机构曾对内山完造的情况进行过调查,并没有发现他在政治上有什么疑点。相反,内山完造是日中友好协会的主要发起人和负责人之一,1959年应中国人民对外友协之邀参加新中国成立十周年庆祝活动,不幸因脑溢血病逝于北京,他跟夫人美喜子的骨灰合葬于上海万国公墓,即今宋庆龄陵园,真正做到了生为中华友、死葬中华土。

另一节题为《一个天方夜谭的话题》,援引鲁迅近30篇杂文,证明鲁迅既宣传团结御侮,反对国民党当局"攘外必先安内"的政策,又宣传切实抗日,反对在国难的时期营私利己,将神圣的抗日战争游戏化。至于责备鲁迅没有直接批判蒋介石,更是一种哗众取宠的说法,既跟事实有出入,又完全不顾鲁迅身处的险恶环境。1931年,上海中学生杂志社曾采访鲁迅,问题是:"假如先生面前站着一个中学生，处此内忧外患交迫的非常时代，将对他讲怎样的话，做努力的方针？”鲁迅的回答是：“请先生也许我回答你一句，就是：我们现在有言论的自由么？假如先生说‘不’，那么我知道一定也不会怪我不作声的。”

我写上述为鲁迅辩诬的文字，有些好心的朋友觉得没有必要。他们认为这些贬损鲁迅的观点过于肤浅，认真反驳反而扩大了他们的影响，我也会由此自掉身价。我其实毫不在乎自己的“身价”。只记得《韩非子》一书中有一个故事。有人对魏王说，邯郸城里出现了一只老虎，魏王不信。又有第二个人说城里有虎，魏王仍表示不信。然而第三个人也说城里有虎，魏王就信了。其实当时邯郸城内确实没有老虎，只是传谣的人多了，就增强了谣言的蛊惑力。中国人有传谣信谣的毛病。鲁迅写过一篇《太平歌诀》，讽刺南京市民信谣传谣；还写过一篇《谣言世家》，说谣言可以杀人，也可因谣言被杀，可见写点辟谣文章也许多少能正一些视听。

在撰写鲁迅传的过程中我还碰到了一个最为棘手的问题，即如何处理好真实性与文学性的关系。真实性是传记写作的基本追求，离开了真实性，史传即丧失了生命；而文学创作的特点是虚构，即源于生活，又高于生活。这两者之间其实存在着深刻的矛盾。“假中见真”是文学作品的特色。比如脍炙人口的《西游记》，只有唐僧这个人物有历史原型。像孙悟空、猪八戒、沙和尚、白骨精、太上老君、王母娘娘则通通是虚构的，但假得有趣，没有一个读者或观众会去较真，质问吴承恩，石头里面怎么会蹦出一个神通广大的猴子呵？更何况这部作品充满了信仰追求、宗教哲理、人生智慧和精神魅力，更加为读者和观众喜爱。所以文学创作“假中见真”不足为奇。然而，号称真实的史传中如果出现了失实之处，那就叫“真中见假”，会因此失去读者对这部作品的基本信任，所以这种错误叫做硬伤。一个人伤痕累累会危及生命，一本传记硬伤随处可见，必然被时光淘汰。

在《中国历史文化名人传》的“出版说明”中，丛书编委会是这样要求作者的：“必须在尊重史实基础上进行文学艺术创作，力求生动传神，追求本质的真实，塑造出饱满的人物形象，具有引人入胜的故事性和可读性。”我估计，有些为古代人物立传的作者是按照这种精神写作的，因为他们可以依据的史料相对较少。而我的写作原则与此不同。我这本传记可以说是无一字无来历，丝毫没有刻意创作的成分，不仅追求本质的真实，而且注重细节的真实。简单地讲，就是完全排斥想象和虚构。如果缺乏史料依据，我宁可让文字枯燥一下，也绝不添油加醋，去追求什么故事性和可读性。

不过，为了这本传记能吸引读者眼球，我采用了三种补救措施：尽可能从现存史料中撷取那些生动的细节；竭尽绵力锤炼语言，使文字明白、晓畅、生动、传神；讲究叙述方式，避免平铺直叙。

比如，关于鲁迅临终的状况，我是这样描写的。鲁迅临终前，在病榻旁照顾的是许广平和须藤医院的一名护士。鲁迅对许广平说：“时间不早了，你也可以睡了。”许广平说：“我不困。”两人深情对视，默默无语。当时鲁迅两腿冰凉，但上身不时出汗。许广平替鲁迅擦手，鲁迅紧紧握住了许广平的手。许广平怕鲁迅动情，装作不知道，轻轻把鲁迅的手放开，给他盖好被子。这时我用倒叙的手法回放了 1925 年 10 月鲁迅与许广平定情的那个夜晚，是许广平首先握住了鲁迅的手，鲁迅回报许广平以轻柔的回握，从此开始了他们相濡以沫的新生活，不知不觉有了十一个年头。鲁迅去世之后，许广平责怪自己没有紧握住鲁迅临终前的手，没有紧紧地拥抱住鲁迅，成为了难以治愈的伤痛。鲁迅和许广平这两次握手的细节是生动感人的，又是确凿可信的，因为这不是出于我的虚构，而是根据许广平的两篇回忆录：一篇叫《风子是我的爱》，另一篇叫《最后的一天》。

介绍鲁迅与中国新兴木刻运动的关系，原本容易写得学术化，让人读后感到枯涩，但我充分利用了很多真实的细节，就顿时将读者引入了历史现场。《新兴木刻园圃的拓荒者》一节是这样开头的：

“一九三一年八月十七日一早，有十三位美术青年来到了上海北四川路底长春路北的日语学校。他们并不是来补习日语，而是学习一门崭新的课程：木刻创作法。这十三名学员中有十人来自一八艺社，两名来自中华艺大，一名来自白鹅绘画研究所。当年热爱木刻艺术的青年大多左倾，为避开当局的耳目，参加的人数不宜太多。九时整，身着白色夏布长衫的鲁迅走进一间教室——这件长衫的料子是美国记者史沫特莱馈赠的，鲁迅一般在庄重场合才穿。鲁迅身后紧随着一位身着白色西服的日本讲师。他拎着一个小包，里面装着三套木刻刀和一只马楝（印制版画的圆形刷子），还有一些拓印木刻的日本纸。这位讲师叫内山嘉吉，鲁迅日本友人内山完造的弟弟，当年三十一岁，是日本东京成城学园小学部的美术老师，暑假因探亲到上海，正巧被临时抓差。”

这一段描写，有准确的时间、地点、人物，连鲁迅的长衫、内山嘉吉的西服都写得具体逼真，这就让读者有一种穿越时空、如临其境的感觉。这一节还援引了木刻青年曹白的《坐牢略记》，读者更从中感受到了木刻提倡者的艰辛及当时社会的空前黑暗。

在文学作品形式诸要素中，第一要素是文学语言。因为完全排斥了虚构，哪怕是合理虚构，我只能主要靠锤炼语言来增强这部传记的文学性。比如描写鲁迅去世的一段文字：

“鲁迅安详地躺在卧室的床上。他额头上的皱纹，是历史的大波留下的印痕；浓黑的双眉，好像勇士破敌的利剑。爱和恨的线条，交织在他刚毅的眼角。他面孔清癯，颧骨高耸，两颊下陷，黑发中夹着缕缕银丝，显示着他坚忍倔强的个性和鞠躬尽瘁的品德。床边，是鲁迅打腹稿时常坐的破旧藤躺椅。靠门的旧式红漆木桌上，整齐地堆放着参考书，以及未完成的文稿；两支'金不换'毛笔挺立站在笔插里。鲁迅正是用这种价廉物美的土产毛笔，绵绵不断地写下了近千万字的译文和著作，好像春蚕在悄然无声的吐司作茧，直到耗尽最后一次精力；好像耕牛紧拽着犁杖，在莽原上不知疲惫地耕耘……那衣橱中，依然挂着鲁迅最后出门时所穿的那件青紫色哔叽长袍，鲁迅生前囚首垢面而读诗书，从不注意自己的衣着。直至最后一年，因身体瘦弱，不堪重压，才特意地做了一件丝绵的棕色湖绉长袍，不料这竟成了他临终穿在身上的寿衣……"

这一段文字，有描写，有比喻，有排比，从鲁迅面容写到他的躺椅、毛笔、长袍，使人回想鲁迅辛勤笔耕的一生，从而走出悲哀的氛围，进而缅怀他光辉的业绩。

叙事策略是增强文学性的一个重要手段，因而在西方文论中形成了各式各样的叙事学：有结构主义叙事学，后经典叙事学，社会叙事学，女性主义叙事学，等等。据我理解，叙事就是用语言——尤其是书面语言来表现一系列事件，有真实的，有虚构的。中国传统小说更讲究叙事的起承结合，以达到引人入胜的目的。宋元话本中的开头部分叫做"入话"，讲一点跟正文相似或相反的故事，作为引子，吸引人读下去或听下去。我这部鲁迅传没有虚构叙事，一般采用第三人称客观叙事模式，但又尽可能避免平铺直叙。比如介绍鲁迅与瞿秋白的友谊，就没有直接从他们的第一次见面写起，而是先写陈云到鲁迅家接瞿秋白夫妇转移的情景：

"一九三二年十二月二十三日晚约十一时，当时全国总工会党团书记的陈云化名'史平'，乘坐了一辆黄包车，穿过弯弯曲曲的小路，奔向北四川路的拉摩斯公寓，去接送在鲁迅家避难的瞿秋白夫妇转移。这是一幢坐南朝北的四层平顶大楼。黄包车先在一路电车的掉头处停下。陈云把头上的礼帽帽檐压低到眉毛以下，悄悄地巡视四周，发现没有可疑的人盯梢，才去轻轻地敲鲁迅的家门。开门的是许广平，她热情地把陈云迎进来。这时，早已做好准备的瞿秋白夫妇走下楼来。秋白夫人杨之华挽着一个小包袱，里面只有几件换洗衣服，以及几篇文稿和几本书。陈云纳闷地问：'就这些行李吗？怎么连提箱也没有一只？'秋白爽朗地笑出声来，说：'我一生的财产尽在于此。'"

陈云是中共中央的负责同志，又是鲁迅与瞿秋白友谊的历史见证人。上述描写根据陈云以"史平"为笔名发表的一篇回忆文章，表现了秋白一生的清贫洁白，也表现了鲁迅对秋白的关怀备至。读完这段开头，读者就容易有兴趣了解鲁迅和瞿秋白友谊的始末。

以上讲了写作这本鲁迅传时我的一些学术追求，但追求并不等于现实。我清醒看到，这本书必然还有很多缺点。有人把电影称之为遗憾的艺术，因为拍摄剪辑完毕，就没法在胶卷上修改了。文学创作和学术研究何尝不也是遗憾的艺术？只不过这本传记刚印出来，还没广泛征求读者的意见，所以对这本书的缺点认识还不够深刻，只能先谈几点我的初步认识。第一个不足是动笔前，缺乏对全书的总体把握。记得鲁迅写作的特点是静观默察，烂熟于心，凝神结想，一挥而就。也就是说，鲁迅行文习惯于先打好腹稿，而后一气呵成，写成后少有改动。但我写的是长篇文字，不是千字杂文。关于这本书的书名，申报时我填的是"叛逆的猛士"，这个词组出自《野草·淡淡的血痕中》，突出了鲁迅对旧社会、旧传统的决裂态度。这是鲁迅的性格核心，最后改成了"搏击暗夜"。原因之一，是这套丛书多取四字书名，在现已出版的 50 本传中，书名用四个字的有 43 本。原因之二，我认为"搏击暗夜"的含义要比"叛逆的猛士”丰富。我所说的“暗夜”不仅指社会的黑暗面，传统的黑暗面，而且也包括了传主心灵的黑暗面。这些都是传主抗争的对象。不过，如果执笔之初就有这种立意，那在行文时就要尽可能突出“暗夜”与传主之间的紧张关系，既要充分写出“暗夜”的浓黑，又要让读者充分感受到传主的反抗性和搏击力。由于这本书动笔前构思不够成熟，写作又时断时续，所以缺乏一种黄河奔流一泻千里的气势。第二个不足，表现在对鲁迅作品进行文学层面的分析非常不够。比如周作人说，《阿Q正传》受到显克微支、夏目漱石的影响，鲁迅也承认这一点。但我在传中却未能涉及。这说明我研究外国文学的功力不够，深怕分析得牵强附会。第三个不足是对鲁迅精神世界的揭示不够深刻。现代传记必须以人为中心，而写人又要厘清其精神脉络。鲁迅的精神世界是多重思想元素交融渗透而形成的复合体。其中有个人主义与人道主义的消长起伏，也有绝望和希望、消极和积极、阴暗和光明、求索和彷徨、苦闷和乐观、退避和抗争的厮扭。正是这些对立而又统一的因素有机地联系在一起，构成了这样一个伟大启蒙者光华四射的生命体。倘加取舍，即非全人；再加抑扬，更加真实。然而在有些鲁迅传记中，过度地渲染鲁迅的孤独、绝望和虚无，有意凸显他的精神危机与内心苦痛，而背离了鲁迅作为一个“绝望而反抗者”的主导方面。但是我没有准确把握和再现鲁迅精神世界的能力，深怕曲解了鲁迅，故回避了一些容易引起争议的描写。

不过，写鲁迅的精神世界，特别是揭示鲁迅“深层心理”动因，又确实太不容易把握分寸。比如，鲁迅在厦门大学任教时，有一天看到有一头猪在啃相思树的叶子，就冲上前来赶走这头猪。这件事被章衣萍写进他的一本随笔中。有人解释说，鲁迅之所以跟猪决斗，是因为他正在思念许广平，所以容不得有什么动物来祸害相思树。这样剖析鲁迅的心理动因虽然生动有趣，但你不是鲁迅，怎么知道鲁迅跟猪决斗时心里在想着的是许广平呢？心理分析的方法固然深刻，但首先要有可靠的心理分析依据。我缺少这方面的科学依据，这是我为自己辩解的一个理由。

最近英国皇家莎士比亚剧团在中国国家大剧院演出《亨利四世》和《亨利五世》这两部历史剧，有一篇剧评题为《欲戴王冠，必承其重》，让我产生了联想。一个研究者出书，给他带来了一定的荣誉，但同时也要有足够的心理承受能力，正确面对随之而来的各种批评。更何况古语说得好："画鬼容易画人难。"鲁迅在中国是一位家喻户晓的人物，人人心中都有一个专属他自己而且具有排他性的"鲁迅"，因此为鲁迅立传不可能受到众口一词的赞誉。我希望一部更好的鲁迅传记会出自中青年研究者的笔下，正如鲁迅所言："诚望杰构于来哲也"。[8]

（本文根据作者2016年2月28日在中国现代文学馆的同名讲演整理）

注释：

1 鲁迅：《野草·题辞》，《鲁迅全集》第二卷，人民文学出版社2005年版，第163页。

2 《鲁迅》，《北新》半月刊第3卷第6期。

3 萧军：《十月十五日》，鲁迅先生纪念委员会编《鲁迅先生纪念集》1973年，悼文第四辑，第76页。

4 《鲁迅印象记》，[美]埃德加斯诺《我在旧中国十三年》，三联书店1973年版。

5 《鲁迅翁杂忆》，《文学》第7卷第5期。

6 鲁迅：《花边文学·趋时和复古》，《鲁迅全集》第五卷，人民文学出版社2005年版，第565页。

7 鲁迅：《再论"文人相轻"》，《鲁迅全集》第六卷，人民文学出版社2005年版，第347页。

8 鲁迅：《中国小说史略·题记》，《鲁迅全集》第九卷，人民文学出版社2005年版，第3页。

海外鲁研

鲁迅作品在越南的译介与研究

[越南]裴氏幸娟

2016年是鲁迅诞辰135周年,也是他逝世80周年。鲁迅是世界文坛上影响巨大的作家之一,长期以来鲁迅研究不仅在中国,而且在世界各国都颇受重视的。海外鲁迅的国际学术研讨会已多次举办,并且获得成功,发表的论文为数不少。可见,鲁迅至今在国外中国文学研究中仍有重要的地位,仍是一个不能忽视的存在。

鲁迅一生的创作早已被翻译成多种语言,在很多国家出版。据统计,有三十多个国家用五十多种语言文字翻译出版了鲁迅作品,其中欧洲语言25种,前苏联各民族语言21种,还有亚洲其他国家、地区的语言文字的译作。[1] 所译主要是鲁迅文学创作,其中多数为小说。确实,以前关于鲁迅著作在各国翻译状况与译本的比较研究甚少。在世界进入大融合、文化进入多元共存的新世纪里,鲁迅著作怎样接近外国读者,怎样取得世界范围的认同,仍然是一个不能忽视的话题。所有对鲁迅作品的翻译,无论水平如何,都值得我们关注。我们对鲁迅著作优秀译本出现的期待将是长期的,可以说,好的译者与好的研究者同样重要。因为在国外鲁迅研究领域存在的主要困难就是语言障碍、翻译为难,这两者阻挡了外国读者对鲁迅的接近和解读。在各国的翻译中,选择什么作品与如何翻译,"转译"中的原文意图与文化,是很值得研究,它对于丰富鲁迅研究的整体也是有用处的。

一、越南对鲁迅接触与关注

最早接触鲁迅作品的越南人应该是胡志明主席。20 世纪初的几十年,阮必成(胡志明主席的原名)怀着寻找救国之路的渴望离开祖国到海外,他生活时间最长的地方就是中国。除了参加政治方面的活动之外,胡志明还是诗人,他很喜欢而且非常了解文学。胡志明主席的中文很好,所以他能通过原文直接接触中国文学。胡志明主席曾说过:"我读鲁迅的原作,开始就很喜欢,很仰慕他……"[2]

除了胡志明主席与当时一些在中国的越南革命者有接触鲁迅作品的机会之外,绝大多数越南人很晚才能读到鲁迅的作品,也就是说鲁迅的作品很晚才进入越南。尽管当时中越两国唇齿相依,尽管中国自五四以来新文化之潮汹涌澎湃,并产生了文化巨人,影响远至欧美;但是由于法国殖民主义当局对越南实行文化封锁政策,国外所有进步的书刊都不能进入越南,其中也包括中国新文学。直至鲁迅逝世为止,越南读过鲁迅作品的人寥寥无几,即便知识分子也不例外。以往越南对中国新文化一无所知的状况,使越南有名的文艺理论家、汉学家邓台梅(Dăng Thai Mai)发出这样的感慨:"越南原来跟中国有很密切的关系,那么越南人应该早已知道有鲁迅,应该比那些西方国家还早才对。可是在本世纪的二十年代,那时鲁迅已经成名,在英国、俄国、法国,《阿 Q 正传》已经有了译本,但是在越南却很少人知道鲁迅是谁。当时的越南学者完全不知道在中国有一位世界知名的作家叫鲁迅……"[3] 邓台梅还讲他曾在一个很偶然的机会"认识了鲁迅先生"。1926 年在开往河内的火车上,邓台梅认识了一位中国年轻人,但因为邓台梅当时只懂文言文而不会说白话,所以他们俩必须选择"笔谈"的方式来互相交流。那也是邓台梅第一次听到"五四运动"这个概念,也是第一次知道关于中国的政治活动与文艺活动。邓先生说:“我慢慢地知道中国有一批新的作家,如朱自清、冰心、郁达夫、茅盾、郭沫若……和一位名叫鲁迅的作家。那时我突然觉得我的知识存在着巨大的漏洞,就是中国新文学方面。我很希望能及时补上那个漏洞。”[4]

1936 年越南的政治局面有所好转,在“民主战线运动”的压力下,法国殖民者放宽了文化封锁政策,允许书刊从西方和中国进入越南。在这种情况下,邓台梅先生花了很大工夫在河内一些有名的中文书店寻找当时中国的新文学作品。终于,邓台梅得到了一份纪念鲁迅的特刊,从此树立了将鲁迅介绍给越南读者的信念。邓先生说:“到那时候我才知道鲁迅刚逝世。鲁迅就是十年前在火车上那位中国年轻人给我介绍的人。他说鲁迅是中国现代文学的一位伟大的作家。但现在鲁迅已过世了……我心里觉得非常难过。十年来,我没有找到他任何作品来读。现在鲁迅已到那永恒的地方去了,我才开始去找他。”[5]

邓台梅和一些学者,除了缺少信息与中文书刊以外,还存在着一个很大的障碍,那就是语言与文字的问题。以前越南人只懂中国汉语文言文,但那时中国现代文学已不提倡文言文了,开始用白话文来写文章了。因为怀着想了解鲁迅作品的渴望,邓台梅就跟一个刚来河内的中国人学白话文,那时是 1942 年。

中越文化交流史上新的一页,由邓台梅率先翻开。1943 年,邓台梅翻译了鲁迅的《阿 Q 正传》和《野草》的部分篇章,在《清毅》杂志上发表。这是越南最早见的鲁迅作品。翌年,邓台梅出版了两本专著,一本是时代出版社出版的《鲁迅——身世与文艺》,另一本是《现代中国文学中的杂文》,由河内出版社出版。

笔者之所以较详细地介绍邓台梅先生,是因为他在鲁迅译介领域可说是“开拓者”,是在越南最早介绍鲁迅及其作品的人。正是因为有了邓台梅先生如此勤奋而努力的工作,越南对鲁迅的译介与研究才有那么好的一个开头。1945年,越南人民在“八月革命”中将独立权从法国人与日本人手里夺了回来,从此中国图书进入越南不再受限制,所以慢慢地有很多越南人开始懂白话文。此后,中国与越南关系越来越密切了,越南学生到中国来留学的人愈来愈多,所以懂中国普通话和了解中国文学的人日益增多。在越南有许多有名的译者已将诸多中国现代文学作品译成越南语,其中鲁迅作品翻译得最多。他所有的著作都有越语译版,还多次再版。除了邓台梅先生,在越南还有一些翻译者和研究者也参与研究与宣传鲁迅的作品。潘魁是第一个翻译与介绍鲁迅小说的人,他译书为《鲁迅小说选集》(越南作协出版社1955年版),此外还有黎春雨的《鲁迅,中国文化革命的主将》(越南文化出版社1959年版),陈文晋和洪民华的《鲁迅的身世与创作思想》(越南教育出版社1960年版),张正的《鲁迅杂文》(越南文化出版社1963年版)、《鲁迅小说集》(越南解放文学出版社1976年版)、《鲁迅》(越南文化出版社1977年版),梁维恕的《鲁迅、作品与材料》(越南教育出版社1997年版)等。

二、越南对鲁迅作品的译介

日本、朝鲜、越南是“汉字文化圈”中的主要国家。汉语口语和汉字传入这些国家以后,曾有机地与他们本国语言相结合,被广为接受和使用。因此,吸收中国的语言和文化是这些国家十分悠久的传统,这个传统在鲁迅作品的评介中也可以反映出来。

越南鲁迅研究起步较晚,但研究成果还是颇丰。深受越南人民爱戴的领袖胡志明,精通汉字,中国文化修养十分深厚,他一些有关鲁迅的论述,对鲁迅作品、思想在越南的传播,起到了巨大的推动作用。1951年3月3日,他在《越南劳动党成立仪式上的讲话》中,引用了鲁迅《自嘲》诗中的名句“横眉冷对千夫指,俯首甘为孺子牛”,并指出:“‘千夫’意指强敌,比如法国殖民者和美国干涉者;也可以说是艰苦、困难的意思;'孺子'意思是指善良的广大人民群众,也可以说是益国利民的工作……"在其他讲话中,胡志明主席还讲过:"我依稀记得,中国革命大文学家鲁迅在什么地方讲过这么一段话,意思是说,凡人升天成仙,也许是真的喜欢。但总欣赏那一成不变的仙境,久了,也会叫人腻烦的。到这个时候,他才领悟:要找一个真正变化着的和令人陶醉的事物,还是得回到人世间的实际生活中来为好。"[6] 胡志明主席的这些讲话内容,曾多次被后来的鲁迅著作的越南文译本印入插页,随着鲁迅著作的流传而广泛传播,从而加深了越南读者对鲁迅作品的亲切感。

1944 年,邓台梅在《鲁迅——身世与文艺》里写道:"如想在世界文坛上找出一些能拿来跟鲁迅比较的作家,也许我们就想到陀思妥耶夫斯基和高尔基。在鲁迅的作品里面,有时我们能见到一些忧郁、黯淡的思想,让我们想起《罪恶与惩罚》《傻瓜》。虽然这样,但读鲁迅时,我们却不觉得要马上脱离这个痛苦的人间,也不要把现实忘掉。在这一点上鲁迅跟高尔基是很相近的,因为他们的作品都使人民群众充满信心。"[7]

邓台梅的观点正巧跟前苏联作家 Fadaev[8] 的一些观点一样。他在北京举行的鲁迅逝世 20 周年的纪念典礼上发言:"鲁迅跟契诃夫的相近之处在于他们都对那些不幸的,被压迫的人表示同情与痛惜,但同时也明白他们的弱点。可是鲁迅对旧社会的批判更强烈,更锋利而且有明显的社会性,这点却让读者觉得鲁迅和高尔基很相近。"[9]

1955 年,河内文艺出版社出版了潘魁翻译的《鲁迅小说选集》。这是在越南出版的第一本鲁迅作品。1956 年,潘魁翻译的《鲁迅杂文选》由河内文化艺术出版社出版,全书收入鲁迅杂文 39 篇,主要选自《华盖集》和《三闲集》。译者认为:书中所译各篇均为自己可以读懂并能把握原作的含义,且可为越南读者消化理解的文章。书后附有译者在 1955 年 10 月 30 日首都纪念鲁迅大会的讲话,称鲁迅“不但是中国的大文豪,也是世界的大文豪”。[10]潘魁的第三个鲁迅作品译本是1957年出版的《鲁迅小说选》第二集,全书收入小说九篇。

1958年邓台梅著《现代中国文学史略》由河内真理出版社出版,其中有介绍鲁迅的内容。1959年,河内文化出版社出版了《鲁迅,中国文化革命的主将》一书,作者是黎春武。此外,越南还出版了中国学者的两本关于鲁迅的著作:一本是李何林著《鲁迅的生平、创作与思想》,由陈文晋、洪民华译,河内教育出版社1960年出版。另一本是张望编《鲁迅论美术》,译者周文,河内文艺出版社1964年出版。

从20世纪60年代初开始,越南鲁迅著作的翻译工作,可以说进入了张正阶段。1960年5月,河内文化出版社出版了张正译《故事新编》,系全译本,并收有张正作《关于〈故事新编〉》一文。1961年6月,河内文化出版社出版了张正译《呐喊》的全译本由译者作序。序言指出:“鲁迅明确意识到文学要为革命服务,提出‘遵命文学’的口号”。鲁迅“同情农民,但并没有美化农民,而是指出他们的缺点和弱点”[11]。至此,鲁迅的三本小说集的越南文翻译,已由张正全部完成。1962年,张正翻译的《彷徨》又由河内文化出版社出版。1963年,河内文化出版社出版了张正翻译《鲁迅杂文选集》。该书根据以下三个中文版选集选择:1933年出版的何凝(瞿秋白)选编并作序的《鲁迅杂感选集》;1951年开明书店版《鲁迅选集》(三卷本);1956年中国青年出版社出版的《鲁迅选集》(四卷本)。全书共分三集,收杂文261篇。第一集选译《坟》15篇、《热风》13篇、《华盖集》13篇、《华盖集续编》11篇、《朝花夕拾》12篇。第二集收杂文86篇,《野草》24篇、《而已集》11篇、《三闲集》11篇、《二心集》20篇、《南腔北调集》28篇。第三集收杂文111篇,《伪自由书》17篇、《准风月谈》29篇、《花边文学》16篇、《且介亭杂文》15篇、《且介亭杂文二集》12篇、《且介亭杂文末编》13篇。该书是迄今为止越南出版规模最大的一套《鲁迅杂文选集》。1971年,张正翻译的《鲁迅短篇小说集》由越南解放文学出版社出版。

三、越南对鲁迅的研究

1977年越南出版了两本鲁迅研究专著。一本是张正著《鲁迅》,系越南人撰写的第一本鲁迅传记,当年6月由文化出版社出版。全书除序言外,共分四章:第一章幼年时代、第二章青年时代、第三章战斗和创作生涯(一)、第四章战斗和创作生涯(二)。在第四章最后,作者专列一节《鲁迅在越南》,简单地介绍鲁迅作品在越南的传播,还论述了吴必素、海潮、钟梅等越南作家,所受到的鲁迅作品的影响。另一本专著由芳榴撰写,1977年由高等教育出版社出版,书名为《鲁迅——文学理论家》。该书由阮良玉教授[12]做序言,序言充分肯定和赞扬了鲁迅文艺思想,指出鲁迅的文艺思想,不仅体现了彻底革命性,同时还指出了深刻和全面的辩证思维方法,说鲁迅的文艺思想是具有深邃和独特性质的马列主义文艺思想。全书共分十章:文艺思想的几个发展阶段、文艺思想中的党性、文学家的修养、文艺的大众化、继承民族的遗产、引进外国文学、文学典型、文学体裁、文学语言、文学批评。尚有附录鲁迅与孔子和孔教、鲁迅的文学年表。

上述译著的出版,迅速提高了鲁迅在越南的知名度。专家认为,鲁迅在越南逐渐为大众所熟知显然与鲁迅作品在越南此时期的大量翻译有关。

在越南,除了鲁迅作品越语译版、鲁迅研究书刊以外,还有很多关于鲁迅的文章在各种报纸和杂志上发表。许多越南有名的作家与学者都从各个角度来谈自己对鲁迅作品思想主题和艺术手法的观点、谈鲁迅作品的思想与艺术特点给了他们怎样的启发与体会。大部分研究者的研究方向集中在鲁迅小说里的社会观念、人生态度、人物形象、个人命运与悲剧题材等问题。另外,他们还特别关注鲁迅小说的艺术风格、叙事方式、结构、语言等方面。

越南著名作家阮遵[13]在《鲁迅短篇小说与中国影片》的文章中曾写道:"我很喜爱,很仰慕鲁迅。对鲁迅小说非常喜欢,我可以多次地读来读去也不觉得腻,还很感兴趣,特别是《祝福》给我带来了具有'棱角'的印象。祥林嫂与'我'的对话使读者觉得心很痛,使读者读后会感慨不已。书已合上了,但祥林嫂的话还是隐约可闻。不仅'我'因祥林嫂的三个问句而不知所措,连鲁迅的所有真正读者也感到忐忑不安。《祝福》不是那种用来解闷的小说,而是令读者震撼的小说。它是能让读者读后认识到在生活中不能只是求安而已,不能苟且,马马虎虎地活着。我读《祝福》后心里觉得特想做一件有意义的事情。《祝福》的价值在于它已把意志吹进我们的灵魂,引起我们的愤怒,然后引进革命思想与行动。"[14]除外,阮遵还认为《祝福》浸透着人道主义,而在电影导演手中,《祝福》就变成一部很好看的电影。

1975 年前,越南南方还没解放的时候,两位很有名的文学研究者简芝和阮献黎已把鲁迅的作品介绍给广大读者,这真是一件很受欢迎的事情,因为 20 世纪 60 年代越南南方还在受美国帝国主义统治。在西贡(今胡志明市),简芝先生出版了越语版的《阿Q 正传》,他介绍说:"《阿 Q 正传》是鲁迅最好的批判现实主义作品,同时也是中国现代文学最成功的作品。"[15]阮献黎写的《中国文学史纲要》共有三卷,其中阮献黎特别郑重地介绍鲁迅。他写到:"关于鲁迅,大家已写了很多,鲁迅的那道豪气几乎已笼罩着中国这半世纪的所有作家……"[16]

虽然鲁迅作品介绍到越南比较晚,但很快就受到越南读者的欢迎。与其他外国作家相比,鲁迅更受越南读者的喜爱。越接触他的作品,越觉得鲁迅和他们很接近。鲁迅作品在 1920—1925 年那段时间提到的问题,越南一些批判现实主义作家在 1936—1940

年也曾在作品里提出。比如:阮公欢的《穷途末路》(1938),吴必素的《灭灯》(1939),特别是南高的《志飘》[17](1941)。志飘这个人物跟阿 Q 有相似之处。但并不是南高读了《阿 Q 正传》后受影响才写《志飘》,而是因为当时越南社会情况跟中国社会情况有些相同的地方,特别是农村的情况。第二个原因就是因为作家的思想看法以及表现生活的能力正巧相似,虽他们在两个国家生活,却是“英雄所见略同”! 南高写这篇小说时,越南还没有《阿 Q 正传》越语版(后来 1943 年《阿 Q 正传》才在《清毅》杂志发表)。南高无法想到中国现代文学有阿 Q 这人物跟他的志飘是很相似的。《阿 Q 正传》与《志飘》两篇小说描写的中心人物都是农村社会被压迫成痴呆、愚昧的人。

越南著名的翻译家、文学研究与批评家张正也曾写道:“鲁迅的伟大不在于他描写受压迫的情况,或者为了改变这情况而要求革命,批判辛亥革命因为辛亥革命不彻底;而在于他不断地寻找中国革命的出路。鲁迅已提出一大堆让读者要考虑的问题。为什么人民经常受压迫? 敌人的威势怎样? 哪种力量能推翻那种势力,能解放在痛苦中的人民? 农民他们有没有革命精神? 农民怎样才可以站起来革命?”[18]

对鲁迅的小说,张正有这样的评价:鲁迅被看成一个写小说很有才能的作家,是名副其实,他的小说虽然已被多次读来读去,读者依然觉得很有意思。作品发表至今几十年已经过去了,我们觉得它对现在的现实仍具有深刻意义。鲁迅小说的意义已有许多人专门来研究分析,但好像还没能说完。秘诀在哪儿? 鲁迅的短篇小说刚看时觉得没有什么特别之处,只是一件很平常的事,一个每天都能遇见的人物,一个对过去的回忆,一趟回故乡的经历……可是每篇小说都能提出一些使我们读者考虑的问题。更加深刻的是那些看起来很普通的问题却具有重大的意义,鲁迅创作的宗旨是改造社会,改造人民的旧思想,帮助那些不幸者拥有自己的生活权力，这也是中国革命的问题。有些问题他自己解决，有些问题他只提出让大家一起来解决。任何问题都是时代的问题。故事虽然没有什么特别，但它的含意却非常深刻。[19]

张正还认为鲁迅是个很珍惜民族文化遗产的人。"他会很巧妙地，独特地把那份珍贵的遗产放在自己的斗争目的与理想上。即使读古书，鲁迅也不忘时局。鲁迅说过：'写古人但不让他们再死。'不但不让他们再死一次而且还使他们能为活着的人服务。贵在于此。"[20]

鲁迅及其作品虽然较晚才进入越南，但是一来就受到越南读者的喜爱和敬仰。对鲁迅作品的研究，尤其是对鲁迅小说的研究，在越南学者中是最受重视的，所发表的论文在整个鲁迅研究中也远胜于杂文、散文、诗歌的研究。越南的学者更多关注于鲁迅的生平、作品和思想的探索以及鲁迅与越南作家的影响研究。

当然，越南对鲁迅的研究也有明显的不足，其中最重要的是缺乏系统性、体系性，因此，没有形成自己的鲜明特色，学术上的创意、新见较少。反映在研究成果上，就是还没有鲁迅研究的专著问世，这是一个明显的缺憾。在研究方法上，尽管也出现了运用系统的方法、比较的方法、解构主义的方法来研究鲁迅，但终究还显得势单力薄、成果极少，而且也暴露出了一些问题与漏洞。

越南鲁迅研究者群体也明显呈现老龄化的状况，青年研究者的数量在逐渐减少。原因也许在于两国经过一段不愉快的经历，所有研究领域与有关的资料因此受到严重的隔断。另外，越南战后还需要加倍巩固国家的政治与经济方面，所以在一些研究领域上还是不够注重。最近几年，中越两国关系颇有改善，而且经济全球化对文化的巨大冲击也势必会影响到文学研究，在越南研究界开始出现一些关于鲁迅及其作品的新研究。在一定的程度上，已经减少了以往越南鲁迅研究中过于浓厚的意识形态色彩，使这方面的研究更有文化意味、更有新的动态。虽然说，现在越南鲁迅研究队伍老化和研究范围缺乏创新,可是这是暂时的,在新时期以及新文化背景下,鲁迅及其作品在越南仍有很大的研究空间与许多未被阐发的意义。一些年轻的鲁迅研究爱好者将鲁迅及其作品放在新的角度和世界文化的背景下观察和比较,他们勤恳地在这片已久显得有些寂寞的土地上开始挖掘。

注释:

1　据陈漱渝:《国外鲁迅研究状况》,《批评家》1986 年第 3 期。

2　梁维恕:《胡志明与鲁迅》,《今日知识》1996 年 10 月。

3、4、5　[越]邓台梅:《回忆录》,越南文学出版社 1978 年版,第 48 页。

6　[越]胡志明:《越南劳动党成立仪式上的讲话》(1951 年 3 月 3 日),《胡志明全集》第 6 卷,河内:国家政治出版社 2000 年版,第 184—185 页。

7　梁维恕:《鲁迅与我们》,文学杂志 1997 年第 9 期。

8　Fadaev 是 20 世纪五六十年代苏联作协主席。

9　[越]梁维恕:《鲁迅——作品与资料》,河内:教育出版社 1997 年版,第 12 页。

10　潘魁译《鲁迅杂文选》,河内:文化艺术出版社 1956 年版,附录:《在首都纪念鲁迅大会的讲话》。

11　鲁迅:《呐喊 · 序言》(张正译),河内文化出版社 1961 年版,第 2—3 页。

12　阮良玉教授(1910—1994):越南著名文学研究学者,曾当教育科学研究院院长、河内师范大学校长。

13　阮遵(1910—1987):越南著名作家,曾是越南文联总书记。

14　[越]梁维恕:《鲁迅——作品与资料》,越南教育出版社 1997 年版,第 339 页。

15　[越]简芝译,《阿 Q 正传》,西贡香稿出版社 1968 年版,第 14 页。

16　[越]阮献黎:《中国文学史纲要》,西贡:阮献黎出版社 1968 年版,第 137 页。

17　越南题目:“Chí Phèo”。

18、19、20　参见[越]张正:《鲁迅》,河内:文化出版社 1977 年版。

论 鲁 迅

[日]中野重治 著 朱幸纯 编译

鲁迅二题

鲁迅去世时,山本实彦写下了关于他的文章,其中谈到鲁迅与版画的事。那时山本氏写道,鲁迅对版画的关心似乎反映了他对东洋事物的关注。当然对此不能否定,但我认为那绝不能说是全部。

鲁迅今年(1937)出版了极精美的凯绥·珂勒惠支版画集,此前也收集过苏维埃同盟的各种版画,特别是著名小说等的插图版画,制作成精美的书。他对中国画家的东西显然抱有兴趣,但我认为,他固然没有排斥东洋的事物,但绝不能全部都以"东洋"来解释。

鲁迅生前,日本的原胜氏在谈到他的文章中,写到鲁迅曾说过林房雄的坏话,因此还牵涉到我。但鲁迅知道这件事后(原胜氏所写之事),似乎说过这绝非事实,如果因此给林房雄带来麻烦之类,自己可以在《文学评论》上说明。虽然这是在鲁迅还活着的时候听说的事,而且也已经是过去的事了,但还是想顺便在这里提一提。为慎重起见我要补充说明,并非由于逝者不能言语了,所以我才写这种事情的。不管我是怎样一个人,了解鲁迅者,都知道他不会做那样的事情的。但为慎重起见还是附带说明一下。

编译者按:本篇发表于1937年1月5日《作家俱乐部》(第一号,独立作家俱乐部刊),后收入1959年旧版全集(1959年)第18卷。

鲁迅先生

鲁迅先生究竟是怎样的人,我还不太清楚,但他有着伟大的地方。一个巨大的存在,同时带有悲哀的色彩。他似乎还是一位学者,既是民族的人,也是世界人。感觉他一方面很温和,另一方面也非常尖锐。鲁迅全集在日本被阅读,会激发起我们各种各样的遐想。

编译者按:本篇发表于1937年8月号《文艺》(第五卷第八号,8月1日,改造社发行),后收入《快乐杂谈第二》。

鲁迅传

鲁迅是可以用日语来阅读的。岩波文库出版了《鲁迅选集》,改造社版的《大鲁迅全集》也已问世。虽然我不知道改造社版为何冠以"大"字,但两种都非常方便。此外还有一卷本的《阿Q正传》。写过鲁迅的日本人也不少。鲁迅的日本游学、他写的日语文章也提供了帮助,让日本人亦比较容易理解鲁迅的伟大。但我还是想读到用日语写的比较完整的鲁迅传。

《鲁迅选集》的译者之一增田涉著有《鲁迅传》。仅仅30页的内容,非常出色,但其缺点在于他1931年写作1932年完成。如增田所言:"关于鲁迅,以及以鲁迅为中心而展开和正在展开的近代支那成长史,我应该写得更详细些。但由于种种原因,只能写成这样了。"增田还与鲁迅谈过他打算写的"鲁迅论"腹稿,所以我想他是最适合写鲁迅的日本人之一。

改造社版第七卷中,附有许寿裳所作、以六号字排印的十七八页的年谱和鹿地亘同样以六号字排印的50页左右的"传记"。"传记"由鹿地亘所编,为何是"编"呢,其理由不得而知。此"传记"虽已涉及1936年10月的鲁迅之死,但编者自己在"附记"中说道:"犹如所见,上海的情况只能草草记录。没有涉及鲁迅业绩中最重要的晚年,笔者必须为此致歉。如今只能期待他日了。”所以我想,对编者自身来说这传记也并非十分满意的。

> 他所改正的讲义,我曾经订成三厚本,收藏着的,将作为永久的纪念。不幸七年前迁居的时候,中途毁坏了一口书箱,失去半箱书,恰巧这讲义也遗失在内了。责成运送局去找寻,寂无回信。只有他的照相至今还挂在我北京寓居的东墙上,书桌对面。每当夜间疲倦,正想偷懒时,仰面在灯光中瞥见他黑瘦的面貌,似乎正要说出抑扬顿挫的话来,便使我忽又良心发现,而且增加勇气了,于是点上一枝烟,再继续写些为“正人君子”之流所深恶痛疾的文字。

关于《藤野先生》,增田写道:“《鲁迅选集》出版之前,去征求鲁迅意见,问他选哪些文章才好。他回信说一切随意,但希望能把《藤野先生》译补进去。”可知这也是鲁迅自己挚爱的作品。但藤野先生长期不为人所知。鲁迅去世的时候,几乎是偶然(但并非真的偶然。正因为这绝非偶然,所以是在应该写出的新的鲁迅传中必须说明的一点。)得知此人还健在,而尊敬鲁迅的人们拜访了藤野先生,其谈话内容发表在《文学向导》上。据文章所说,藤野先生确实是医生,但完全不知道鲁迅就是自己曾经教过的学生。在听了鲁迅的各种事情之后,感叹道“那个周君就是鲁迅啊”,还有对于鲁迅提到的、恐怕直到去世还挂在墙上的照片,是什么时候送给周君的什么样的照片,藤野先生自己也忘记了。对我而言,不仅这件事非常有趣,而且藤野先生的故乡恰好(这是真的巧合)是我的故乡,从而产生了一种感动。我也曾想亲自拜访藤野先生一次,而且并非没有值得去拜访的事情,然而终于未能实现。如果新的鲁迅传出来的话,最为之高兴的一个人正是藤野先生吧。

鲁迅是小说家。为何说他是小说家呢,这只要读了《选集》中的八篇小说就能充分明白。鲁迅为中国新文学打下广大而深厚的基础，而且他不单是小说家，还有着更多的东西。我在这里并不想使用“他不单是小说家”这样的说法，因为“不单是小说家”这一说法是根本不知道“小说家”为何的冒失话语。但为方便，在此先借用这一词语。总之，他不单是小说家，而且是远远超乎其上的。何干之写道：鲁迅的笔法大概青年读书界都有共通的认识。他的“刺破中国的脸”的小品文，在五四时代，已出人头地了。他虽然不是理论家、政论者、是文学家，现实主义者，但他的文字，也富于理论的内容，政治的价值。

此外还写道：

> 鲁迅曾说他写文学作品，步调与大家一致，鲁迅的话是没有夸张的。你看他这样直截地肯定了国粹的无用，揭破了国粹的野蛮性；你看他这样关切地忧虑着中国的被淘汰，哀悼保守派的没落；你看他这样热烈地崇尚新思潮，反对中庸、调和的习性，你看他这样深切关怀着未来，爱护着无邪的孩子，追求着新生命——这一切表示这个现实主义的斗争者，对于过去现在和未来的根本态度。他要人积极反抗不合理的思想，迎头赶上现代潮流，创造未来的新天地，“因此他永远成了叛逆，永远成了战士。”[1]

何干之说鲁迅不是理论家、政论家，“是文学家，现实主义者，但他的文字，也富于理论的内容，政治的价值”，具体所指为何，我并不十分清楚。或者也许可以这样说吧。但我认为，只要考虑到“理论家”一词联系着文学者的生活，不也可以说鲁迅是非常大的理论家，特别是政论家吗？

1926 年（民国十五年）3 月 18 日发生了“三一八”惨案。这是段祺瑞政府“使卫兵用步枪大刀，在国务院门前包围虐杀徒手请愿，意在援助外交之青年男女，至数百人之多。还要下令，诬之曰‘暴徒’！”的事件。

根据年谱，鲁迅在事件后“避难入山本医院，德国医院，法国医院等，至五月始回寓。”这时他46岁。此时的鲁迅在事件后不久写下的东西很引人注目。作为“三月十八日，民国以来最黑暗的一天”的记录，他写下了《无花的蔷薇之二》：

如果中国还不至于灭亡，则已往的史实示教过我们，将来的事便要大出于屠杀者的意料之外——

这不是一件事的结束，是一件事的开头。

墨写的谎说，决掩不住血写的事实。

血债必须用同物偿还。拖欠得愈久，就要付更大的利息！

以上都是空话。笔写的，有什么相干？

实弹打出来的却是青年的血。血不但不掩于墨写的谎语，不醉于墨写的挽歌；威力也压它不住，因为它已经骗不过，打不死了。

这既是道理也是呼喊，因此是诗而非政论。不是说诗比政论低劣，而是从能否成为政论来说这并非政论。

接着他写了《“死地”》。改造社版中这篇文章的写作时间是“三月十五日”，应该有误。一定是在写下《无花的蔷薇之二》的3月18日之后，以及作《记念刘和珍君》的四月一日之前所写。在文章中他这样写道：

但我却恳切地希望：“请愿”的事，从此可以停止了。倘用了这许多血，竟换得一个这样的觉悟和决心，而且永远纪念着，则似乎还不算是很大的折本。

世界的进步，当然大抵是从流血得来。但这和血的数量，是没有关系的，因为世上也尽有流血很多，而民族反而渐就灭亡的先例。即如这一回，以这许多生命的损失，仅博得“自蹈死地”的批判，便已将一部分人心的机微示给我们，知道在中国的死地是极其广博。

现在恰有一本罗曼罗兰的《Le Jeu de L'Amour et de La Mort》在我面前，其中说：加尔是主张人类为进步计，即不妨有少许污点，万不得已，也不妨有一点罪恶的；但他们却不愿意杀库尔跋齐，因为共和国不喜欢在臂膊上抱着他的死尸，因为这过于沉重。

会觉得死尸的沉重，不愿抱持的民族里，先烈的“死”是后人的“生”的唯一的灵药，但倘在不再觉得沉重的民族里，却不过是压得一同沦灭的东西。

中国的有志于改革的青年，是知道死尸的沉重的，所以总是“请愿”。殊不知别有不觉得死尸的沉重的人们在，而且一并屠杀了“知道死尸的沉重”的心。

死地确乎已在前面。为中国计，觉悟的青年应该不肯轻死了罢。

这也许确实既非理论也非政论，但恐怕比《无花的蔷薇之二》更加理论和政论化。他要求“请愿”不再发生。当然并非反对3月18日的请愿，而是反对发生3月18日的请愿之后再重复同样形式的请愿。

4月1日，在写下纪念他的学生、他的读者、“始终微笑着，态度很温和”的女学生刘和珍之死的文章之后，翌日的4月2日他这样写道，也就是《空谈》的结语：

改革自然常不免于流血，但流血非即等于改革。血的应用，正如金钱一般，吝啬固然是不行的，浪费也大大的失算。

我对于这回的牺牲者，非常觉得哀伤。

但愿这样的请愿，从此停止就好。

请愿虽然是无论那一国度里常有的事，不至于死的事，但我们已经知道中国是例外，除非你能将“枪林弹雨”消除。正规的战法，也必须对手是英雄才适用。汉末总算还是人心很古的时候罢，恕我引一个小说上的典故：许褚赤体上阵，也就很中了好几箭。而金圣叹还笑他道：“谁叫你赤膊？”

至于现在似的发明了许多火器的时代，交兵就都用壕堑战。这并非吝惜生命，乃是不肯虚掷生命，因为战士的生命是宝贵的。在战士不多的地方，这生命就愈宝贵。所谓宝贵者，并非“珍藏于家”，乃是要以小本钱换得极大的利息，至少，也必须卖买相当。以血的洪流淹死一个敌人，以同胞的尸体填满一个缺陷，已经是陈腐的话了。从最新的战术的眼光看起来，这是多么大的损失。

这回死者的遗给后来的功德，是在撕去了许多东西的人相，露出那出于意料之外的阴毒的心，教给继续战斗者以别种方法的战斗。

在这里，鲁迅不正因为是何干之所说的“文学者，现实主义者”，所以同时也表现为理论家、政论家吗？而且不得不说显示着作为政论家的伟大和深刻。

鲁迅所写的关于文学与政治、文学与实利（使用该词亦为方便起见）的东西也意味深长：

即使是真的文学大家，然而却不是“诗文大全”，每一个题目一定有一篇文章，每一回案件一定有一通狂喊。他会在万籁无声时大呼，也会在金鼓喧阗中沉默。Leonardo da Vinci非常敏感，但为要研究人的临死时的恐怖苦闷的表情，却去看杀头。中国的文学家固然并未狂喊，却还不至于如此冷静。况且有一首《血花缤纷》，不是早经发表了么？虽然还没有得到是否“狂喊”的定评。

文学家也许应该狂喊了。查老例，做事的总不如做文的有名。所以，即使上海和汉口的牺牲者的姓名早已忘得干干净净，诗文却往往更久地存在，或者还要感动别人，启发后人。

这倒是文学家的用处。血的牺牲者倘要讲用处，或者还不如做文学家。

——(《文学家有什么用?》)

在自然界里也这样，鹰的捕雀，不声不响的是鹰，吱吱叫喊的是雀；猫的捕鼠，不声不响的是猫，吱吱叫喊的是老鼠；结果，还是只会开口的被不开口的吃掉。

——《革命时代的文学——四月八日在黄埔军官学校讲》

老鼠虽然吱吱地叫，尽管叫出很好的文学，而猫儿吃起它来，还是不客气。

——同上

鲁迅关于段政府的3月18日事件的言论，也许可以和马克思关于巴黎公社的言论和普列汉诺夫关于1905年的言论对比思考。鲁迅关于文学与政治的言论，也许可以在连接着北村透谷和长谷川二叶亭的日本文学之起源中来比较论述。这么说来，民国成立以来的中国文学史，也许可以作为比《文学界》以来，或者从福泽渝吉、马场辰猪到今天的日本文学史在规模上扩大百倍、密度上增加千倍的对象来凝视。中国人与日本人的将来会充满幸福地和好吧。那么我想，现在期待有日本人用日语所写稍微系统之鲁迅传的出现，也不是那么无聊的事。

编译者按：本篇发表于1939年10月号《文学者》(第一卷十号，10月1日，《文学者》发行所发行)，后收入《中野重治随笔抄》(1940年6月18日，筑摩书房发行)。文中“鲁迅关于段政府的三月十八日事件的言论,也许可以和马克思关于巴黎公社的言论和普列汉诺夫关于1905年的言论对比思考”的“马克思关于巴黎公社的言论和普列汉诺夫关于1905年的言论”这一部分在《中野重治随笔抄》中改为“两三个欧洲政论家的言论”,旧版全集也采用这一表述,本全集恢复原样。

小田岳夫的《鲁迅传》

我以前就一直希望有日本人写的日文鲁迅传问世,还将这个意思写成文章发表。这次小田岳夫的《鲁迅传》出版,我的愿望大体得到满足了。

鲁迅现在拥有日本读者,热爱尊敬鲁迅的日本人不在少数。小田氏《鲁迅传》的出版,也可以看作是以小田为首的这些日本人的存在,在背后形成了推动力导致的。

读一读这本书,就知道小田氏是抱着爱与同情、理解与尊敬的心情来描写鲁迅的工作与生涯的。最近四五年来,日本非常流行将人物传记小说化,但这个《鲁迅传》并非如此,而是非常严谨的传记。

小田氏是将鲁迅作为中国最大的国民作家,作为改造中国国民性的承担者、中日战争前中国的爱国者、遭受蒋政权的不断迫害、至死都在国家的内部、热爱着国民的作家来细致描写的。而且小田曾在中国生活过,从而让传记中不大引人注目的部分也变得生动起来。

因此我认为,如果华北事变的解决,其内部包含着中国国民性及其改造的问题,那么一边重读巨大的鲁迅,一边反复阅读目前这本《鲁迅传》,不用说从事文学者,对更为广大的读者来说也是必要的。

编译者按:本篇发表于1941年5月28日号《读卖新闻》(读卖新闻社发行),后收入《快乐杂谈第四》(1949年11月5日出版)。小田岳夫的《鲁迅传》于1941年3月15日由筑摩书房出版。

关于鲁迅

关于鲁迅我写过好几次,也在人前做过演讲。所以在这里再来谈鲁迅真的很勉强。因为一想到鲁迅,就变得说不出话来。鲁迅在1934年致萧军的信中写道:“中野重治的作品,除那一本外,中国没有。他也转向了,日本一切左翼作家,现在没有转向的,只剩了两个(藏原与宫本)。我看你们一定会吃惊,以为他们真不如中国左翼的坚硬。”1934年是我出狱的那一年。我至今还不知道这封信的日期,应该是我“转向”后不久吧。但鲁迅(这一年共产党从瑞金开始大转移,鲁迅自秋冬以来身体逐渐变差。1935年,日本军阀加紧压迫中国,而中国共产党不断推动抗日民族统一战线。接着1936年共产党进入陕西,国民党对人民战线的镇压更加残暴。在苏维埃,高尔基遭反革命分子杀害。鲁迅的身体每况愈下,艾格尼丝·史沫特莱前去探望,这期间鲁迅还与“文艺家协会”一方发生激烈论争,出版了凯绥·珂勒惠支的版画集,而且在一步一步接近死亡)依然安排将晚期制作的珂勒惠支版画集送一册给在日本的我。我记不清收到版画集是在鲁迅生前还是死后,但记得从鹿地亘那里得到葬礼的照片是在别的时间(鹿地作为日本的文学者为鲁迅抬棺,那张照片我一直保存着)所以应该是鲁迅生前的事吧。那时的我一直不知道鲁迅给萧军的这封信。鲁迅死去了,史沫特莱也死去了。还有很多人也死去了。而此后的日本与日本文学也就像众所周知的那样,我自己的文学工作亦然。

但是今年在日本,目前正在进行高尔基、鲁迅逝世十五周年的纪念活动。《新日本文学》十月号于祝贺中华人民共和国成立两周年的同时,发表了鲁迅最后的论文《答徐懋庸并关于抗日统一战线问题》。8月26日小田岳夫在东京国分寺做了关于鲁迅的演讲,9月18日岛田政雄于中劳委会馆做了关于鲁迅的演讲,9月25日又在中劳委会馆举行了纪念集会,而中华留日学生同学会、全日本金属工会、东京煤气工会等也被选为高尔基、鲁迅十五周年纪念祭的发起人会议实行委员。我自己也在纪念高尔基《母亲》上演的《民众舞台》上发表了有关鲁迅的文字。既然以那样的形式召开了旧金山会议，日本的天皇追随保大皇帝[2]，日本的吉田追随蒋介石到李承晚，或者既然有为我写鲁迅难以下笔而高兴的人，那我还是应该写的。

或者可以说，现在正是我们日本人理解鲁迅，也是能够理解的时候。《藤野先生》中所描写的那个闪电般击中年轻鲁迅的东西，如今正存在于我们头上，我们脚下。读一读井上光晴的《患病的部分》这部小说（《新日本文学》九月号），它描写了日本某个军港地的从后面追赶三轮车的吆喝声"已经形成节奏"的合唱风景（现在只能如实引用）："推吧。推吧。""推吧。接下来是陡坡啊。""推吧。陡坡啊。""推吧。二十元。""推吧。陡坡啊。""推吧。二十元。""请让我来推"，还混杂着女声。中野好夫的论文《巧利者的算计》（《新潮》八月号），描写了反省战争中的不抵抗、决心今后一定要为和平而努力的人们，遭到大报纸、大杂志、广播的包围攻击，什么"咎由自取""现在你们一个不剩地去死吧"，犹如敲打石油罐一般大肆胁迫的嘲讽情景。我想，我们把这些与鲁迅所有的作品联系起来就能理解，也可以由此正确地理解鲁迅文章。就像鲁迅丝毫不曾离开中国的现实一样，我们也不能丝毫离开日本的现实，不管如何敲打石油罐，我们必须冷静地谋求以实力让石油罐沉默的方法。鲁迅自己朝着遭受群攻的道路前进。我们日本人、日本文学者大概也只有沿着类似的道路前进，才能为言论的自由而战斗。

我在发表于《民众舞台》上的文章中，写下了鲁迅"抱着把收获交给他人，自己穷其一生播种、除草、与害虫斗争的心情"这样的话。我担心这样说太空泛，那么由此就要引出对鲁迅作为外国文学家而如何评价的问题。就像竹内好等人已经谈到的一样，鲁迅作为中国文学现役作家从事着翻译工作。翻译什么呢?对鲁迅来说,这主要是中国自身的问题。因此,由鲁迅将外国文学介绍到中国来,就像日本之前有过的一样,与由此导致读者丧失国民身份相反,是把中国人更进一步塑造为中国人的途径。可以说现在我们能意识到,日本人学习外国文学的方法,像已经潜移默化反转成隶属民族根性那样,多少被帝国主义者式的根性所感染。若把重点放在这里,乃至作为日语的感觉问题上来观之,我个人认为,鲁迅的风格、描写感觉(?)在日本还没有成为话题。——我恳切希望在改造社版《大鲁迅全集》基础上,以选集的形式来重新翻译鲁迅。十五周年纪念为契机,我希望通过学者的努力实现这项工作。

编译者按:本篇发表于1951年11月号《改造》(第三十二卷第十二号,十一月一日,改造社发行),后收入《政治与文学》(1952年6月20日,东方社发行)。

一 个 侧 面

1919年左右,青木正儿介绍新锐作家鲁迅的时候,日本读书界并未予以关注。1929年左右,有传言说高尔基、鲁迅有些落后于运动第一线,日本的我们受到了这种影响,但是否属实,却没有人对他们的工作做实地考察(我认为)。鲁迅去世后,借助贵司山治的《文学向导》之力,我才知道"藤野先生"是家乡为福井县的乡村医生,其访问记等也得以发表,但只有少数人注意到此事,也未能与中国方面取得联系(我认为)。日本在战后大大增进了对鲁迅与日本自身的了解,例如,从前年秋季在东京中劳委会馆,由新日本文学会、日本美术会、人偶剧团 PUK、新协剧团、妇女民主俱乐部等共同举办的高尔基、鲁迅纪念祭这一活动就可以看出来,其理解的方法也发生了本质性的变化。在这件事上,战后日本的中国文学研究者贡献了很大的力量,特别是就鲁迅这方面,竹内好等人的个人贡献尤其巨大。

前不久我在《东京大学学生新闻》里谈到中国，也提到冯雪峰、瞿秋白的鲁迅论还没有翻译到日本来。很快我发现冯雪峰的《回忆鲁迅》已由鹿地和吴[3]翻译过来。原先我一直都不知道，也就是我在《东京大学学生新闻》上写这些事的时候，这个翻译应该已经出来了。可以说，日本的鲁迅研究几乎每个月都在进步。

但上述的《回忆鲁迅》，也有译者未能提示原始材料等情况。《阿Q正传》新译本（田中、中泽译）中附有冯雪峰的《论〈阿Q正传〉》等，在日本完全没有引起重视。江马修所作竹内译《鲁迅评论集》的读后感，其中写到十分钦佩《答徐懋庸并关于抗日统一战线问题》一文。这样的话，日本最初将其作为实质性的鲁迅纪念（依据竹内译）来发表的《新日本文学》，其当时的工作方法表明已经达到了江马所理解的境界，但谁也没有将这些视作问题。原来，在连载冯的回忆文章的《文艺新地》上，鲁迅夫人那种极其谨慎的回答态度等（我在前述纪念祭上稍有提及）在日本基本上被忽略了。

还有一点，鲁迅在中国面对从《诗经》《春秋》到清朝的学问、文学史进行了斗争。而在日本，中国文学研究者还未充分将从王仁到重野安绎的汉学、儒学传统作为研究对象。我可能是出言不逊了，但希望能成为大家的参考。

（七月二十五日）

编译者按：本篇发表于1953年8月3日号《日本读书新闻》（第七〇六号，日本出版协会发行），后收入《我的读书指南》。文中，关于《文学向导》发表藤野先生访问记是在“1934—1935年左右”的内容，在此全集中订正为“鲁迅去世后”。该杂志1937年3月号刊登了坪田和雄、川崎义盛、牧野久信的《已故鲁迅敬慕的“藤野先生”》、藤野严九郎的《谨忆周树人君》。

日本的鲁迅翻译

这是专家才有发言权的事情。我们外行人，不管读鲁迅还是读别人，都要依靠日文翻译。这是没办法的，但也理所当然。作为普通的读者，只能通过日文翻译来阅读并谈论鲁迅，这是唯一的途径。如果不是这样的话，翻译这件事就变得根本无意义了。

青木正儿介绍鲁迅时的情况我不知道，也就是说那主要是专家之间的事。之后最先一般性介绍鲁迅的是改造社版的全集。大概与之并行，岩波文库出版了一卷本的选集。一卷本的选集还早一些就出版了也说不定。改造社版由好几个人共同翻译，岩波文库版则由佐藤春夫、增田涉二人担当。由此鲁迅大致为人所知了。接着有竹内好的译本和青木文库的鲁迅选集问世。这期间，日译本变得很容易阅读了。也就是说日本的翻译臻于完善。这是我作为外行人的感受。

随着鲁迅的传播和日文翻译的完善，与鲁迅有关的事、为理解鲁迅所必须的相关背景也逐渐得到介绍。瞿秋白的《鲁迅杂感选集》等也有了日译本，冯雪峰的《回忆鲁迅》也被介绍到日本来。

但这里稍微有点差异：日本的鲁迅翻译日臻完善，但与鲁迅有关的日文翻译还不尽完善。如果打开《鲁迅杂感选集》日译本，在很不错的日文翻译里还是掺杂着这样的内容：

「彼は天の神と姫君の暗黒世界を憎悪しており、またその虚偽と自欺の、はりぼてのローマ城を……」（“他憎恶着天神和公主的黑暗世界，他也不能够不轻蔑那虚伪的自欺的纸糊罗马城……”）

「確に、魯迅はレムスであり、野獣の乳に養なわれて育った人であり、封建的宗法社会の叛逆児であり、紳士階級の裏切者であり、同時にまた若干のロマンチックな革命家の争友なのである……」（“是的，鲁迅是莱谟斯，是野兽的奶汁所喂养大的，是封建宗法社会的逆子，是绅士阶级的贰臣，而同时也是一些浪漫谛克的革命家的诤友！……”）

我所说的，就这些引文来说，如“自欺”这样的词很难理解，我虽然理解“封建”，但很难理解“封建宗法社会”，也很难理解“争友”，不过只是这样的地方罢了。

「かくて華僑式の商業資本、候補的国産実業家が出現し……」（“出现了华侨式的商业资本，候补的国货实业家……”）

「維新改良の保皇主義から、革命光復の排満主義に至るまで……」（“从维新改良保皇主义到革命光复的排满主义……”）

我希望这种情况能够尽早得到改善。

同时，我还有一些希望。不能读原文还提出要求，也许会令人苦笑，但还是想写出来。那就是——就算读的是日文翻译，我也觉得鲁迅是文章家，也许是大文章家。他用简洁的语言感染人。假如将“秋霜烈日”与“春风怡荡”并举的话，鲁迅也许是秋霜一方。但文学上，秋霜并非干枯，春风也并非娇艳，秋霜烈日亦同样娇艳。所谓文学和文章，最终就是这样的东西吧。但是看最近的日文翻译，我想是出于译者的好意，或者服务精神，有的地方将秋霜译成了春风。这样的情况是有的。我希望好意能更进一步，将秋霜的霜完全描绘出来。这是我的希望，不如说是欲望。

接下来还有一件事，并不是希望之类。虽然也很难拿出证据，这就是我们日本人肤浅的向阳性倾向一事。希望忘记阴暗的事情，希望随着世间的风气一起流动。对此太单纯地说也不对，但相反鲁迅有尖锐之处。他善用利器将仰天傻笑刺进黑暗中去。我想这种地方若能更好地成为日本人的特点就好了。也许与鲁迅无关，我读了贝塚茂树的《毛泽东传》（《世界》三月号），顺便说一下贝塚加括号写下的内容：

如收回汉口英租界所显示的对帝国主义之攻击,还有汉口、香港、上海等大都市的工厂工人的罢工和诉诸武力……

他这样写道。也许是因为出现了"诉诸武力"这个词,贝塚在括号中用小字标注:

我国将并非旷工、罢工的按时下班、准假等斗争形式称为诉诸武力,我认为这实在不是正确的词语用法。武装解除军阀的军队和巡查,用那些武器武装自己、保卫自己的行动才值得用诉诸武力一词。

实际上我也未必清楚"诉诸武力"这一词组的意义。我一直对这样的词究竟何时出自何人之手抱有疑问。我不知道贝塚说的是否正确。但在这里顺便以这样的方式向作者提出疑问,我认为是很重要的。在鲁迅那里,也不断会有以这种方式提出问题的地方。虽唯有努力,但终究如此,这种情况是有的。让日本人更好地理解这些地方才好。我无法给出结论,对此感到抱歉。(我重申,引用了一些贝塚说的话,绝不是要与鲁迅扯上什么联系。)

编译者按:本篇发表于 1956 年 3 月号《图书》(第七十八号,三月五日,岩波书店发行),后收入旧版全集第 13 卷。

记 许 广 平

——《鲁迅选集》第三卷

许广平先生是健在的人,比我年轻一点,比平林泰子也年轻一点点,与火野苇平、高见顺同龄。意识到这一点后我很惊讶,并且,自己完全明白自己的分量了。《黑夜的记录》中附有她的照片,是一位白发、体态威严庄重、高大的老年人姿态。

今年刚好是鲁迅逝世二十周年,中国似乎在进行着大规模的纪念活动，日本也从鲁迅与日本的深厚关系的角度展开讨论。这个新选集的出版可以看作是其中一项。但就我而言，我想试着向人们谈谈我初次接触到第三卷时注意到的事情。那是关于许广平这个人、作为鲁迅夫人其年轻时候的风采，也可以说是当时她与鲁迅之间的关系问题。这个第三卷就是这次最初译成日语的《两地书》。《两地书》是鲁迅、许广平的往来书信集。里面收集了45岁的大学教师和19岁的女大学生之间最初的往来书信，从师生关系发展到恋人关系，接着发展到结婚这一时期的书信。可以说，我自己基本上是最先从这里知道许广平的一面的，而且我想日本人大概也是这样吧。

什么都不知道的时候，我一直以为鲁迅夫人大概是非常质朴的人，一直以为大概是日语所说的祥和之人。但读了《两地书》后知道完全不是这样，过去也不是这样。她不是那样的人。不是说我明白了她并非朴实的人而是浮华的人，不是这样。二者概念范围不同。

> 吾师来书云"正在准备破坏者目下也仿佛有人"，先生，这是真的么？不知他们何人，如何结合，是否就是先生所常说的"做土匪去"呢？我不自量度，才浅力薄，不足与言大事，但愿作一个誓死不二的"马前卒"。
>
> 我所看见的子路是勇而无谋。
>
> 我同情子路之"率尔而对"。
>
> 我希望《莽原》多出点慷慨激昂，阅之令人浮一大白的文字。

就是这里。一位奋不顾身的女子，有着于博浪沙刺杀秦始皇之张良那种雄浑的力量，甚至有连鲁迅也感到难以应对之处。爱情书简在近代中国是以这样一种形式出现的。之前，我推荐过

《母亲的历史》，同样或者我应该更积极地向读者推荐这本《两地书》。

编译者按：本篇发表于1956年7月号《妇人公论》（第四十一卷第七号，七月一日，中央公论社发行），后收入旧版全集第18卷。文中许广平的年龄有误，在此遵照原文。许广平1898年出生，比作者（中野）年长。《鲁迅选集》第三卷《故事新编·两地书第一集》于1956年5月7日由岩波书店出版。

日本的历史问题

今年对我们来说是历史性的一年。当然这么说还早，直到12月仍会有变化。但我认为，就算知道这一点，从1月到9月的这段时期可以说已经是历史性的一年了。就拿能见到许广平这件事来说，对我而言就确实是个事件。虽然我不过是在某个聚会席上，在稍远的地方望了望她罢了。

第二届禁止原子弹和氢弹世界大会，中国派出了以许广平为团长的代表团。在结束了长崎大会，也结束了母亲大会等各种工作，暂时从代表团长的责任中解放出来之后，她决定前往福井县拜访"藤野先生"的墓地，与藤野夫人会面的准备也就绪了。"藤野先生"的村子在我出生地的附近。《文学向导》上发表"藤野先生"的事情之时，写作访问记的人中还有人活着。受到这些人的邀请，我也决定作为一位当地人，在福井县金津驿迎接许广平。那时我被催促参加好几个聚会而腾不出时间，甚至因晚上出发，当天下午不得不中途退席新协剧团召开的"围绕曹禺的谈话会"。我赶到上野站，接着从向导内山完造那儿听说许广平先生因为突然生病，无法前往福井县了。这无疑是连日连夜不得不出席各种聚会的后果，想必福井县方面也会感到遗憾吧。但我自己也取消了福井县行程。

接着不久，各国代表团陆续回国。在中国代表团也要归国之际，我在日中翻译出版座谈会主办的"围绕许广平、曹禺、王芸生的茶话会"上见到了许广平。看到她像照片上一样的白发,我不禁在想这期间她的身体怎么样了,不过她看起来非常精神。但想到她当时遭受日本宪兵的电刑拷问,特别是释放后头发突然白了很多,变得消瘦,出现皱纹,脊背弯曲几乎要依靠拐杖行走时的气色时(当然我没有看到这些),她今晚的好气色反而让我担心。上了年纪的人,特别是肥胖的人那样红润的脸色,不由让人担心。这样的人到日本之后,还是不要带着到处转为好。虽然是出于礼节,但更有必要从身体上考虑……我还不知道日本人带着她怎样到处走,就随意地这样想,但脑海中出现了最近读到的吉川幸次郎文章中的话。

现在想找这篇文章怎么也找不到了,给可能知道的杂志编辑部打过电话也不知道,问了两三个也许知道这篇文章的人还是不清楚,觉得那个一定知道的人却怎么也联系不上。去京都打听也来不及。如果凭模糊记忆来写的话,那时吉川写过他认为左翼的人也不怎么具体地进行鲁迅研究这种大意的话。吉川写过"左翼"。因为他是学者,所以不管他是否将所说的"左翼"一一列出,应该都是有其限定的。我专断地认为那个"左翼"也包括我,所以很遗憾,我不得不确实肯定他的话。而我自身,虽有说大话的嫌疑,我自己也想将其作为日本历史的问题来思考。

三年前我写下了以下内容:

> "还有一点,鲁迅在中国面对从《诗经》、《春秋》到清朝的学问、文学史进行了斗争。而在日本,民主的研究中国的学者、中国文学研究者还未充分将从王仁到重野安绎的汉学、儒学传统作为研究对象。"(《日本读卖新闻》五三年八月三日号)

之后 1955 年柳田泉这样写道:

> 说到一直以来的近代日本文学研究,似乎只是过分重视

西洋文学的传入。由于以前也有以排斥汉文学、汉学思想为主题的时代,故偏重西洋文学也没有办法,但到了今天,重新思考这一点更好吧? 期间我想写一篇文章。我认为日本与中国的邦交自然会恢复,到那个时候,也并非不能想象中国的文学者也会加入近代日本文学的研究。到那时,由这些人指出并呈现这一盲点的话,会是不小的丑态吧。现在关注这一点,哪怕是立于大致的推测上,如果掌握研究的主体性的话……(《新日本文学》十一月号)

之后今年(1956)中村幸彦这样写道:

日本近世文学评论史还未形成体例的一个原因,是完全放弃了汉学家的文学观及其对一般文学界的影响之研究。就算从立于思想界中心的是汉学家,汉诗文是翰林词苑的文学这一点来考虑,将此排除而只罗列歌坛俳坛和戏作家的文学评论必然是失调的。现在终于也开始开拓这一新领域,期待其慢慢变得明朗,就像这里列举的清田儋叟(1719—1785)一样,既广泛涉猎汉文学,也对和文俳谐戏作等抱有关心,留下了源自极其进步之文学观的批评的人物,我认为到时他们应该得到非常重要的评价吧。(《中国文学报》第四册)

当然外行与专家有差别。我的话里有无视时代差别和历史事实两方面情况之处,而且这是基于我的无知。但我认为,有必要将德川到明治时期的日本文学史作为整体来看待,特别是有必要对其中的汉学、儒学扮演的角色给予正当的评价,更有必要考察经历了与这种汉学、儒学怎样的斗争,今天民主的中国文学研究才得以诞生和正在诞生,这些都有共通之处。进一步说,日本有喜欢阅读鲁迅的人,有喜欢阅读丁玲、老舍、赵树理的人。这些读者的数量正在迅速增加。说到鲁迅的话，对鲁迅“精神”的研究、对其“乐天主义”“绝望”的见解也接连发表。但我认为，这些解释也好研究也好，通俗地说，过于哲学化了。即使就单纯的读者来说，喜欢读赵树理的人比喜欢读鲁迅的人多得多。当然这完全没问题。但是，鲁迅成为教师、成为官员，接着被免职、被政府通缉的1923、1924年之后的事，与日本的明治、大正、昭和的历史中怎样的事件有过碰撞呢？我认为几乎没有与此相关的解释说明。例如，鲁迅曾说过“说起民国的事来，那时确是光明得多”，这与《黎明前》中青山半藏的维新观有怎样的异同，之后鲁迅的绝望与被明治政府的行为所逼迫的青山半藏的绝望二者类似之处，或者完全相反之处等，日本几乎没有对这些的解说（至少以通俗的形式）。

更简单地说，在日本，热爱鲁迅的读者至今连对华“二十一条”都不太清楚，有这种情况。大家虽然知道奥斯维辛集中营，但不知道关于自身的南京事件，这种情况也存在。一部分日军在无条件投降后不久，不是以日本政府而是以日军的方针编入阎锡山的军队，与人民解放军作战。对此，参与这种战争的日本当事人至今也丝毫未感到反革命的战争责任，反而因为这些事被称为战犯而宣称自己冤枉，这一事实也存在。所以，对冈村宁次扮演的角色等未感到憎恶和羞耻的日本人绝不在少数。胡华虽然写道：“冈村宁次，这个日本最凶恶的杀人魔王”，但我认为，这种事情对于我们日本人来说，何止是不愿想起，又何止是已被忘却，难道不是存在从最开始就根本不知道的地方吗？我想，对我们日本人无意中不愿把这些事与爱读鲁迅之间的关系、把问题与日本本身关联起来的这样一种恶癖做出历史性的说明，无论如何都是有必要的。

中国与日本、中国文学与日本文学有着如此密切的联系，但我们连中国最近的历史都不知道。这难道没关系吗？通过了解中国的近代史来了解日本的近代史，通过了解与日本有关的中国史来了解日本史，不正是这种了解的欠缺导致了这种情况吗？

我们知道 1917 年的俄国革命，我们也知道布列斯特-立陶夫斯克和平条约，但是，我们连袁世凯都不知道，连皖南事变都不知道。这不只限于“左翼”。但是，在我们当中确实存在这样一种情况，即日本的“左翼”正代表了日本人一般的不了解，虽然至少这个“左翼”必须知道。甚至对鲁迅，日本人都有不从日本出发来阅读的倾向，对这一事实做出历史性解说无论如何都是必要的。这也经常在日苏交涉的撞击场上沉睡了十一年之久、偶尔才睁开眼睛的“国民感情”的问题中出现。关于 1931 年到 1941 年左右的“国民感情”的高涨与这次“国民感情”的高涨，两者之间的类似之处都在具有欺骗性的麻木的新闻、杂志、广播的情况以及国民性对此的憎恶之软弱性中呈现出来了。我想，总之，以通俗的形式将日本与中国近百年间的关系史写出来，在其中来解说鲁迅的话，对我们普通的读者应该有所帮助吧。

编译者按：本篇发表于 1956 年 10 月号《新日本文学》（第十一卷第十号，十月一日发行），后收入旧版全集第 13 卷。

再三推荐鲁迅

从以前的岩波版选集算起是第二次、从更早的改造社版全集来说，我已经是第三次向各位推荐鲁迅了。我们应该阅读鲁迅，尤其是日本人应该阅读。

对我们日本人来说，鲁迅不限于中国文学的范畴，即不限于外国文学。甚至可以说，其因某种难以名状的微妙几乎成为日本人的东西。至少日本人大概是所有外国人中最强烈地被鲁迅所吸引的民族。这是有理由的，日本对鲁迅的翻译经验也说明着这一点。

中国的鲁迅研究似乎每年都在进步。新资料的发现自不必说，这次的选集也将这些收入进来。这也是能立刻有助于日本鲁迅研究的东西吧。

但我推荐的对象不是研究者。专家们不需要我的言论，对他们是多嘴多舌。我只是向年轻的人们、无数即将开启人生的人们推荐;向日夜在这片土地上为生活艰苦奋斗的青壮年们推荐;虽然也许晚了,但还要向那些想重新审视自己生活的老年人推荐。即使在变得支离破碎之前阅读,鲁迅每次都是新的。这可作为输入纯洁血液的作用。鲁迅赋予了我们与其说是勇气、不如说是勇气之源的东西。

编译者按:本篇发表于1966年9月出版的《鲁迅选集》(全十三卷)内容样本中(岩波书店发行),后收入本全集。本文在1973年2月《鲁迅选集》第三次发行之际,做了小部分订正、删除,以“应该阅读鲁迅”之题载于内容样本中。

想知道的事

借助于学者、研究者的工作,外行人也大致了解了鲁迅。不仅在文学方面,在社会史、政治史、革命运动史方面各种事情也清晰起来。但即便如此,还有不明白之处。

本来没有必要在这些事情上纠缠。我相信,现在只读鲁迅的日译本,只是泛泛阅读,也一定会产生某种直接切身的感受,而且无疑这也就是鲁迅的本来面目。漱石在日本一直都被充分阅读,他在生前就被广泛阅读(这个“广泛”与现在所说的稍有不同),死后也被广泛阅读,一直被阅读,到今天被阅读得更广泛。另外,与漱石去世时相比,现在关于他的研究有惊人的话题在发展着。话题变得详细、细致、也许还变得正确,甚至有连小宫丰隆都不及之处。在漱石生前以及死后,至少在第二次世界大战之前,外行读者是在完全不知道这些话题的情况下阅读漱石的。不仅是外行,即使是内行的读者、专业的研究者,该领域的大学生连一个贯穿毕业论文的写作点都不知道而阅读漱石,爱读漱石,一直从漱石那里接受应该接受的东西。这些无疑是基础和根本。有不理解的地方,有想知道的事情,仅此罢了。离开漱石的精神来考察漱石——这并非不能成立。详细考察与漱石有关的某些事情,这些构成了反漱石精神。这种情况并非不可能,最终其甚至在真正的漱石理解、真正的漱石细读上发挥了作用。虽然有这种情况,但还是尽可能沿着漱石的精神,至少沿着这一方向来获知各种各样的事情。同样的意思,有时稍微偏离鲁迅精神的方向也没关系,但尽可能的话还是沿着鲁迅精神的方向来了解种种事情。

第一,是我想知道除开中国和日本,在朝鲜、特别是中南半岛、印度尼西亚、印度等地方,鲁迅在多大程度上被阅读,在怎样的情况下被阅读。对此我一无所知,而且我想日本也完全没介绍这方面的情况。我无论如何都想了解这些,希望日本的学者们能以比较通俗的形式将这方面的情况写出来。

第二,我想知道欧洲各国、美国、加拿大等在何种程度上阅读鲁迅,在怎样的情况下阅读。美利坚合众国拥有着包含帝国主义者、反帝国主义者等各种势力的庞大中国研究力量。我想知道在那里,作为中国某种特殊精神支柱的鲁迅是怎样被对待的。当然对此也想以通俗的形式获知。

此外还有附带的情况:我呢,也不是没有机会读到某位德国人所写的关于鲁迅的文字。虽然迄今为止还未读过,但是有可能读到的。即使这样,由于在那种场合下我无法阅读中国语言、中国文字,也就是鲁迅的语言,所以会产生想不通的事。有些俄国人、法国人、德国人写本居宣长,我读他们的研究都是建立在读过宣长原文的基础上。这种情况(就我来说)没有发生在鲁迅身上。本来是不合规则的话,但作为事实确实存在。因此,我希望能阅读鲁迅原文的学者们将欧洲诸国以及其他国家怎样阅读鲁迅的,作为日本的鲁迅研究者,他们(日本人)又是怎样看待这些的,以较通俗的形式写出来。

第三,是直接关于辫子的事。鲁迅他们剪掉了辫子。我希望能依据当时中国的情况,但从今天日本人的立场来说明这件事的意义。日本在明治的某个时期也剪过发髻。进入明治时期后,但是在初期,我们村子有集会。一家的主人虽然还很年轻,但在集会的席位上没取下头巾。部落首领的一位年长的人发现之后说:"我剪了发髻……"虽然有这样的事,但即使在我们村子里,剪发髻无疑是重大的事。但是,在日本农村的某个村子里发生的事,因政府的断发脱刀令的关系,二者也有重合之处,并不是什么重大的事情。就算村里的年长者以奇怪的眼光来看,但那是遵循政府的方针。这与战后日本大肆标榜忠实于现行宪法的行为有着相似之处。尽管年长者以厌恶的眼光来看待,但胜负早已分明。然而鲁迅青年时期某些人的剪辫子,与日本的这种情况稍有不同吧。那是自身反叛性的行为。我希望这方面中国的情况和心理,能够有让日本人易于接受的说明。

这一点与排满抗日也有关系。就是与满族的国家统治和汉人对此的反抗、不满联系起来,即中国革命史中汉民族意识,包括其转变在内的具体历史作用,我想比较通俗地了解与此相关联的鲁迅其复杂的情况。

第四,我还想稍微了解一些鲁迅投入相当精力的新木刻的情况。这件事与日本人有直接关系。但我觉得,鲁迅播下的新种子,在其萌芽的中途似乎夭折了。没有什么证据。但我认为是这样,我没有掌握充分的证据,不过即使有充分的证据也没有提出问题的能力。我只是曾经想到,鲁迅所成就的事业,虽然广泛得到了认可,但在中途仍发生了某种变化。鲁迅向东方铺好了道路,虽然被完全接受,但不知不觉间列车被迫驶向了东南方,或者,列车主动行驶到东南方也说不定。我有这样思考的瞬间,这种想法原本与事实不符吗?并非与事实不符,还是有着这样那样的情况或理由呢?我想了解这方面的事。这件事有不加说明便无法深入思考的重要性,不过现在已没有涉及这件事的时间了。总之,鲁迅介绍了德国的珂勒惠支,介绍了俄国的新木版画,为了对中国有帮助还加入了日本新木版的力量（我想当时日本称为“创作版画”之类）。如果以岩波版《鲁迅选集》的书籍装帧中的版画为例来说明的话，会发现路线多少有一些改变。第一卷力群作的《鲁迅像》、第二卷陈烟桥的《休息》、第六卷陈铁耕的《母与子》、第九卷力群的《帮助抗属除草》、第七卷李桦的《逃荒》也可以算进去，这一类与第四卷李志耕的《轿夫》、第十二卷王树艺的《狱中纪实》、第三卷汪刃锋的《嘉陵纤夫》之类确实在手法上有所不同。在后者中我感到了一种倒退的味道。如果有人能通俗地解释这些情况的话，我将非常感谢。

中华人民共和国成立后，中国出现了新木刻画的杂志。我不确定现在是否还存在，那里面有用漂亮的彩印制作的黄河渡河战的图之类。虽然它们在某种程度上有着远远超出《嘉陵纤夫》等的美丽，但同时还是残留着那种倒退的味道（我个人感觉）。作为不太了解美术的自己，我也觉得这种感觉有些傲慢，但总之我个人的实际情况就是这样。那是我的误解、误会、外行人彻底的错误判断吗？如果不是的话，我想知道对此应该怎样解释。我还认为那也许还与鲁迅“以后”的新文学也有关系。

最后，我谈一下鲁迅的文体。这也是很难说明的事，虽然我不过是依据日译本来说的，但鲁迅的全新文体在之后未必得到了顺利的发展，而有一些停滞了。是这样吗？当然，我也难以说明真有此种停滞。但我有这种感觉，也有这样的事。鲁迅精通中国古代的文体，他深知其优点。同时他也了解欧洲的事物，自己也进行翻译。在此之上他形成了自己的文体。这种关系在之后不也多少停滞了吗？我只是有这种感觉。在刚刚所说的意义上，我认为鲁迅所写的文体是模范，是站在熟知。中国自古以来的文体之上的模范。其与日本的新感觉派等完全不同。可能未必恰当的例子，中江兆民曾谈到伏尔泰，说其精彩的地方大有“文气几乎凌驾于汉文之上”的感觉。鲁迅文体的模板样子，大多与中国古代的汉文接近（虽然也知道这种说法很滑稽，但也不知如何表达），日本人有必要对这一点做出解释吧。我认为承当这一角色的难道不正是日本研究者吗？之后的中国，关于鲁迅文体的研究出现了怎样的情况，在欧洲各国是怎样的，这些都是我想了解的。我甚至想知道文化大革命的情况。

编译者按：本篇发表于1971年2月发行的《鲁迅友之会会报》（第五十号，鲁迅友之会刊），后收入本全集。

（译于湖南大学中国语言文学学院）

注释：

1 参见何干之：《近代中国启蒙运动史》，上海书店1937年版。——译者注

2 保大皇帝：（1913年10月—1997年7月）越南中部的安南王国的末代皇帝。——译者注

3 指鹿地亘与吴七郎。——译者注

李何林《近二十年中国文艺思潮论》校读记

张铁荣

《近二十年中国文艺思潮论》是李何林先生的一部有代表性的重要学术著作。

本书至今已经出版了很多个版本(据李何林先生说,此书上海版以后曾经出版过香港版、桂林版、重庆版、东北版等),我们能够看到的就是1940年生活书店的初版本,1981年陕西人民出版社的新版横排本,2003年河北教育出版社《李何林全集》第3卷(《近二十年中国文艺思潮论》收入本卷)。南开大学出版社将要再版这本书,应当是目前最新的一个版本。[1]

受运峰兄的委托,我专门抽出一段时间参加了本书第2个校次的工作,又重新认认真真读先生的这本书,虽然时间过去了将尽80年,但这本书的魅力依然不减。它的观点之正确与资料之详实,依然会使得今天的我们感到震撼。在此,我愿意将校读感想报告给各位。

李何林先生是令人尊敬的革命家。他是以革命家的身份走进文学界和教育界的,因此他的眼光是远大而又有前瞻性的。他关注五四以来的社会变革,重视各种文献资料和历史背景,进而发现了鲁迅、发现了瞿秋白,充分肯定他们在中国现代思想史上的重要作用和历史价值。李何林先生是一个有胆有识的人,他敢于在那个年代里，在瞿秋白被杀害不过三四年，就把瞿秋白（何林先生用的是瞿秋白的笔名“宋阳”）的铜板照片和鲁迅的照片一起放在这本书前，并且标明他们是“现代中国两大文艺思想家”，读者通过他的序言当然会知道“宋阳”是何许人，这在当时的环境下是非常犯忌的。这个举动反映了他的慧眼，同时也是他的个性，无论在当时还是在后来的“文革”中，都给他带来了危险。果然书刚出版一年就遭到当局的查禁；在“文革”中，这样评价瞿秋白的书也是非常麻烦的事。

他的原则还表现在对于五四传统的坚持；对于“五卅”到“九一八”的文艺思潮发展趋势的评估；对于新文学社团的分析；对于“革命文学论争”和“两个口号论争”等理论问题的评论。今天看来，他当时的这些观点基本都还是正确的。特别使我诧异的是，他在鲁迅和“左联”青年领导人的论争中，李何林从一开始就坚定地站在鲁迅一边。细细想来，在那个时候李先生刚刚30岁出头，他和“左联”的一帮年轻人年龄相仿，也是进步的革命青年，但竟然不是跟着所谓主流走，而且有着自己的独立观点立场，不站在左翼成员徐懋庸等人一边，居然坚定地站在已是“老人”的鲁迅一边。这在当时是怎样的一种眼光？众所周知，后来的历史证明了他的选择是正确的。尽管因为这种选择也给他带来了一些麻烦，但他始终是坚持真理、固执己见、无怨无悔。这就是现代文学和鲁迅研究界公认的“李何林精神”。

李何林先生是视野宽阔的学者型资料专家。在这本书中，他引用了许多重要的第一手文献资料。我们不能不钦佩他的细致和认真，试想先生当年，生活艰辛且在辗转途中，身在四川江津的白沙镇编这本书的时候，资料之匮乏、环境之艰苦、信息之闭塞都是无法想象的。他携带、选购、保存所能得到的资料；在搜集整理、剪贴、归类中，将有限的资料珍藏利用，是何等地不容易。没有毅力谈何成功！就是在如此的条件下，何林先生编辑写作了这样的一本专业性极强的大书。资料是历史现场的初始记录,是走向研究的第一步。任何有成就的学者都不会忽视资料,正是这些当年积累的宝贵资料支撑了李何林先生的观点,使他做起学问来理直气壮、刚正不阿、自成一家。以资料为根据是有实力的表现。他的治学特点是采用摆事实讲道理的方法,把反映各方面观点的文章都原原本本地保留下来,或引全文、或摘重点,让材料本身说话。在此基础上才是他自己的评论,这些评论就是摆在当事人面前,在时过境迁以后你不承认都不行,这就是李何林做学问的方式。何林先生绝不是那种高谈空泛理论之人,但他也不是不重视理论,他坚信以鲁迅、瞿秋白为代表的科学的文艺论,因为这才是最明快的哲学。他重视资料,但绝不是盲目地堆砌资料,他在书中引用资料的同时,也有许多属于他自己的分析,这些分析当然是在事实的基础上得来的。他刚正不阿,从不趋势跟风,凡事总要问一个为什么,无论什么形势都改变不了他的实事求是精神,这就是李何林实证派的最初表现。这本书现在翻检起来,我们不能不佩服他的丰富和全面,因为其中的一些资料,就是今天找起来也是相当困难的。

李何林先生是我国出色的现代文学学科奠基人。他非常注意现代文学史料的积累,为现代文学教学奠定基础。他学习鲁迅的经典作品,保卫鲁迅的战斗传统,发掘鲁迅的思想资源,并以此为出发点和立脚点,来分析中国现代文学发生发展的路向,紧紧抓住中国现代文学教学研究之纲,也有意无意为后来的文学史、思想史研究开辟了广阔的道路,打下了坚实的基础。大家知道在这本书出版之前,仅有胡适的《五十年来中国之文学》、陈子展的《最近三十年中国文学史》、张若英的《中国新文学运动史资料》和《中国新文学大系》等,数量寥寥。还没有一本独立的、以五四新文学为开端直到 20 世纪 30 年代的"中国新文学史",或者"中国新文艺思潮史"。李何林编著的这本书对于前书的超越性贡献在于,它是最为集中地,创建了以反帝反封建为理论标志的、全新的资料性研究型著作。李何林先生自己说,他编写此书的时候,“还没有一本《中国新文学史》或《中国新文艺思潮史》,系统地给一般读者一个中国新文学发展的概况”。因此,他的工作是具有填补空白的奠基性创举。思潮史无疑是文学史的纲,后来的文学史几乎无不受这本书的影响。思想史的教学和研究也无不以这本书为重要参照系,因为它是一座很难逾越的高山。《近二十年中国文艺思潮论》成了中国现代文学史研究的奠基之作,后来各种文学史的基本框架、文学社团、文学现象等评论也很少能跳出这本书所囊括的范畴,这也是本书的真正价值之所在。

李何林先生是我国最著名的鲁迅研究专家。先生自 20 世纪 20 年代起就读鲁迅的书,崇拜鲁迅的伟大人格、追随鲁迅的足迹。鲁迅在世时,李何林还编辑了著名的《鲁迅论》、《中国文艺论战》等书,曾提议为纪念鲁迅从事创作活动 30 年刊印鲁迅著作。1936 年鲁迅逝世后,李何林针对报刊上的各种文章,第一个站出来批判污蔑鲁迅的不实报道,保卫鲁迅。这成了他后来延续一生的工作,在关键时期他总是挺身而出替鲁迅辩诬,保卫鲁迅的战斗传统。在这本书中,鲁迅的观点和作品是他引用最多的部分。他指出:“有人说,孔夫子是封建社会的圣人,鲁迅则是新中国的圣人。那么,我们可以说,埋葬鲁迅的地方是中国新文学界的耶路撒冷,《鲁迅全集》中的文艺论文也就是中国新文学的《圣经》。”这是何等的高瞻远瞩之言!他强调了鲁迅在中国现代文艺思想史和文学史上的突出地位,今天读来,我们还是能够感觉到李何林特有的那种对鲁迅的深情。这是我国第一代鲁迅研究专家的突出特征。

此次校读工作参照了前面所说的三个版本,对本书个别文字进行了修正。先生当年资料匮乏、生活辗转、印刷校对、手民之误在所难免,其中有些资料誊抄、剪贴或排版时会小有瑕疵,为了使得资料更准确,阅读更方便,引文部分还参照上海教育出版社 1979 年出版的《中国现代文学史参考资料 · 文学运动史料选》第

1—3 卷中的相关文章，进行了重新校对；关于鲁迅文章的引文，李何林先生当年依据的是 1938 年版的《鲁迅全集》，此次校读均按照人民文学出版社 1981 年版的《鲁迅全集》进行了重新校对，我始终以为这是目前最好的一个版本。在此次重校过程中难免会有遗漏，可能还会有缺点和瑕疵，希望读者和专家不吝指正。

在南开大学成立百年前夕，出版南开著名教授的代表作，是秉持校训、继往开来工作的一个重要组成部分。继承南开传统，弘扬南开先贤们的精神业绩，做好我们现实的工作，就是对于他们和我们这个学科与我们这个学校的最好纪念。

2016 年 4 月 10 日

注释：

1　李何林：《近二十年中国文艺思潮论》，南开大学出版社 2016 年版。

贺友直绘《白光》中陈士成形象的塑造

顾音海

鲁迅重视书籍插图和连环画,曾给予热情支持和鼓励,认为图的作用不但有趣,且亦有益,希望画家在创作大幅作品的同时,也看重并努力于连环画和书报的插图。正如新兴木刻版画在鲁迅等的倡导下得以勃兴一样,插图和连环画在上海也得到了蓬勃发展,上海成为全国连环画创作、出版、普及的中心。而鲁迅作品本身,也成为连环画创作的重要内容之一。

上海连环画出版的重要机构——上海人民美术出版社,自1980年起,选编了《狂人日记》《孔乙己》《药》《一件小事》《风波》《故乡》《阿Q正传》《祝福》《伤逝》《肥皂》《白光》等十余篇鲁迅小说,请画家绘成连环画并陆续出版。这套连环画节录小说原文按序编排,一图一文,形式上既是连环画,也是鲁迅原作的插图。其中,贺友直先生以写意水墨所绘《白光》,于1980年9月出版,在次年全国第二届连环画创作评奖中获一等奖;而此前,在第一届全国连环画评奖中,贺先生以白描所绘《山乡巨变》已获一等奖,两部作品虽然技法不同,但在形象塑造上都准确、鲜明而生动,是作者在长期艺术探索后所形成的两类不同风格的代表作,也是中国连环画创作里程上的扛鼎之作,完全符合鲁迅所说连环画与插图要有好的内容与技术的希望。

贺友直先生经常谦逊地说:“我是个草根”,强调自己的艺术成就源自生活中的观察和领悟。纵观中国连环画发展史,由传统人物画、白描小说戏曲插图、年画、广告画、新闻图说、漫画等交错融汇而来，对于不同题材，在技法上不断探索，不断观察，才有了连环画上升为独立画种，对大千世界成功的艺术再现与塑造。这期间，有老一辈画家的辛勤耕耘，到了贺友直这代画家手里，更是推陈出新，从理论到实践，都达到了新的高度。作为中央美术学院教授、中国美术家协会连环画艺术委员会主任，贺友直先生在讲课、论述中，围绕创作，从立意到形象语言，包括技法、人物心理活动的展现，都有自己的思考与总结。试以《白光》中陈士成的形象塑造为例，以作领会。

《白光》通过描写陈士成的遭遇，来揭露科举制的罪恶，封建礼教对知识分子的残害。孙伏园在《〈呐喊〉索引》里说："《白光》里文童陈士成县考落选，发精神病，大掘其藏，这人本是族叔祖子京，自称看见白光，知道地下有宝，亦是事实，但他的结局不单是落水而死。"更深的含义是，封建社会权力与金钱这两个核心元素同聚在陈士成身上，他由对学而优则仕的幻想转而重新燃起对金钱的欲望，体现了传统士人生存逻辑和精神世界的异化，[1] 这便是全篇作品的主旨，也是创作的立意根据。比起单幅画面，连环画的创作表面看似乎简单，有原著和脚本，立意似乎可以马上确定；其实，要真正抓住一部作品的主题思想，"意在笔先"（贺友直语），在对原作主旨、中心思想的领会上，须仔细斟酌。原作主旨是"神"，绘画创作时注重的是"形"，由形来体现神。陈士成是作品里唯一主角，其"神"的焦点即是积长期而来的强烈致仕愿望与破灭了幻想的现实之间的对比，又由此引申出他的悲剧。陈士成是一个找不到自我的人，没有独立的人格和自我的创造力，最终被吞噬了生命。

因此，在对"形"的把握上，主要是体现对人性的摧残，陈士成怎样由满怀幻想到证实幻想破灭之后的失望、绝望，直至神经的错乱、生命的终结。贺友直先生说："人物形象是通过情节体现的，这就要求连环画作者必须具备会演‘戏’，会‘制造’情节的本领。”[2]《白光》原文篇幅不长，根据形象展现的情节需要，编为连环画脚本文字 36 段，图则相应为 36 幅，基本勾勒出面上“制造情节”和点上“出戏”的创作主线。按此主线，36 幅图大致尝试分作如下几组。第一、二幅是“看榜”，在人群里看，在人群散后继续看；第三、四幅是“失意”，表现归途的落魄；第五至第七幅，学童们的“小觑”，孩子似乎也来刺激他；第八至第十三幅着重突出其人“孤影”，痛定思痛，他百思不解，眼神呆滞，叹及岁月磨砺，十六载岁月犹如这月光浮云一片虚空；第十四至第十七幅可叫做“幻听”，仕途失意之人转而寄希望于财运，似乎真有人在指引他“左弯右弯”寻求所谓祖传财宝；第十八至第二十一幅，是白光“导引”寻宝，陈士成“狮子般”地追逐着白光奔进奔出，已然疯了；第二十二至第二十五幅，“开掘”，安排四幅画面展现挖祖宗墓葬的场景、环境、人物神态，心里抖着却又存着新的希望，聚精会神，力大无比；第二十六至第二十九幅，“下巴骨的嘲笑”，最终的结果，却比

贺友直《白光》插图之一

贺友直《白光》插图之二

落第更糟,尸骸本属于不祥之兆,却未能催醒狂想中的陈士成;第三十至第三十二幅,“出奔”,白光继续导引陈士成到朝笏般的西山去,人走后,残灯燃尽;第三十三至第三十六幅,尾声,万流河的裸体浮尸,“或者说”这就是陈士成,最后的象征。

有了情节设计,便可以进一步构思人物形象。《白光》主角仅陈士成一人,他的身份,是一个落魄的乡村知识分子,一个连续十六年屡试不第的老童生,因为入仕幻想不断的破灭,时常会生出些怪异的行为举止;而在“白光”故事里,他终于由神经错乱走向人生的终结。于是,我们看到,陈士成的这身冬季衣着,就是长袍马褂,头戴瓜皮帽,这是清末、民国初年男子的正宗服装,有别于一般劳作农民的短打,正如孔乙己穿长衫显示读书人身份一样,陈士成再怎么落魄,长袍是必须穿的。然后,陈士成的古怪、丧魂落魄,表情从又一次满怀希望到失望、绝望,在形象上的处理自然就是一副精神错乱、病态的神情。随着事态情节发展,他时而狂躁,时而顽固;时而莫名亢奋,时而又张皇空虚。贺友直先生不愧是人物形象化的能手,他首先通过描绘陈士成的眼神、动作,把角色心态入木三分地刻画了出来。在开篇看榜的两幅画面里,首先就是特写的陈士成,正在人群里倾着身子,抬高了头,瞪大了双眼,左手点着榜上的“陈”字,原文是:“他去得本很早,一见榜,便先在这上面找陈字。陈字也不少,似乎也争先恐后地跳进他眼睛里来,然而接着的全不是士成这两个字……”按原文,这段就是突出“找”名字的心理状态,反复地找,唯恐遗漏:第一遍没有,第二遍没有,第三遍……从而眼神愈加焦虑。第二幅画面稍见夸张,人群散去,陈士成尚不死心,还要细细地从头在十二张榜的圆图里搜寻自己的姓名。这时候的他,几乎贴近了张榜的墙面,头和肩几乎成九十度的角,一副心切、痴情的可怜模样。第三图是正面处理,老童生“从劳乏的红肿的两眼里,发出古怪的闪光”,整个脸部颧骨高耸,下巴尖瘦,双目圆睁,眼泡浮肿,眉毛倒竖,脸部轮廓线与骷髅极为相似;加之微微佝偻着背,缩着身子,活生生落魄穷书生的造型跃然纸上。第四图是远景,本来不乏景致的江南,小桥流水,房屋倒影,在洒满阳光的冬日的午后,是足可观赏的;而此刻的陈士成低垂了头独自过桥,正与此前高抬了头看榜成对比,心里一片萧瑟,孤独而凄凉。这段描绘,准确鲜明,这时的陈士成,郁闷、失落,都还在正常心理范围,落第的打击尚待发酵。而当他回到家中,心神开始走样,渐渐发作。先是学童似乎在小觑他,再是发生幻听——有个声音在耳边说"这回又完了!"第八、九、十一图都简练地描绘这脸部表情:古怪地自言自语,悲伤地掐指计算赶考次数,"嘻嘻地失了笑",继而眼光又格外闪烁,前程似乎就在面前,无限地宽广起来。这段刻画,通过眼神的游移、惊惧、呆滞,抓拍似地将主角的神态牢牢定格。此后,全书细绘陈士成面部表情的有第十四、十七、二十、二十二、二十五、二十六、二十七这样七幅,除去回忆以前掘墓时感到羞愧的第十七幅,其余六幅可以说张张眼神怪诞,神志错乱。此时倾听"左弯右弯",实在毛骨悚然,所以眼神惊异而恐惧;白光又"软软的来劝他",他被导引着进门寻找,自己似乎也双目射出恐怖的光;他一气掘起四块大方砖,歪斜着身子瞋目龇牙细细考究他的发现;他的心抖得厉害,在烛光下一一端详墓中物品,似乎又饱含希望;当发现手中捧的乃是一段颌骨时,他由聚精会神陡然转为惊恐;最后是绝望,"这回又完了!"这时的陈士成,手捧骸骨,仰天哀叹,浮肿的双眼上翻,他本人亦似人似鬼,在烛光的映照下显得那样阴森。

在人物动态上,作者的设计堪称完美。画陈士成看榜回家途中过桥,远远望去一个孤独的人影,垂头丧气;画陈士成受白光的诱惑,"狮子般"飞奔到房里,手舞足蹈似乎兴高采烈,活生生体现出他的疯狂与变态;画陈士成提着烛火、举着锄头赶去掘宝,身体前倾、辫子后甩,体现其步履匆匆,心急如焚;陈士成最后出现在那幅可称为"夜奔"的画面中,耳边幻听"这里没有,到山里去",不待听完，他就突然仰面向天，朝着离城三十五里外的、周围放出浩大闪烁白光的西高峰狂奔而去。画面是一个硕大的白光圆圈，似月、似湖，衬托着陈士成手舞足蹈的狂怪身影，他似乎正飘飘然升天而去，又似乎已溺水而亡浮现水面。

环境衬托自然合理，也是《白光》连环画成功的一面。贺友直先生说："由于文学塑造形象的方法不同于绘画，它不能'一张嘴'同时讲几句话，不能在一笔里写两个人物，而绘画却要求把所有应该表现的东西，同时同地一股脑儿具体形象地，在一个画面上表现出来。"连环画要求"除了明文规定的情节或人物需要具体化之外，对于大量的不曾提到的，但对于衬托主题，渲染气氛却是极为重要的情节、人物和环境描绘，更必须根据内容的要求，有意识有目的地加以丰富创造。比如，在刻画陈士成看榜的申请时，即使鲁迅在小说里并没有描写一群文人士子的形象，但我们在表现时，可以根据主题要求，体味各种人物在这一关系前途命运的事件面前，由于遭遇不同而产生得各个不同的反应，捕捉一个总的气氛，调动一切手段（人物、背景、构图）……去表现这种人物的动态、表情及他们之间的内在联系"，[3] 因此，在看榜这一情节里，设计了小说并未仔细描写的内容——陈士成旁边挤满了的考生，有的笑逐颜开，有的垂头丧气，有的急切心焦，这种喜怒哀乐的纷乱气氛，衬托了陈士成慌乱的心情，与这段文字的整体内涵非常贴切。又如，陈士成看榜后回到家中，茶饭不思，捱到夜深，原文："月亮对着陈士成注下寒冷的光波来……诡秘的照透了陈士成的全身，就在他身上映出铁的月亮的影。"画面就抓住茕茕孑立、形影相吊来构图，冬夜的院子，清冷的月光下，是陈士成瘦长的背影，一手正撑着树干；树木凋敝，脚下残叶两片，一旁是他歪斜的影子。再如，他教的学童送上晚课来，似乎都有"小觑他的神色"，七张小脸，大都用书本遮了，只露出一双眼睛，眼神中揣摩着老师的心绪；实际这另一面也是陈士成自己心里作怪。这画面用"借脸"的手法，借助陪衬人物的神色来间接反映主角本人的心态。贺友直先生为使作品更富有生活气息、人物更有血有肉,还总结出一套“四小”经验,即善于通过对小动作、小孩儿、小道具、小动物的描绘,衬托主要情节和主要人物。《白光》连环画里,那一锄一灯(第三十二图)、夜色里的狗吠(第三十一图)、惊起的群鸟(第三十三图),还有原文所描写的“连一群鸡也正在笑他”,以及他的七个学童,都是绝妙的衬托。此外,作品还善于用正反相辅相成的手法,以动示静,以有声陪衬无声,或以无声陪衬有声,使得画面更具感染力。如第二十三幅,原文为:“他极小心的,幽静的,一锄一锄往下掘,然而深夜究竟太寂静了,尖铁触土的声音,总是钝重的不肯瞒人的发响。”怎么表现陈士成动静很大却又有掩耳盗铃似的掘墓心理?画面不直接画他本人,而是画整块街坊,小桥流水人家一隅,夜幕中唯有一家有些许亮光透出,那便是陈家,这样处理,更显出安静中的声响。最妙的是第三十四图,无文字说明,只寥寥数笔,绘着水面圈圈涟漪,外加几枝枯萎的芦苇,暗示主角已葬身河底,杳然无声。

《白光》连环画,运用中国画酣畅淋漓的写意水墨法,很好地突出了“白光”的虚幻本质。陈士成的臆想本来就是模模糊糊,不着边际的幻觉,注定要一瞬即逝的。因此,那团白光,还有他幻觉里的“府正堂”虚拟世界,等等,以传统的单线白描,或者西画里的速写素描技法,都不如水墨渲染传神。贺友直先生在白描上已经取得很高的成就,他的速写连环画也有问世,却在年近六旬时再作探索,成功地树立了新的典范。诚如李大发先生所言:“《白光》最显著的艺术特色是,既严格忠实于原著的精神,又不囿于原著的局限,进行大胆的探索和创新。人物造型,构图设计,道具运用,环境气氛,都经过画家的深思熟虑,苦心经营。画家运用中国画的固有特色,单纯简洁、酣畅淋漓的水墨笔法,比较深刻地表现了特定的情景、气氛和人物的复杂心理过程。”[4]

注释

1　蒋永国:《从旧知识分子"末人"到新知识分子"犬儒"——谈〈白光〉和〈端午节〉的现代启示》,《中国图书评论》2014 年第 2 期。

2、3　贺友直:《关于做"戏"和"制造"情节》,《贺友直说画》,上海人民美术出版社 2008 年版,第 22、25 页。

4　李大发:《探索和创新——评连环画〈白光〉》,《名作欣赏》1982 年第 3 期。

无史的《现代史》(外一篇)

唐应光

鲁迅的杂文常有奇想天外、出人意表的佳作,《伪自由书》中的《现代史》即是其中的一篇。

初看文章的标题,人们会以为,迅翁大概要抖什么史料,谈什么史识了,谁知道一开头就让读者云里雾里:“从我有记忆的时候起,直到现在,凡我所曾经到过的地方,在空地上,常常看见有‘变把戏’的,也叫作‘变戏法’的。”[1]

竟有这样的“现代史”?被勾起好奇心的读者禁不住跟着作者看下去,鲁迅接着介绍:

> “这变戏法的,大概只有两种——
>
> 一种是让穿上衣服的猴子和瘦得皮包骨头的狗熊上场耍把戏。耍完后向大家要钱。
>
> 一种是把石头放在盒子里,变出一只鸽子,或者把纸塞在嘴里,点上火,鼻子、嘴冒着烟,又向大家要钱。
>
> 两种把戏变罢,重头戏登场。出来一个孩子,变戏法的把他装进小口的坛子里,只留一根小辫,为了要孩子出来,大家再次抛钱。“收足之后,不知怎么一来,大人用尖刀将孩子刺死了,盖上被单,直挺挺躺着,要他活过来,又要钱。”[2]

“Huazaa……”这抛钱的声音,在短短不到千字的文章中,出现了六次，给读者留下深刻的印象。

戏法变完，看客呆头呆脑地走散，“这空地上，暂时是沉寂了。过了些时，就又来这一套。俗话说，‘戏法人人会变，各有巧妙不同’。其实是许多年间，总是这一套，也总有人看，总有人 Huazaa，不过其间必须经过沉寂的几日”。[3] 写到这里，作者透露出几分无奈的悲凉。

如果是记叙文的话，文章本可结束。可是，迅翁岂是等闲之辈？他突然抖出“包袱”，结尾来了这么一段话：“到这里我才记得写错了题目，这真是成了‘不死不活’的东西。”[4]

恍然大悟的读者这才注意到文章的标题：《现代史》。变戏法和历史本来风马牛不相及，但鲁迅为什么把它们牵扯在一起？难道真的跑了题？

中国的现代史，一般指民国史，以区别于鸦片战争至辛亥革命这段近代史。自从清帝退位，袁世凯当上大总统以来，民国史成了一部乱史。军阀连年混战，百姓流离失所。各方势力争夺中央政权，成王败寇，轮流坐庄，“城头变幻大王旗”。总统、代总统、皇帝、执政、总理、元帅……十几年换了二十来个，乱哄哄你方唱罢我登场，忽悠悠转换如同走马灯。长命的维持三五年，短命的只撑十几天。上台的坐北京趾高气扬，下台的躲租界打牌念佛。老百姓成了看客，过太平年月成了遥不可及的奢想。连孙中山也哀叹：“民初不如晚清”。

盼到了北伐战争胜利，全国行将统一，忽然又发生“四一二”政变，接着“十年内战”。政治舞台从北方换到南方，新军阀代替老军阀，蒋桂战争、中原大战……日本帝国主义乘机霸占了东三省。中国人民的苦难好像永无尽头。

1933 年，在鲁迅写这篇短文的时候，正值宁汉分裂，蒋介石再次“下野”，国民党内部斗争又进入高潮。这一幕幕政治活剧的本质是什么？不由得鲁迅不进入深思。

一般的幻灭的悲哀，我以为不在假，而在以假为真。记得年幼时，很喜欢看变戏法，猢狲骑羊，石子变白鸽，最末是将一个孩子刺死，盖上被单，一个江北口音的人向观众装出撒钱模样道：Huazaa，大概是谁都知道，孩子并没有死，喷出来的是装在刀柄上的苏木汁，Huazaa 一够，他便会跳起来的。[5]

眼前的时事勾起了鲁迅儿时的回忆。这一切何其相似：老一套、真真假假、捞钱，庄严的政坛和市井的江湖两件似不相干的事联系到一起来了。

一部民国史，资料丰富，史家要写起来，恐怕得上百万字，好几厚本。但中国文学艺术历来有小中见大，举重若轻的传统。写意画寥寥几笔，见树见花，有鱼有虾；京剧中龙套在台上转了几圈，代表千军万马；唐诗“千年铁锁沉江底，一片降幡出石头”，说尽了六朝兴替的旧日繁华。话不在多，只要抓住事情的关键，即可收到四两拨千斤的功效。

鲁迅把如此繁复的史料浓缩成一篇短文：《现代史》。

这篇杂文结构奇特，除标题外，通篇无一史字，却道出历史中最深层次的东西。统治阶层尔虞我诈、内讧不断，万变不离其宗，就像江湖上的变戏法，最终都为了“利”。鲁迅就像“庖丁解牛”中的庖丁，目无全牛，一刀下去，直指要害，而百结俱解。说是“写错了题目”，其实，题中之意，尽在不言之中。貌似奥秘的历史万花筒，拆穿了就这么简单。

也许，鲁迅送给日本友人的一首诗，可以作为这篇杂文的注脚：“廿年居上海，每日见中华。有病不求药，无聊才读书。一阔脸就变，所砍头渐多。忽而又下野，南无阿弥陀”。[6]

另　篇

《现代史》发表半年之后，鲁迅又写了另一篇杂文——《看变戏法》。

粗看之下,两篇文章题材相同,又是走江湖、又是狗熊、又是孩子、又是要钱,好像是姐妹篇。重复自己,为文人之所忌,因为它给人以艺术积累用完“江郎才尽”之感。鲁迅虽说行文不拘一格,但这种现象过去从没有过,如今似也犯不着去触碰这一潜规则。是迅翁文债太重,以至笔耕时忘记了这一题材已经用过?还是迅翁刻意为之,赋题材以另一新的含义?

我宁愿相信是后者。带着问题,我对比了两篇文章,发现二者虽表面相近,内容却迥异。

首先,立意不同。《现代史》着重讥刺统治阶层互相倾轧的实质——逐利,而《看变戏法》,则是述说社会上那难以走出怪圈的人生循环。

> “每当收场,我一面走,一面想:两种生财家伙,一种是要被虐待至死的,再寻幼小的来;一种是大了之后,另寻一个小孩子和一只小熊,仍旧来变照样的戏法。”[7]

由于立意的不同,衍生出写法的不同。《现代史》中的猴子没有了,撒钱的声音也没有了,而代之以变把戏者对狗熊和孩子训练的描写。训练过程是残忍的、悲惨的。如此代代相传的黑暗给读者心灵带来极大的震撼。当然,最后还是为了赚钱。

再者《现代史》用的是隐喻的手法。文章写完了,作者也没点明他要告诉你什么,而是用“文不对题”的暗示,笔断意不断,让读者去挖掘、去思考,自己得出结论。古语云:“纸上得来终觉浅,事非经过不知难。”当然,这仅是笔者的猜测。而《看变戏法》呢,虽也有隐意,但更多的是用明示的手法,直接告诉你作者要说的是什么。

高明的厨师,能用同样的食材,烹出味道不同的菜肴,令人惊叹不已。鲁迅用同样的题材写两篇立意不同的文章,是否也值得一赞呢。

注释:

1、2　鲁迅:《伪自由书·现代史》,《鲁迅全集》第五卷,人民文学出版社2005年版(下同),第95页。

3、4　鲁迅:《伪自由书·现代史》,《鲁迅全集》第五卷,第96页。

5　鲁迅:《三闲集·怎么写》,《鲁迅全集》第四卷,第23—24页。

6　鲁迅:《集外集拾遗·赠邬其山》,《鲁迅全集》第七卷,第451页。

7　鲁迅:《准风月谈·看变戏法》,《鲁迅全集》第五卷,第336页。

鲁语三题

王尔龄

一、“直面”何义

名人笔下出现的为其前并不经见的特别用词,往往被后人誊于纸端或舌上,却又未必精当。鲁迅所用的“直面”,就是如此。

今检三例:

① 直面军事冲突……在目前看来还不可能。(2015 年 1 月 17 日央视中文国际频道)

② (李宗仁归国途中)直面死亡的威胁。(2015 年 4 月 3 日央视中文国际频道)

③ 直面戏剧(In-Yer-Face Theatre),是完全朝着观众“不由分说,劈头盖脸”而去的。……也许,这种“直面”,反而是最大的悲悯。(2015 年 6 月 6 日《解放日报》)

例①说从目前看来还没有可能“直面军事冲突”,这个“直面”显然是称述直接面临的意思。例②的“直面”,只能理解为直接面对死亡威胁。例③的“直面”,意为直接朝着观众的脸用赤裸裸的表现方式来展现现实社会中的人们的精神、暴力、虐待、恐怖,引发观众的反思,但是恰恰难以如愿。(否则又何言“最大的悲悯”?)那么此之所谓“直面”也,则非直接面向莫属。

如果要寻鲁迅使用“直面”的正义,自须读他的《记念刘和珍君》。其文曰:“真的猛士,敢于直面惨淡的人生,敢于正视淋漓的鲜血。”这两句称道“真的猛士”的话，是修辞学上的互文，意为直面、正视惨淡的人生，正视、直面淋漓的鲜血，直面与正视乃释义互见之词。犹如唐诗“秦时明月汉时关”，并非明月专系于秦时，西北关塞单属于汉时，乃曰秦汉时的明月秦汉时的关塞，互文见义之语也。

至于“直面戏剧”这个中译名是否切当，我所不知，或许在译名内需要包含“面朝观众”的意思，乃可相应。不敢言必，只是存疑而已，愿方家教正。

二、同异互见说“怪哉”

《从百草园到三味书屋》叙及古书上的关于“怪哉”的记载，“很想详细地知道这故事”，因而向塾师发问，但先生的回答是“不知道”。其时，“似乎很不高兴，脸上还有怒色了”。文中之意若曰先生不是不知道，而是不愿说，就因为“他是本城中极方正，质朴，博学的人”，所以虽博知却不说儒典以外的书文，否则何以见其“方正，质朴”。然而，“怪哉”乃古小说里所写，他也未必明了，“不知道”或许正是他的实话。

“怪哉”的故事，数见于古书。

前人曾据类书《太平广记》卷四百七十三辑存的文字录出：“汉武帝幸甘泉。驰道中有虫赤色，头目牙齿耳鼻尽具，观者莫识。帝乃使东方朔视之。还，对曰：‘此虫名怪哉，昔时拘系无辜，众庶愁怨，咸仰首叹曰：怪哉！怪哉！盖感动上天，愤所生也，故曰怪哉。此地必秦之狱处。’即按地图，信如其言。上又曰：‘何以去虫？’朔曰：‘凡忧者得酒而解，以酒灌之当消。’于是，使人取虫置酒中，须臾糜散。”

先师郑晚晴（学弢）辑注《幽明录》（南朝宋刘义庆撰，已佚，从类书等旧籍中辑录成书），辑得《幽明录》原刊的一条：“汉武见物如牛肝，入地不动。问东方朔，朔曰：‘此积愁之气。惟酒可以忘愁，今即以酒灌之，即消。'"(《北堂书钞》卷一百四十八)此条未言虫见于甘泉，甘泉乃汉武帝行宫，相传建在秦狱遗址。

郑辑本《幽明录》于本条下注引两书。一为《搜神记》卷十一："汉武帝东游，未出函谷关，有物当道。身长数丈，其状像牛，青眼而曜睛，四足入土，动而不徙。百官惊骇。东方朔乃请以酒灌之。灌之数十斛而物消。帝问其故，答曰：'此名为患，忧气之所生也。此必是秦之狱地；不然，则罪人徒作之所聚。夫酒忘忧，故能消之也。'帝曰：'吁！博物之士，至于此乎！'"此条亦未言甘泉宫，仅称汉武出函谷关而西的道上。又不称之为虫，而说它是庞然大物，更为神乎其神。又一为《殷芸小说》："(汉)武帝幸甘泉宫，驰道中有虫赤色，头目牙齿耳鼻尽具，观者莫识。帝乃使(东方)朔视之。还对曰：'此怪哉也。昔秦时拘系无辜，众庶愁怨，咸仰首叹曰：怪哉！怪哉！盖感动上天，愤所生也，故名怪哉。此必秦之狱处。'即按地图，果秦故狱。又问：'何以去虫？'朔曰：'凡忧者得酒而解，以酒灌之当消。'于是使人取虫置酒中，须臾，果糜散矣。"此与《太平广记》所引仅小有出入，两者同源异载，当可认定。点明此物名曰怪哉，也仅此两书。《北堂书钞》所引之文过简，《搜神记》所写则更为猎奇；事俱见其怪而未有怪哉之名。上引种种，都是小说家言而借用历史人名、实有地名。互有同异当是采自传说而各各落笔之故。

三、"常" 与 "尝"

鲁迅为增田涉讲解《中国小说史略》时，增田就"常希收采而不敢自专"的引语提出问题："'常'是'平常'还是'尝'"，鲁迅的回答是："常=尝=曾经。以前两者通用，其实用错了。"(见《鲁迅增田涉师弟答问集》华东师大出版社 1989 年版第 6 页。)

这使我想起老舍初试莺声的第一部小说《老张的哲学》在《小说月报》第 17 卷上连载(其时为 1926 年)时，"何尝"屡次写成"何常”,比如“老张又何常爱打人呢”之类。该卷第7期上所刊尽皆如此,其后续刊就改正为“何尝”了。揣测起来,他初时认为“常”可通“尝”,后来发现其虽为通假,实乃有所未安。

老舍的弃用“何常”而改取“何尝”,当然不是读了《鲁迅增田涉师弟答问集》,《老张的哲学》连载的年代在前,鲁迅答增田问则在其后;倒是相反,鲁迅有可能读到《小说月报》的《老张的哲学》,但亦未可言必。无论是否得读,他都确认“以前两者通用,其实用错了”。

老舍固然不可能是读了鲁迅之语而改字,鲁迅大约也并非针对《老张的哲学》的初刊而指“何常”为误。应该说,两位大家各就所知而定正误,对旧时的“常”“尝”通假之陈说表示自己的依违。

摭谈鲁迅小说《祝福》的语言艺术

朱永芳　邵建新

一、“唠叨”“啰嗦”的艺术魅力

鲁迅在谈到自己的创作经验时说：“我力避行文的唠叨，只要觉得够将意思传给别人了，就宁可什么陪衬拖带也没有。”(《南腔北调集·我怎么做起小说来》)可是在《祝福》中，却有大段大段的重复。这就是写祥林嫂絮絮叨叨讲“阿毛的故事”。阿毛故事前后完整地出现了二次，把这两段对照一看，只不过文字上略有改动而已。这样大段大段的重复，不是太啰嗦了吗？一般地说，文章是要力避重复，尤其是大篇幅的重复。正如鲁迅自己所说的那样，要力避“唠叨”，不要“陪衬拖带”。现在鲁迅怎么也“言行”不一致了呢？细细品味，你会发现这貌似啰嗦的重复，并非鲁迅说做相悖，“言行”不一，而是他独树高格、平中见奇的艺术手段。

言语可以透露心理反应。这两段重复的文本，不仅真实生动地再现了祥林嫂“就只是反复的向人说她悲惨的故事”的情形，而且还非常准确深刻地揭示出祥林嫂精神的紊乱、性格的变态。这是在重复之中展示人物的性格变化的历程，凸现祥林嫂丰富而复杂的精神世界。这种“啰嗦”是鲁迅为了表达的特定需要而有意为之的，它本身充满了暗示，是一种隐喻，是鲁迅高超的写人技法。

这个从前“不很爱说话，别人问了才回答，答的也不多”的人，现在逢人便说“我真傻，真的……”变化如此之大，反差如此之强烈,这表明祥林嫂在两次丧夫、特别爱子又遭狼害的沉重打击下,已陷入了极度痛苦的深渊,在心灵深处产生了难以愈合的创伤。阿毛的罹难,使她失去了唯一的安慰、最后的希望,阿毛活泼可爱的形象只能留在她那痛苦的回忆里。"阿毛的故事"是她"受伤的记忆",她"日夜不忘"她的爱子,时刻思念着她的阿毛。她无法解脱这种失子之痛,从而导致了性格的变态——开口便是"我真傻",逢人便讲她的阿毛。阿毛故事的两次完整出现,无疑是鲁迅精心巧妙地安排。这貌似啰嗦的重复,把祥林嫂受到极大刺激,精神分裂的病态惟妙惟肖地刻画出来了。它形象地展现出一个美的劳动妇女从肉体到灵魂的毁灭过程,具有鲜亮的悲剧色彩。因而这就强烈地震撼着读者的心,激起人们对祥林嫂悲惨遭遇的无限同情和对制造这个悲剧故事的吃人社会的无比仇恨。这就是鲁迅借助于"唠叨""啰嗦"而收到的强烈的艺术效果。试想想,倘若作品中没有这样的"唠叨""啰嗦",而只是用漂亮的语句简单地叙述一下,那是无法这么传神地表现出祥林嫂的内心痛楚、精神恍惚的,也就严重地削弱了小说的那动人心魄的悲剧效果。

综上所述,鲁迅通过精心设计的重复来表现人物的性格变态,预示人物的悲惨命运。这和我们平常所讲的啰嗦有着本质的不同。这是语言大师点铁成金、化腐朽为神奇的艺术创造,具有独特的审美价值。探讨鲁迅这种"啰嗦"的语言艺术,对于我们如何精当描写人物语言,刻画人物心理,提高表达技巧无疑具有借鉴意义。

二、非常词序的非常功效

汉语的词序比较固定,一般情况下不能任意变动,所以"搜句忌于颠倒"(刘勰《文心雕龙·章句》)。但这也不是绝对的,如回环修辞格就是通过变动词序来实现的。不同的词序在表义方面侧重点往往有所不同,所以说"词序也是一种重要的修辞手段。……在汉语中，许多正常词序是可以变动的，变动之后可以获得较好的修辞效果"。（王希杰《汉语修辞学》）小说写祥林嫂叙述阿毛故事时，就有这样通过变换词序而增强艺术效果的范例，体现了鲁迅对作品精益求精、严肃认真的创作精神。

祥林嫂叙述"阿毛的故事"里有这样的一句话："直到下半天，几个人寻到山坳里，看见刺柴上挂着一只他的小鞋。"（着重号为笔者所加）这个句子中"小鞋"的两个定语——"一只""他的"的排列顺序是不合常规的，似乎是错误的。按照常规顺序排列，应当是"他的"、"一只"（表领属的词+数量词）。如从《无常》手稿上，我们可以看到：鲁迅就把"鬼王拿的是小小的一块虎头牌"的语序改为合乎常规的"……一块小小的虎头牌"。《祝福》最早发表在1924 年 3 月 25 日《东方杂志》半月刊第二十一卷第六号上时，这一句的语序就是非常符合我们语言习惯的"他的一只小鞋"。可是等到该小说编入《彷徨》，鲁迅借机再次进行语言推敲与润色时，却改成了并不符合我们表达习惯的"一只他的"（数量词+表领属的词）。这样看来，这是鲁迅有意为之，是出于再加工的需要。因为他曾对青年作家说过"将来汇印时，再细细的看一看……一定可以更有精彩"（《致张天翼》1933 年 2 月 1 日）的话。看来这是鲁迅身体力行，为青年作家做示范的体现。这个不符合一般习惯的词语次序，出自经受过两次丧夫，接着又遭受失子之痛的祥林嫂之口，应该说也是正常的。这和她第二次来到鲁四老爷家，一开口就是"我真傻，真的……"一样，同样是她"就只是反复的向人说她悲惨的故事"情形的真实写照，也是她神情有些恍惚、精神有些紊乱的形象揭示。"使读者看了对话，便好像目睹了说话的那个人"（《花边文学·看书琐记》）。看似不合常规、实则合乎事理的语序是祥林嫂"非常态诉说"中的"准确叙述"，是"不正常"里的"正常"。颠倒的词序所表达的语义宛如不断推进的电影镜头一般鲜明，由远而近，非常清晰有序地"再现"了祥林嫂央人搜寻儿子，看到“一只”鞋子，发现是“他的小鞋”（根据样式、质地等来迅速判断、确认）的全过程。“阿毛的故事”是祥林嫂“日夜不忘的故事”，是她的受伤记忆，对这些细节记得越清晰、深刻，就越说明了她所遭受的打击之沉重，承受的苦痛之巨大，也就越能震撼读者的心扉。一种褫魂夺魄的悲剧美的力量由此而生。而发表稿上的常规语序只是一般的平常叙述，非人物的“情境语言”，无法包藏如此丰厚的内涵、丰富的意蕴。这个不合常规的语序是独特的“这一个”，起到了正常语序无法达到的艺术效果。

这个好像调换错了的词序，看似变异、反常，实则是鲁迅别有深意的表达技巧，是他出奇制胜的艺术创造。词序变换之中又见语言锤炼的匠心。“反常合道”，有意颠倒的词序，使人物语言更情境化，“更有精彩”。给读者造成一种新奇、别样的审美感受，具有独特的审美意义。这种艺术的语言、语言的艺术，我们不咀嚼、品鉴，岂不辜负了大作家的独妙匠心？

三、“！”“……。”的丰富内涵

标点符号虽没有语音形式和语义内涵，却能配合文字准确记录说话的停顿、语气、语态等语言现象。“言为心声”，那些精确记录语气语调变化的标点符号，实质上是人物心理活动的外化和折射。这样的标点就不只是“文法上的标点”“意义的标点”，而是“修辞上的标点”。它“往往在用来调和音节的同时，还用来刻画有关人物的语调神情；有时甚至主要不是用以调整音节，而是用以表现和显示人物的腔调情态”（陈望道《修辞学发凡》）。《祝福》中就有这样精彩的“修辞上的标点”。小说在写到有人报告鲁四老爷，说祥林嫂已被她婆婆派人劫走的消息时，鲁四老爷只说了“可恶！然而……。”这么一句没说完整的话。话虽不完整，却借助于“！”“……。”的辅助，生动展示了鲁四老爷心理反应的全过程。

从小说描写可以看出,鲁四老爷对这种事先不打招呼,竟然抢走他家女佣的行径是愤愤然的,因为这毕竟有碍他的尊严,有伤他的面子,因而"可恶"两字便脱口而出。一个"!"使得鲁四老爷的愤懑之情呼之欲出、跃然纸上。但这个封建卫道士转而一想,祥林嫂这种出逃做工,违背"家法"。"有伤风俗",婆家抢回又完全合乎"礼义",无可厚非。鲁四老爷的确是这样想的,那句不完整话后面的"。"把他的这种想法充分暗示出来了。鲁四老爷已完成了他的这些"内部言语",可是他并没有把心中所想的明说出来,说到"然而"便戛然而止了,"内部言语"没有完全变成"外部言语"。鲁四老爷的默许、赞同都包含在"然而"后面的"……"。从"!"到"……",生动传神地表现出鲁四老爷由不满、气愤到默许、赞同的心理变化过程。"然而"后面"……"把这个"讲理学的老监生"故作心气平和的虚伪本性和维护封建礼教的反动实质,表现得细致入微、毫发毕现。假如这句话里没有"!……。"这些标点的"参与",光靠四个方块字,能如此真实生动展示这半截子话吗?能把这复杂微妙的心理变化表现得如此细腻传神吗?

作家秦牧说:"讲究文学语言,同时,也得讲究标点符号的使用。"(《语林采英》)此言极是。"修辞上的标点"本身就是文学语言的有机部分,"每一个标点符号有一个独特的作用"(吕叔湘、朱德熙《语法修辞讲话》)。这些具有独特作用的"小不点儿"到了文学大师鲁迅的手里,如同魔术家手里的魔棒一样,出神入化,点石成金,在字里行间发挥着独特的修辞功效。真可谓不是文字,胜似文字。难怪作家杜鹏程盛赞鲁迅作品"不仅文字是有生命的,连每个标点符号都是活生生的"(《日记摘录》)。鲁迅这种精湛的标点运用艺术,值得我们细细把玩。

鲁海漫谈

寻求拯救之路

——鲁迅研究专家后代、上海女作家黄向辉访谈录[1]

黄向辉[2]　黄乐琴

黄乐琴：你好，向辉！你创作的长篇小说《背着你飞越江河》收到那么长时间，才拿起拜读，家务事多是个原因，而对小说少了阅读欲望，则是另一个原因。但读了此书后，觉得这是一部接地气的新疆地域风情小说，充满诗情画意，值得细细品读。

黄向辉：非常感谢你在百忙中读我的小说。在这部小说中，我通过支边后代红玉的视角和成长史，来描绘当年怀抱理想，支援新疆建设的一代知识分子在新疆的生存体验和精神气质。事实上，小说中的男主人公唐涛是以我父亲黄川为原型的。20世纪50年代，父亲大学毕业后，为响应祖国号召来到新疆，成为新中国留在新疆的第一代汉族知识分子移民。

黄乐琴：我在读小说中就感到，唐涛有你父亲的影子。就我所知，你父亲黄川先生原是新疆鲁迅研究协会副会长，是一位鲁迅研究专家，鲁迅精神的积极传播者。从尴尬的青春期开始，你就体悟到父辈们书写着一次比一次更加深重的心灵灾难，旨在穿透生命不同层次的体验与感受。从认知、情感、心理到生理，他们似乎经过了一场生与死的锻造。你的小说让我了解到，你父亲黄川先生生前与新疆少数民族作家、翻译家一起研究鲁迅，他们的密切关系，构成了一段辉煌的新疆文学史。

黄向辉：至于我父亲与新疆少数民族作家、翻译家之间的友谊，对你来说可能以前并不熟悉。我也没想到，你会用这种审美视角来探讨我父亲以及我的小说。

黄乐琴：看完《背着你飞越江河》，我感觉很有分量，是值得一读的好小说，在这部只有25万字的小说中，包含了很丰富的内容，给我们的感动和启示是多方面的。尤其是在新疆，很多青年作家从你父亲那里淘过文学法宝，也从鲁迅身上寻找过文学的指南。在小说中，你描绘出主人公唐涛去看望维吾尔族鲁迅作品翻译家萨迪克时的一幅生动画面。“文革”中，唐涛听说萨迪克的鲁迅全集被人抢走后，就把自己的鲁迅全集送给萨迪克，后来和他一起筹建了鲁迅研究会，推荐他任会长。其中有一个情节特别生动，就是萨迪克的妻子对唐涛开的那句玩笑，意思是，下次去她家时，鲁迅的书么，就不要带了，羊肉么，一个羊腿，她见了高兴。

黄向辉：如果用新疆话来转述萨迪克的妻子这一朴实心愿，就更回味无穷了。小说中，唐涛的偶像最初是毛泽东，在五七干校接受改造中转向鲁迅，等到与新疆维吾尔族学者萨迪克相遇交谈后，他开始默默投身于新疆文化研究中，最终找到他后半生的精神皈依。萨迪克的形象其实是以维吾尔族鲁迅作品翻译家托乎提·巴克为原型的。他与我父亲之间的友谊与合作最为深厚长远。

黄乐琴：我感兴趣的是，回顾你父亲跟新疆少数民族文化工作者研讨鲁迅时，面对具体的语言交流时，你父亲是怎样克服语言障碍的？

黄向辉：噢，你也许不太了解新疆少数民族作家，他们都会说流利的汉语，并且能用双语创作。我记得，我父亲相继跟维吾尔族的达吾提、哈萨克族的居玛拜、塔吉克族的萨黛特、锡伯族的傅查新昌、回族的马雄福等少数民族作家进行过文学交流。父亲只是喜欢给予年轻作家热忱的帮助，衷心希望那些具有坚韧精神与批判能力的少数民族作家在文学思想上能够不断完善提升。有时父亲也会带我去拜访著名的少数民族作家和翻译家,有时邀请他们来我家做客。父亲和少数民族作家都曾希望我成为新一代鲁迅研究者,可是我个人偏爱用小说表现自己的情感。

黄乐琴:这意味着你是一个纯文学性的实在,和你父亲研究鲁迅的所谓实在,具有明显的差异性。此刻,我想问的是,那些生存说教、生活策略、英雄主义观念、文艺理论和文艺创作原则等,在你具体的小说创作中有什么样的位置?

黄向辉:对我而言,每个作家都有自己的成长经历,都带有作家独特的生命印记。从最初的小说创作开始,到最后的出版结束,始终存在一个对历史认知的思考过程。我喜欢从兴趣出发,围绕兴趣展开思考和面对问题。对我个人而言,不论外界如何变化,我始终坚守着自己的创作态度和情怀。说实话,挤在文学道上的受苦人很多,能修炼成正果的却极少。就像鲁迅说的那样,做一件事,无论大小,倘无恒心,是很不好的。

黄乐琴:你父亲的意义和影响,是存在于一种人格魅力里面。在那样穷困的年代,依然胸怀天下,此是真正的君子。我听说他总是在帮助别人,成就别人,甚至花自己的钱,帮别人出版文学作品。这是不是一种高贵的心灵姿态?

黄向辉:年轻时,我时常埋怨父亲,觉得他太实在,太容易吃亏。2007年,父亲在上海去世,许多人听说后都从天山南北汇聚到乌鲁木齐,自发地为父亲举行了一场沉痛不已的追思会。那时,我才真正感受到父亲的人格魅力。父亲在进行鲁迅研究时,不仅强烈感知到鲁迅的思想深度和精神力量,而且尽其所能地成为鲁迅思想的践行者。

黄乐琴:在某种意义上,文学探索和精神超越是不断扩延的,这就叫做作家的知性状态。你的这部小说有许多优处:首先是你写了很多复杂的关系,夫妇、家庭、朋友、单位、民族,写了很多矛盾，灵与肉、诗意与现实、留疆与留学等等，却能以自然、洗炼、流畅的笔触加以表现，不显冗杂，可见你谋篇布局的功力。

黄向辉：实际上，作家的知性状态有赖于开放性思维。知性含有前瞻性和主动性的意味，而信息则须经过知性的有效“过滤”，才有可能对状态进行维护和驱动。我在这方面缺乏娴熟的技巧，没能将许多琐碎的情节像肉瘤一样割去，留下不少水分。

黄乐琴：其次是源于现实生活，高于生活的真实。你写了老一辈单纯的理想主义与进疆后的艰辛和坚持，还写了前辈们缺衣少粮的贫乏生活、发小间的淘气、同桌间的情愫、考学的纠结和家庭的矛盾等等，让我们经历过那个时代，经历过人生的人都感到亲切并产生共鸣。

黄向辉：你解读得非常好！然而，读者在读这部小说时，切莫将我本人与小说中的红玉对等起来。红玉的原型不仅是一个人，而且是“边二代”一群人。他们生长在混血的新疆，他们的命运也与新疆的文化与政治环境息息相关。譬如，红玉两岁时，中苏边境战事紧张，她被父亲送回湖北乡下，与苦难相依为命。在新疆，许多“边二代”读过这部小说后，都会联想到自己幼年时，由于中苏边境惊一场的战事，被送到内地亲戚家寄养的一段心酸往事。

黄乐琴：只有读了你的长篇小说，了解了你的创作经历，才能深刻地理解这种写作态度。新疆是一个多元文化交融碰撞之域。你生于此、长于此，培育了开阔的视野，发散性的思维。你的父亲是位鲁迅研究专家，你耳濡目染，也形成了鲁迅的思维方式。对民族性、人性，对家庭婚姻的思考和批判是你着力所要表现的。

黄向辉：对于民族性，小说中的少数民族汉子巴腾特尔是具有符号般意义的人物形象。他热爱自身的民族和文化，但渴望吸收人类各民族的优秀文化。他学会用汉文字去歌颂本民族文化中的美，同时也暴露本民族文化中的丑，只为能用写作宣扬人类的爱与勇气。在同丑恶进行斗争中，他不惜付出血的代价。

黄乐琴:是的,巴腾特尔,这个寓意“奔跑”的少数民族汉子连累唐涛挨了月亮族人的一顿暴力之灾,几乎丧命。在病床上,唐涛给司法人员写下了鲁迅先生的诗词《题三义塔》,其中那句诗行“度尽劫波兄弟在,相逢一笑泯恩仇”可以说是穿越时空,颇有连接过去、承载当下和预示未来的“历史感”。对民族劣根性的批判,你是怀着悲悯的态度着力表现的。若无大爱,任狭隘的民族主义泛滥,只能使民族矛盾日益加剧,这是你所极为担忧的。

黄向辉:评论家张永禄说,这部长篇小说的价值被低估了。我想他可能联想到了近年各地发生的民族冲突和恐怖事件吧。我坚信,优秀的小说将永远怀着悲悯,不断寻找着一条拯救之路,并一直走到未来的尽头。

黄乐琴:在你的这部长篇小说中,父母辈的家庭状况有《幸福的家庭》的影子,在那个相对凝固的时代,个体的差异,个体的不完美,在相互摩擦、碰撞、包容中最终达到和谐。而到了儿女辈,社会的流动性带来了婚姻的不稳定性,在“快乐原则”的支配下,是追求诗意的也好,追求物质的也好,都缺乏了包容、智慧与耐心。

黄向辉:其实,现实生活是陌生的、坚硬的,充满了危险的陷阱。我们有理由认为,把某种阶段性的审美趣味放在一个更开阔的文化背景中表现出来,更具有时代感。我曾思考过,理性的最高点是否在于确认我们脚下的土地正在滑动?作为作家,我只知道这个世界上没有什么是一成不变的东西,变化是万物存在的基本理由。正如鲁迅先生所说,我吃的是草,挤出来的是牛奶,血。

黄乐琴:从凝固到流动,不仅表现在家庭模式的变化上,且在留守边疆还是飞出边疆上,我们也明显地看到两代人表现出的不同的价值观。这不仅是留守新疆还是飞出新疆的选择问题,而且也是对民族之根、文化之根的皈依与认同的问题。小说中多次出现的西城考古探索,表现西域的神秘之美、远古之美,正是强调文化是民族的血脉,文化的保存与发展是每个有良知的公民所要努力的。这即是该部小说史诗性的追求。

黄向辉：是的，您的目光非常敏锐，具有穿透力。这部小说触及了民族之根和文化之根的敏感神经，引发读者重新思考文化的融合、保存与发展的重要性。涉及民族文化，我也有许多困惑，也只能在困惑中不断修正和摸索。毕竟这是一部文学作品，作者应该避免禁锢在文化的束缚中，否则就会远离文学的本真与自然境地。

黄乐琴：如果说小说中对民族劣根性的批判与反思，带有鲁迅思想的相关命题，那么，你的人物形象与日常认识之间的差距，则隐藏了另一个可供分析的空间。你肯定明白，虔诚的祈祷并不能阻挡生活之中的种种厄运和磨难，惟一的策略是希望自己坚韧。因此，你在对人物性格的刻画上，在人际关系的描写上多了一些宽容与宽恕。

黄向辉：的确，活在今天不容易，我时常会感受到生存的压力，像风能有效地影响树的形态一样。在创作上，一个人内心的疯狂和出轨，最终被现实修剪得有规有矩，这也是一种尴尬和无奈的生存状态。就对民族劣根性的批判与反思而言，我们平时很容易区分体面的文学绅士和在现实中狼狈挣扎的精神斗士之间的差异，但在心理上极难显出那个"真我"。因此，在小说中，对生命的本真状态的辩护更为重要。尤其在面对当代日渐衰败的世道人心，我宁愿相信，在无法可视的内心世界隐藏着探寻救赎的可能性。显然，我试图通过小说内在的寓言式本质属性，赋予小说人物更多的宽容与宽恕，清除对客体世界的最后幻觉，不是在世俗世界上嬉戏虚假表现，而是在人性中尚未被控制的潜能深处重新发现自身。

黄乐琴：就此而言，由长江文艺出版社出版发行的《背着你飞越江河》，从自我想象中获得的创作冲动，是最真切、也最能体现你的一种生命体验，成为诱发你形成文学想象与小说创造的必要过程，这是词语永远都无法替代的。与之形成审美趣味对比的，则是你在小说中刻画出的人们的各种生存状态:有时或时尚,或涂炭的是你自己的生命经历,有时是从生命经历看到的众生百态。

黄向辉:就像鲁迅先生把经过高度浓缩的民族记忆,编织成丰富的意象单元,不仅直接指涉现实,更要成为一种未来的历史记忆,营造种族群像的记忆系统。鲁迅经常用被激愤变异了的文学意象,让人感受到他写作时的激愤心情。

黄乐琴:诚然,你对心灵灾难与人世浩劫的描写,也同样经得起端详与拷问,在勾起痛苦与厌恶的同时,也唤醒对生命的爱惜、悲悯与眷恋之情,使你的小说拥有了令人身心震荡的美学力量。你把自己对世界充满爱心的激情传达给他人,有效地开拓了人类美好属性的潜能。

黄向辉:对我个人来说,在类似激进的文学创作中,希望自己能以更加客观、开放性的视域看待生命,抛却各种泛神主义、霸权话语、意识形态等等遮蔽性的虚假表象,从纯粹生命本源出发,寻求最本真的精神诉求。

黄乐琴:在这个意义上,小说中三位与男主人公唐涛有关系的女性写的是比较别致。第一位是唐涛的妻子李钺,这是一位粗疏的,嗓门很大,缺乏女性魅力的角色,起初不被唐涛欣赏,但她最终以务实、善良、识大体赢得了唐的爱与敬重。这种特殊年代的高贵,其质往往胜于形。第二位是大学教师萧依依,这是一位灰色人物,在大学环境中,她的资历有先天的不足,但她凭姿色,凭欺骗获得教授资格,由此成了过街老鼠,也受伤成了瘸子。萧依依曾是编辑唐涛的一位作者,对唐涛也不无献媚。唐涛虽欣赏她的美色,但帮助出版她的小说,更主要的是看到此书的基础与价值。在萧陷入困顿时,又把她调入出版社的旅游杂志,做他的助手。在人尽其才的同时,又不忘随时敲打她。萧依依的收敛与转变,正显示了宽恕精神的感召力与感化力。第三位是唐涛的女儿红玉,她身上有唐涛追求诗意人生、追求人文精神、探索西域文化的遗风。但与父亲不同的是,她的追求浪漫,似是一种逃避,一种无根。这从她短短的一段失败的婚姻可见,从她与流浪者作家的一次恋情可见。这可能是红玉童年的精神创伤所致。但从小说中描写的新一代逃离家庭,远离西域的潮流中,可见无根之人正在趋多。

黄向辉:这三位女性都是典型人物。李钺算不上文化人,与文学艺术沾不上一点边,但在20世纪的五六十年代的新疆,像她这样的中专毕业生已经算是知识女性了。李钺和唐涛这两个无论是秉性、天赋和精神气质都迥然相异的人能结合为夫妻,可以说,生存环境的恶劣以及知识女性的稀缺是主要的促成因素。在新疆,父辈这一代知识分子移民的婚姻生活大都是这类模式:男性学者们全身心扑在学问上,文化层次低的妻子们包揽了全部家务,用最现实和朴素的方式成就丈夫的事业。萧依依也是我所熟悉的知识分子圈内常见的一种女性类型。在以男性占主体的文化圈内,一个学历低又想出人头地的女性,势必会遭遇更多的挫败,付出更大的代价。作为"边二代",红玉拥有更广阔,更充满诗意的心灵空间与自由。红玉遗传了父亲浪漫的精神气质,喜欢读书,热爱西域文化,但她厌倦背负在汉人身上沉重的功利锁链,欣赏少数民族生命中所散发出的原始的热烈激情。

另外,在人物塑造上,我觉得最遗憾的是,当时我把笔墨都放在描写父亲那一代知识分子的浪漫主义情怀上,而对人物性格中的软弱性和复杂性缺乏清醒的认识,因此,唐涛的形象缺少立体感。

黄乐琴:在当时的环境下,有多少知识分子能直面人生?能保持良知,不损人利己就不错了。但人物不必都写出复杂性,还是要看小说情节发展和主旨表现的需要。在那个特别的年代,惟有相邻的维吾尔族、俄罗斯族、汉族居民之间那种一个蛋、一颗糖之间的赠予,突显了真实的、平淡的,又不失温情的生活。书中有不少贫乏、粗鄙、纷争生活的描写,但在这些灰色图景的展示中往往会出现一抹亮色、一丝温情、一种美丽。俄罗斯贵族的气质与文明,文化学者的鲁迅研究,考古者的尼雅探险等,都让我们看到人类在困厄中的精神追求和相互扶持。

黄向辉:是的,在这点上,我认同评论家何雪英对这部小说的诠释:这是作者在文学上的一次精神返乡之旅。这是一次必须穿越半个多世纪的时空,同时还须背负着两代知识分子移民的生命和灵魂"重量"的旅程。我始终坚信,优秀的文学作品永远不会放弃真善美的追求,而能够拨动人心扉的真情与激情才称得上大美。至于叙事风格,我有意识地将中国传统古典诗词的语言与现代抒情长诗融合在一起,使得小说充满诗情画意。

黄乐琴:《背着你飞越江河》这部小说,是你五年前的作品,一问世就显示了较好的基础。在形式上,叙述与诗歌的穿插运用自如,诗歌往往在每一回合中起到归结与升华的作用。最近,我听说你还准备出版姐妹篇,建议姐妹篇可沿用叙事与诗歌相交错的手法。柏拉图提到过两类诗人,一类"凭技艺的规矩",一类"依诗神的驱遣",依"诗神的驱遣"能达到真理,也就是说,诗人们是神圣之神,凭诗神和美神的帮助,他们往往在其诗歌中能达到真理。你的小说似属后一类。如能在技艺上更凝练,更富美感,则更为完美了。

黄向辉:写这部小说时,我没有太多的焦虑。有时放弃也是一种收获。我虽然身在学院,却不甘始终被体制性的规定所束缚,可能因此显得有点超然。诗意的创作风格一定孕育于最简单、最率真的心灵世界。这部作品的力量恰恰来自于浪漫与激情对于艰辛生活的抵抗和超越。谢谢你的鼓励!我会继续在创作中向诗意致敬。

注释:

1 访谈地点:上海大学;访谈时间:2015 年 12 月 23 日。

2 黄向辉现供职于上海海事大学外国语学院。

东京周边:水户和横滨

陈力君

水户——此处或可明志寄哀思

从东京到仙台,路经水户车站。水户在幕府时代无论是二代藩主光国,九代藩主齐昭,都是有独立思想、敢作敢当的亲民的仁王形象。而水户文化精神的确立和发扬直接与明代遗民朱舜水有关。作为异国人,在日本国体会到本国前人在他国曾经有过的如此辉煌的人生经历,内心的感触良多也在情理之中了。若干年后,时空变换,意气奋发的青年周树人成为沉郁深邃的中年鲁迅,从希望中国从积弱积贫的弱国角色中摆脱出来的留日学生,到日益感受到沉重和压抑的现代知识分子,而与朱舜水相关的水户却深深镌刻在他的心目中了。

今天从东京到水户,在东京站乘坐北陆新干线,一个多小时就可到水户。在水户市,依然留有许多与朱舜水相关或受朱舜水传播的儒家思想影响而留存的处所或遗迹。

在水户,最大的,也是最有名的庭园为偕乐园,它是第九代藩主德川齐昭下令建造的。最初的功能是为了让在弘道馆修文习武的藩士们放松心情和品花赏月的场所。由于此地藩王的勤政爱民的品格,深受儒家“与民同乐”的文化思想,因此取名为“偕乐园”。另外,受朱舜水儒者的修身要求,在东京还建造了“后乐园”,寓意为“后天下之乐而乐”,遥相呼应。偕乐园中开得最盛的花是梅花，这是日本冬季赏梅的最佳去处，梅花的孤寒倔傲品格契应着中国文人的精神追求。能在日本得此推崇，不知是否与朱舜水有关系。偕乐园中，有赏梅的三层楼房，名为好文亭，据说藩主德川齐昭在此与文人墨客赏花赋诗，品尝弄乐。楼房边上一小木房，那是待合室，题名“何陋庵”。楼房边上还有一额匾，上面写着，“巧诈不如拙诚”，很明显，这些都是深受儒家思想的影响的反映了。离开偕乐园时，发现门口路边立着一块石碑，写着“大日本史完成之地”。朱舜水被邀请到水户后，就直接参与日本历史的编订，这种作为儒家文人的“立言”举措也是传统的一种表达。

朱舜水像

在1665年，第二代藩主德川光国从长崎将朱舜水邀请至江户（今为东京），使得德川光国在文化思想的指导下，更为清晰和确定地实践着儒家的文化思想。德川光国在复杂的历史背景中，以“尊王攘夷”的君臣关系确立了自己的政治思想，以地方政治领袖的施政能力，施展着个人的榜样魅力，在日本历史上留下了不少传奇轶闻。水户黄门成为日本民众心目中的明君清官的典型形象。

他的政治业绩和历史贡献与朱舜水在日本传播儒家精神间有着密切联系。德川光国也非常敬重朱舜水，在他过世后，将他的书全部刊行。为表达对朱舜水的敬意，他把朱舜水的墓地安排在自己家墓群中。

水户的德川家幕所在常陆太田，这是距离水户还有十几公里的小市镇。小站出来后，叫了辆计程车，十几分钟，在一条山路上，看到路边竖着石碑——“水户德川家墓所”。进入墓地有两道门，前面一道是镂空栅栏的铁门，后面一道是类似于神社构造的紧闭木门。看到的是此地绿树成荫，绿竹葱茏，感到非常悠然静谧。墓地周围围绕一人高的木板的围墙。顺着围墙往上走，发现坍塌的围墙有一个七八米宽的缺口，缺口处堆放着很多的碎石沙土。顺着路边树林的间隙朝里面看，墓群上面的石头或树立或倒塌，还有几处已经被整理过的建筑物。看来正在施工中。用蹩脚的日语问几个工人模样的人，才知道墓地正在整修，不让进去，他们一再强调危险。后来专程去工程事务所询问，但是被拒绝了，不能进去。只好回转了。

回程的路上，车子经过的地方，人很少，这是个很偏僻的小镇。鲁迅当年不曾来过此地，也不曾寻访过朱舜水的此处的墓地。他所说的这是“朱舜水客死的地方”也不是历史事实。朱舜水客死在东京，现在的东京大学校园还有他的纪念碑。可能是，在经过水户时，朱舜水作为明遗民的身份引发了深潜于内心深处的故国情感，以及朱舜水始终不忘故国，甚至取名为舜水的信念情感使他缅怀在心，才会在经年之后依然念念不忘了。再回到水户车站，看到的水户车站完全是个充满了现代商业气息的交通集散地。充满了现代建筑审美意识的玻璃外墙，宽阔的门厅，宽广的广场，还有外立面上的各种现代品牌，怎么都感觉不到它能引发鲁迅的那份无法释怀的情感。

焦虑与希望——面对现代化激情下的横滨

东京附近的横滨港在日本的现代化历史上扮演着传奇的角色。

1853年,美国人佩里率领四艘铸铁的“黑船”停泊在浦贺港,将63门大炮对准江户湾。这些冒着黑烟的装载雄厚军备的现代化军舰有着极大的威慑力。第二年春天,幕府自知实力不济,被迫签订了《日美亲善条约》,继而与其他西方国家签订通商条约,从此结束锁国政策。国家的危机加速了幕府政权的灭亡,此后开启的明治维新使日本走上现代化之路。随着国力增强,甲午海战后,日本打败了清政府的北洋舰队,并成功地晋升为东方强国。这一切都起始于神奈川县的渔村港口——横滨,日本接受西方文明迅速崛起的现代神话由此展开。

今天,从东京到横滨,不到一小时的地铁就可直达。在日本大通り站下车,出站后就站在横滨市的中心地带。一出站,就会发现具有欧洲风格的建筑鳞次栉比。那些大型的石柱,宽阔的门厅,高耸的屋顶,大面积的几何构图,夸张的雕刻和装饰显然迥别于东方审美观,更不见日本本土的和式印记。站在长长的日本大通り的街道上,能够强烈地感受到日本现代史上陡然崛起的强烈震撼,甚至有种强烈的被现代西方文明裹挟的强大气场。

开港后,英国,法国等西方国家分别在这里建立了自己的码头、领事馆等商业和军事建筑。而今,这些建筑物都被收归。经历了一百多年的社会变迁和地震等巨大的自然破坏,这些散发着异域风情的建筑染上了历史光晕,备具沧桑感。当年视为新潮和时尚的石材或者钢筋水泥土的楼房,不少被作为资料馆或者纪念馆等记载横滨历史的场所。步入横滨开港资料馆、横滨市开港纪念会馆、神奈川县立历史博物馆等场所,都不免地涌起思古之幽情。让人惊讶的是,在这些历史建筑物内部,忠实地保留着当时的历史纪录,不管是日本本土还是欧美国家。在原英国领事馆一楼的墙壁上,今天还留着英国人在萨英战争阵亡士兵的纪念铭板,与此铭板并排的是关东大地震的纪念铭板。

具有近代历史感的西洋建筑奠定了横滨市街建筑的基本风格,这种建筑物大量涌现完全覆盖了开港前的横滨古貌。置身其中,强烈的感受到西方异域文化在开港时将横滨的风貌瞬间定格。横滨主干道的大街上,后来建造的高楼大厦与具有历史感的开港建筑并派耸立,并无时代的区隔,反而凸显了开港时期建筑物的标识性作用。并且,有些后盖的楼房,仍然在尽力保留着这种横滨的历史意义和特殊的建筑元素和风格。缓步在人行道上,经常会发现,基座和下面的一两层还是老建筑物,而在此之上完全是现在的不同外立面,材料和风格的新建筑嫁接在一起。同一座建筑物中,完全不同,甚至审美上冲突的风格和样式就此简单缝合,你不得不佩服日本人的奇妙想象力了。这类建筑边上常有具体的原建筑物的年代说明。不断重复的建筑风格凸显了横滨城市历史的标记。这个城市一再强化着这一时期的历史记忆。这个海滨港口城市居然保留着几十座开港时风格的旧式建筑物,这种强烈的感觉不免让人想起同期被誉为“东方巴黎”的上海外滩。在 150 年的历史变迁中,许多建筑物也经历和承受了多种变故,即便因为战争,岁月和地震遭受巨大的破坏,在恢复过程中也总是努力保持原有风貌。

纪录开港历史和经历历史沧桑的另一集中地带当属横滨港。在港口,曾经修建了往水上长长延伸的防波堤,称作“象鼻”。这个充满想象的地带如今已经被开发成观光旅游区。隔着象鼻眺望,不远处就是大片的横滨红砖仓库,今天都被整修一新。一字排开的壮观的仓库显示着港口的当年辉煌的吞吐量,以及由此延伸出的对整个日本国的现代工业和商业的巨大辐射能力。另外,在新近的港口下面,还发现了一条轨道,它进一步佐证了日本社会快速发展期的巨大运输需求。当然,今天的横滨港有了新的发展,也有了新的建筑。驻足在此,最为强烈的印象依然是开港带来的巨大震动和由此而确立的时代标记。

横滨不仅意味着日本打开国门与西方沟通交流的开风气之先,而且也是中国侨民聚居地,甚至是近代中国政治文化变革的发源地。开港之初,日本与西方的贸易沟通,文化交往还需要中国人的翻译和协助。鉴于此,横滨聚集了大量的中国人,这是现在中华街的由来。中国近现代的不少重要历史人物都曾经在此展开各种政治和文化活动。孙中山在此先后住了七年之久,梁启超在这里创办发行《清议报》,苏曼殊也曾经在此出生就学……至今为止,横滨的中华街依然保留着鲜明的中国元素、中国风貌和中国特色。横滨中华街上有关帝庙,有妈祖庙,还有标榜为地道的中国各地小吃名店。它不仅在日本,甚至在世界华人圈子中有深厚的影响力。较之日本其他地区,横滨在中国人,尤其是日本华人心目中,具有更强烈的认同感和归属感。

1902 年,作为清国留学生的鲁迅在推崇新思想的知识分子俞明震引领下,乘着海船来到日本,登陆横滨港。此地正是逆转了日本国家命运和开启强国之路的新兴之地,四处洋溢着现代性激情。风华正茂的年轻鲁迅在强烈的撞击下,开始了他在日本长达 7 年之久的求知生涯。鲁迅对自己当时如何感受横滨,没有给后人留下文字资料。但在有限的踪迹追述中,他不止一次来过横滨。在散文《范爱农》中还记载着他当年来横滨接新来的中国留学生的经历。显然,鲁迅是认同横滨的新气象和新面貌的。在这里,开启了日本现代化的肇端,第一家报纸、第一座火车站……当他看到范爱农带的绣花鞋时连连摇头。横滨港是他来日本的第一站,是他步入东京的门户。鲁迅也是乘着这第一条铁轨到东京新桥。目睹了日本战胜强大俄国的事实,作为甲午战争中战败国的留学生身份的鲁迅在横滨,后从横滨出发的日本求学求知过程中,感受到强大的国族压力的焦虑。然而,从横滨扩展的整体日本国的崛起又让他萌生了无限的希望。这一直主导着他在日本基本心态。

今天,横滨开启的日本现代化神话成为历史景象,横滨港被开发为主题公园,横滨中华街作为旅游景点,曾经鼓荡的政治激情日渐消弭,鲁迅与其同期留日青年的焦虑和激情随逝去的历史消隐了。

福井藤野纪念馆

早上10点半从东京站出发,换了两次车,到福井时已是傍晚。又换了趟只在乡村运营的小列车,到了名为芦原的靠近日本海的边陲小镇,隔海相望的就是朝鲜半岛。冬天,正下着雨,丝丝寒意直侵肌骨。镇上人很少,非常宁静。在旅店放下行李,步行五分钟,就到了藤野先生纪念馆。纪念馆前面的小广场上矗立着鲁迅和藤野先生的塑像。藤野先生留着标志性的两撇小胡子,坐在椅子上。塑像鲁迅是个风华正茂的青年,立在老师身边,气宇轩昂。两人都平视前方,凝重肃穆,目光邈远,默默无语。雕像显示了塑像的作者对两人关系的想象和设定。他们的表情表明师生心心相印。塑像后面的纪念馆由两部分组成,前面部分是新添加的展厅,后面独幢二层楼房是由藤野先生的原住处翻新改建的,乌木瓦房,典型的日式建筑。临时管理员是个在宁波呆了好多年的中年日本男子。馆内除了他,没有游客。

推开日式推拉门,一个半环形的展室,面积不大,仅十多个平方米,正中并排摆放着鲁迅和藤野严九郎的两个半身铜像。这是展室最抢眼之处,也是展室的核心。分别由福井市芦原镇和中国的北京鲁迅博物馆提供。置放在此的藤野先生塑像神情平正可亲,目光温和,嘴角上翘,略带笑意。而鲁迅已经从门口清俊的青年成为饱经沧桑和深怀忧患的中年知识分子,面庞瘦削,短发硬挺,眼神凝重。从门前的广场到展厅,如此近距离的两对塑像,仅仅因为塑像的人物年龄不同，就像跨越了宽阔的历史时空，不仅让人唏嘘。广场上鲁迅和藤野先生塑像是两人相处时真实情境的回顾和想象，展室中的铜像则是两人留给后人的典型形象。这些塑像的叠加并置提供穿越时空的更为广阔背景，可以让观者尽情发挥联想。

藤野严九郎与鲁迅像

纪念馆内的陈设详尽且有条理。靠左边墙壁上被灯光照得通亮，通过大量的史料和文字说明介绍藤野先生的生平和事迹。内容主要由两部分构成，一部分是藤野先生的家世和生平。靠门边墙上的有藤野先生的家谱图示，清晰明确，一目了然，一如日本文化的惯有风格。另一部分是鲁迅与藤野先生的交往过程。其中追溯了藤野先生与鲁迅交往原因，甚至推演到藤野严九郎汉学老师野坂缘三郎的对藤野的影响。解释说由于对中华文化的感恩和敬仰，藤野先生对他适逢成为他学生的鲁迅尤为珍爱疼惜。这样的解释符合日本文化心理，可能中国人会觉得有些牵强。靠门的左边是书架，架上摆满了关于藤野先生的研究资料和研究论著。只从材料收集的齐全详备而言，就足见日本学风的细致入微的功夫。铜像背后则是三台可点击的屏幕，将藤野纪念馆的文字图像内容都输入其中了。这里充分利用了现代媒体，内容丰富又详尽。

连着展厅，就是藤野先生住过的旧屋。宅屋楼上的正厅是 8 坪，楼下的是 10 坪。楼梯也是典型的日式风格，非常陡，需要半扶半蹲才能上去。屋内陈设着都是木质的或是藤篾编的旧家具，站在稍显低矮的，散发着旧日气息的房屋中，可以通过想象复原当年房屋主人的生活场景和工作环境。所有的家具都是曾经用过的旧物，既有非常西方现代特征的产物，如收放机和电唱机，也有典型的日式风格的酒杯酒壶，其中最能代表主人身份的医药箱和医疗设备，非常齐全。藤野先生终身体现出来的悲悯心态也完全贴合他悬壶济世情怀，在这幽暗的房子里，它曾经是该地方的病苦的人们的希望和支撑。在楼梯的拐角处，还看到了传统的和服，上面赫然绣着藤野家的家徽。

出来的时候，天已经全暗了。周围还是寂寥无人。不远处汤屋冒着热气。

福井属于日本偏僻的小镇，藤野先生后来蛰居在家乡行医。他的中国学生鲁迅文化影响力将使默默无闻的乡村医生曾有过的人生经历得以彰显，并引入公众视野。后人从分析藤野先生性情中了解到医学教授的耿直和质朴，也了解到师生之谊的真挚和可贵。事实上，藤野先生知道自己被鲁迅深深缅怀，是在鲁迅过世之后，从他人对他记忆的强烈呼唤才慢慢获得当初交往的印象。自此,藤野先生成为象征性符号而获得永恒意义。驻足在地道的日本偏远小镇,感受紧接地气的医者形象,看到完全本土化的纪念馆设置,忽然觉得历史如此亲近又如此陌生。福井藤野纪念馆,在鲁迅书写的藤野先生形象和福井给出的藤井先生形象间,萌发出因时空的差异产生的恍惚。

子虎先生

庄月江

2006年10月1日晚上9点光景，我突然接到著名版画家可扬先生电话，他说刚到衢州，下榻国际大酒店。翌晨我匆匆赶去看望先生。先生93岁了，精神尚佳，比5月下旬我去上海探望他时硬朗多了。陪先生到衢州省亲的，是先生的女儿杨以平女士和女婿张子虎先生。子虎先生内向，话不多，我与可扬先生聊天时，他只喀嚓喀嚓地给我俩拍照。临别时，他送我一套他与儿子张飏拍摄的艺术照，名曰"二张法国照"，有圣母院、古堡、灯塔、长桥、街景、秋色等，很美。这是我与子虎先生首次见面。凭当时印象，我觉得他是个敬业的摄影家。

2006年(丙戌)小寒刚过，我收到可扬先生来信。我知道先生又给我寄新年贺卡来了。拆开信封，我大喜，竟是一头野猪和一头家猪——即将来临的丁亥年(2007)的丰厚年礼。这两头猪，是两枚"丁亥贺卡"。那头向前奔驰的野猪，流线型构图，除了两点眼白、一根獠牙、一只鼻圈镂空呈白色，全身漆黑。那笔直尖挺的鬃毛，那弯曲上翘的短尾，那前后伸展成弧形的四肢，都充满青春活力。猪体以直角朝上的正方形大红色块衬托，简练，明朗。猪的上方刻宋体字"丁亥大吉"，下方刻手写体字"新年好"。这是可扬先生的新作。那头拟人化了的家猪，穿着有2007年字号的短衫裤、正在欢快地昂首奔跑，在其上方和身后，刻着"新年要壮不要胖"的祝词，笔法朴拙、老辣。是子虎先生的作品。此时，我才意识到，子虎先生的版画亦很了得,不同凡响。此后每年,子虎先生都在年末岁初寄我自制贺卡,直至他因病逝世的2014年。我珍藏着他创作的从猪到马八枚有趣的生肖贺卡。每枚贺卡上,除了活泼可爱的卡通动物外,都有潇洒的书法。除了“新年要壮不要胖”,还有“不言生肖老大,要创更多第一”“实干:少吹年,不出丑,新春自勉”“虎头美好到虎尾”“我接虎兄班,兔年也斑烂”“功夫深,跃龙门”“金蛇舞,一年福”“马年呀,你慢些走”,表达子虎先生对生活的热爱和对友朋的祝愿。

2009年仲夏的一天,子虎打电话给我,说一位采风回沪的摄影家告诉他,在天目山麓於潜镇鹤村《民族日报》纪念馆里,看到过一块介绍可扬先生的展板。他决定和以平陪同岳父去看看,岳父已约好小他10岁的《民族日报》同人张白怀先生(张抗抗的父亲)在杭州汇合后同行,由他开车前往。

9月21日,可扬先生给我的信中写道:“我于日前偕女儿女婿去杭州探亲访友三四天,又去临安访问了七十年前在那边参加办报一年半的《民族日报》纪念馆……为了探亲访友的需要,我写了几条字幅,顺便送你一张留念。”不久,我在《浙江日报》副刊上看到了子虎的散文《鹤村纪行》。

我与子虎先生第二次见面,是2011年5月30日,即可扬先生部分骨灰在故乡遂昌县举淤口村安放暨“举淤口杨可扬文化公园”开园的前一天。子虎夫妇率上海美协、上海鲁迅纪念馆的代表到达后,简约地告诉我翌日的“仪程安排”,显得十分疲惫。我看得出,这几天为了操办岳父“回归故里”,他过度劳累,以致晚餐时滴酒未沾,很少说话。

我与子虎第三次见面,是2012年5月31日。这天上午我接到他电话,说和以平已在衢州,要到孔府看我并送我刚出版的《鹤鸣九皋——杨可扬画传》。

我与子虎夫妇在孔府花园喝茶聊天。他话仍然不多。倒是以平，告诉我这本图文并茂的大书《鹤鸣九皋——杨可扬画传》，署名虽是她，但花更多精力的，是子虎。她说："前年，父亲去世，作为女婿，他尽职尽力。从去年到今年，整整两年，为同我一起编写《鹤鸣九皋——杨可扬画传》，他充分发挥了他的才能。从到实地考察，拍摄照片，走访父亲的老朋友、老同事，查找资料，选材，文字把关，直到排版布局，都亲力亲为。他花的心血，只有我晓得。"

子虎先生为人处事非常低调。在岳父身边，是学生，是孝子；在妻子身边，是助手，是贤夫；在儿子身边，是良师，是慈父。

2015 年年初，我收到以平寄我的上海东方书画院出的"画师作品集"《张子虎》时，才知道子虎先生在书画领域造诣非凡，惜斯人已逝！而对子虎先生有全面的了解，则是同年 9 月初收到以平寄我的重达五六斤的《刀笔年华——张子虎美术作品集》。这本大开本的画册，是上海图书馆中国文化名人手稿馆首次为已故艺术家出版的个人画集。由此可见，子虎先生在上海美术界的"分两"。

从《刀笔年华——张子虎美术作品集》收入的作品分类"版画、藏书票、剪纸、国画、宣传画、书法、素描、速写、连环画、商标"等，就可以了解子虎是一位全能画家，不愧为中国美协会员和上海一级画师。

子虎先生是宁波人，1968 年毕业于上海工艺美术学校，1969 年参军，在成都军区当"文艺兵"。部队的培养和自己的努力，其美术禀赋如鱼得水，作品屡屡参加全军美展，并经常在《解放军报》上刊载。在部队里，"本来，他应该有一个非常不错的发展前途，但无奈父母年迈，家中无子。思想保守的宁波籍父母认为女儿是无论如何不能替代儿子的，身边一定要有一个儿子。因此，他选择了做一个孝子，忍痛告别部队，回到了上海。"[1] 其实，子虎还有三个弟兄，也都在外地工作。在那个特殊的年代，除了退伍的上海籍军人和分配到上海的大学生之外，在外地工作的上海人是极难调回上海的。

退伍后，他在上海徽章厂当过工人，被借到美术研究所当过技术员，调到上海工艺品展览公司做销售员，后又参与上海国际购物中心的筹建工作。子虎所从事的职业，有的与美术搭边，有的却"风马牛"。在进入东方书画院之前，他只是个"业余画家"。子虎兴趣非常广泛，音乐、阅读、写作、摄影、旅游、设计、绘画、书法、剪纸等，无所不爱，门门皆精。由于子虎是可扬先生的爱婿，他努力学习、承传可扬先生的版画艺术，成绩斐然。

（乙未霜降前一日成稿，丙申清明前三日改定）

注释

1 杨以平:《告慰》,《刀笔华年:张子虎美术作品集》,上海书画出版社 2015 年版,第 5 页。

回忆·资料

研究鲁迅是为了更好地纪念鲁迅、传播鲁迅

——庄钟庆教授谈厦门大学研究鲁迅在厦门的过去与现状

庄钟庆、葛涛、苏永延

受访人:庄钟庆(厦门大学中文系教授)

访问人:葛涛(北京鲁迅博物馆研究馆员)

记录人:苏永延(厦门大学中文系副教授、鲁迅纪念馆负责人员)

地　点:厦门大学鲁迅纪念馆

时　间:2014 年 10 月 29 日 9 时　11 时

鲁迅从 1926 年 9 月到 1927 年 1 月曾在厦门大学短暂任教。1949 年新中国建立之后,厦门大学为了纪念鲁迅,于 1952 年 10 月 19 日成立了鲁迅纪念室,厦门大学的一些学者也随之开始了鲁迅研究工作。"文革"后期,厦门大学鲁迅纪念室在 1976 年 9 月扩充,并正式改为鲁迅纪念馆。厦门大学中文系也因承担国家文物局交给人民文学出版社主持编辑出版的《鲁迅全集》中《两地书》和《汉文学史纲要》的注释工作,组织一批学者对"鲁迅在厦门"的创作与生活进行重点研究,并取得了一批重要的学术成果。自 20 世纪 80 年代以来,厦门大学以鲁迅纪念馆为依托,不仅发扬学术传统,继续对鲁迅在厦门时期的创作与生活进行深入的研究,也开辟出新的学术领域,关注鲁迅对东南亚华文文学的影响,陆续

取得了一批重要的学术研究成果。

厦门大学鲁迅纪念馆作为全国六家鲁迅纪念馆之一,也是唯一一所设立在大学中的鲁迅纪念馆,她的发展历程和厦门大学的鲁迅研究工作是相辅相成的:鲁迅纪念室及鲁迅纪念馆的成立,带动了厦门大学的一批学者开始从事鲁迅研究,特别是从事"鲁迅在厦门"的相关研究;而厦门大学学者的鲁迅研究成果又在很大程度上丰富和促进了鲁迅纪念馆的内容建设,并进一步推动了鲁迅在全国乃至东南亚国家的传播。为了全面了解厦门大学的鲁迅研究的历史和现状,国家社科基金 2014 年度一般项目"国内六家鲁迅纪念馆的历史和现状研究"课题组专访了《鲁迅全集》修订编辑委员会特聘委员、厦门大学鲁迅研究历史的资深学者庄钟庆教授。

葛涛问(以下标为"问"):2014 年国家社科基金课题申报指南中有"作家纪念馆与作家的传播关系研究",我作为北京鲁迅博物馆的研究人员,据此设计了"国内六家鲁迅纪念馆的历史和现状研究(1951—2016)"的课题,并获得了国家社科基金的立项。目前我们对北京、上海、绍兴这三个地方的鲁迅博物(纪念)馆了解得比较多,但是对厦门的鲁迅纪念馆的历史和现状了解得较少,对之进行研究没有多少把握,希望您能多介绍一下厦门鲁迅纪念馆的历史和现状。

庄钟庆(以下标为"答"):依我看来,鲁迅在厦门的贡献是巨大的,因学术界的探讨、传播不够,以致包括您在内的许多鲁迅研究者对厦门大学鲁迅纪念馆不甚了解,您能深入实际了解情况,相信会达到预期效果。

鲁迅纪念馆通常做法是展示鲁迅的两大部分。一部分是鲁迅的生平及贡献,另一部分是表现鲁迅的影响及其研究情况。厦门大学鲁迅纪念馆也是如此。有关前者的介绍,苏永延博士整理的《厦门大学纪念室(馆)大事纪要》可参阅。有关后者我想谈点看法，供您参考。

鲁迅离开厦门大学后直到新中国成立前这段期间，鲁迅给予当年及以后厦门大学的影响，都极为深远，因之系统地探讨与研究“鲁迅在厦门”的贡献及意义实属必要。

问：请介绍一下贵校在开展“鲁迅在厦门”研究方面的情况。

答：鲁迅当年在厦门大学任教与创作的成绩都是异常显著的，且对厦门大学有着深刻的影响，因之学校非常重视，提出应系统地探讨与研究“鲁迅在厦门”的方方面面。

自新中国建立以来，厦门大学开展“鲁迅在厦门”课题研究，粗略地说经历过三个阶段：20 世纪五六十年代为最初阶段，偏重了解与研究鲁迅在厦门的生活与工作情况；20 世纪 70 年代为第二阶段，着重探讨鲁迅在厦门的创作与论著的独特价值；第三阶段是 20 世纪 80 年代以来以至当今，主要是对鲁迅在厦门的研究进一步梳理并有许多新成果问世。

问：贵校研究鲁迅在厦门的生活与工作方面有哪些重要成果？

答：建国初期，著名作家徐霞村教授讲授《中国现代文学史》时，他在强调学习鲁迅精神与战斗经历的同时，也重视介绍鲁迅在厦门的创作与思想、生活。陈汝惠老师在《文艺报》（第四卷，第 11 期、12 期合订本，1953 年 10 月）发表《鲁迅先生在厦大》一文。

1952 年 10 月 19 日学校成立了鲁迅纪念室。之后至 1960 年间，我校老师关于鲁迅在厦门的研究专书及文章，不断问世，其中鲁迅先生的学生陈梦韶老师的“鲁迅在厦门”的研究成果最为突出，他出版了《鲁迅在厦门》（作家出版社 1954 年）一书，又在《厦大学报》（哲社版）发表了《鲁迅先生在厦门大学》（1956 年第 5 期），及在《长江文艺》发表了《鲁迅先生在闽南》（1956 年 10 月号）、《鲁迅在厦门的五次演讲》（《福建日报》1960 年 10 月 19 日）。

问：20 世纪 70 年代贵校在开展“鲁迅在厦门”研究方面做了哪些工作？

答:为了贯彻毛泽东同志关于“读点鲁迅”和有关鲁迅著作注释工作的指示,也为了纪念鲁迅诞生九十五周年、逝世四十周年以及厦大任教五十周年,我校中文系开展一系列研究、探讨“鲁迅在厦门”贡献的活动。例如 1976 年接受国家出版局的任务,注释鲁迅的《汉文学史纲要》《两地书》,前者由何建华、应锦襄、苏景昭等老师负责,后者由庄钟庆、庄明萱、任伟光等老师负责。还组织孙腾芳、许怀中等老师撰写《鲁迅在厦门》一书,该书由福建人民出版社 1976 年 9 月出版,修订本于 1978 年 10 月出版,作者均署名厦大中文系。

我校于 1976 年 10 月 12 日至 13 日举行鲁迅思想和著作学习讨论会、会议讨论了《汉文学史纲要》及《两地书》的注释初稿,提出了许多有益的修改意见,同时也对《鲁迅在厦门》的初版进行研讨。

参加这次鲁迅研讨会的代表共有省内外一百多位鲁迅研究的学者、专家,王瑶、唐弢先生也出席会议,并作了学术报告,阐释学习毛泽东同志关于鲁迅的论述,受到与会者的好评。

这次讨论会后,孙腾芳、许怀中老师在《福建日报》(1976 年 11 月 5 日)上发表了探讨鲁迅在厦门时期世界观变化的论文。

问:《两地书》的注释工作是怎样进行的?

答:先从厦门与广州两地进行有的放矢的调查研究,厦门部分着重了解与鲁迅相关的人和事,广州部分调查与许广平有关的材料。原始材料掌握后,编成两册,一册是有关广州材料,油印本;另一册是有关厦门材料,铅印本,即 1976 年 9 月以中文系名义出版的《鲁迅在厦门资料汇编》(第一辑,内部印行)。1977 年 11 月,鲁迅研究室出版的《鲁迅研究资料》第 2 辑(内部发行)选载了《鲁迅在厦门资料汇编》(第一辑)一书的部分资料,改题为《鲁迅在厦门资料选编》,署名福建厦门纺织厂工人学习鲁迅小组、厦门大学中文系《两地书》注释组。1976 年第 3、4 期合刊(10 月)《厦门大学学报·纪念鲁迅专刊》选刊《鲁迅在厦门资料汇编》(第一辑)部分材料,署名厦门纺织工人学习鲁迅著作小组、中文系1973级《两地书》注释组。

注释组的成员根据搜集的材料,按照辞条的要求,进行编撰,经过反复修改,形成了多种注释稿本,其中最为重要的是1977年7月人民文学出版社出版的"征求意见"本。

问:20世纪80年代以来贵校研究"鲁迅在厦门"方面取得许多新的成绩,希望能够介绍一下。

答:学校如同全国文化教育界一样非常重视学习与研究鲁迅。1981年9月19日厦大参加并主持福建省在我校召开的鲁迅诞辰一百周年纪念大会。为纪念鲁迅逝世50周年,福建省于1986年9月8日在厦门大学举行以"鲁迅与中外文化"为议题的学术讨论会。

1991年12月19日江泽民同志参观厦门大学鲁迅纪念馆,表明党和国家领导人一如既往地重视和发扬鲁迅精神。这对推动我校学习与研究鲁迅是有很大作用的。

我校于2005年重修鲁迅纪念馆。2006年4月2日至6日举办鲁迅国际学术讨论会,有三个议题:(一)"厦门时期的鲁迅";(二)"鲁迅与中国文化省思"。(三)"鲁迅研究的回顾与走向"。2009年中文系与北京鲁迅博物馆、日本东北大学联合举办"中、日视野下的鲁迅"国际学术讨论会。

我校学者关于"鲁迅在厦门"的研究,可以说是硕果累累。如:

(一)有关《两地书》、《汉文学史纲要》:《汉文学史纲要》及《两地书》的注释本定稿并于2005年由人民文学出版社分别收入《鲁迅全集》第九卷、第十一卷正式出版。不署注释者名字。《两地书(厦门——广州)集注》由庄钟庆、庄明萱编撰,厦门大学出版社2008年12月出版。

(二)有关鲁迅在厦门:《鲁迅在厦门》(鲁迅生平史料汇编·

第四辑)由陈梦韶、孙腾芳编写,天津人民出版社 1983 年 4 月出版。陈梦韶、陈元胜《绛洞花主》,厦门大学出版社 2005 年 1 月出版。

(三)有关鲁迅学术研讨会:《鲁迅与中外文化》福建省纪念鲁迅逝世 50 周年学术讨论会论文选编组编,万平近负责。厦门大学出版社 1987 年 7 月出版。《鲁迅:厦门与世界》由朱水涌、王烨编,厦门大学出版社 2008 年 6 月出版。

问:贵校在探讨与研究"鲁迅在厦门"方面有哪些值得重视的方面?

答:我想谈一点感想。我们在东南亚国家用华文出版过鲁迅研究著作,王士菁先生读后,来信肯定我们在"向海外华人"传播"鲁迅著作","取得了成绩",使他"获得一些鼓舞力量"(2009 年 9 月 28 日)。这是王先生对我们的鼓励,也是对我们的鞭策,不过也很惭愧,我们的有关书籍出版太少了,我觉得自己与周围熟悉的学者如我校老师及校友在向东南亚华人传播"鲁迅著作"方面,只是做了一些尝试,就以在东南亚出版的华文书籍来说,专题研究的有:《鲁迅杂文的现实主义衍变》(庄钟庆,2008 年)、《现代文学中的鲁迅文学传统》(苏永延,2006 年),还有鲁迅研究的方方面面,如万平近的《新文学比较研究》(2006 年)采用比较方法揭示鲁迅思想与创作的特色,郑楚的《新文学主潮论纲》(2006 年)论述鲁迅与新文学主潮关系,苏景昭的《中国现当代民族性的承继》(2008 年)用鲁迅精神观照中国当代文学。王丹红及郑楚的论著中都有专文论述东南亚华文文学与鲁迅关系。还有,向东南亚华人介绍鲁迅在厦门的研究成果,如陈天助的《茅盾与新文学精神》一书中专论鲁迅在厦门的文章。此外李城希还撰文谈鲁迅在东南亚的影响,曾留学东南亚国家的我系学者郭惠芬,则运用域外材料研究、传播鲁迅。

问:您对"鲁迅在厦门"方面的研究有些什么期望?

答:一,进一步研究厦门大学鲁迅纪念馆的馆史及特色。二,鲁迅在厦门的思想有哪几种看法,应加以厘清,以作进一步探讨。三,鲁迅在厦门的心境研究,以往曾有学者研究,近来又有专文论述,尚可以进一步探讨。四,鲁迅在厦门的著作,虽然成果不少,但还有进一步深入研究的空间,近年我系有的学者如对《汉文学史纲要》著文“检讨”,这说明从不同角度探索鲁迅在厦门的著作天地广阔。五,鲁迅在厦门的史实,还可以进一步考核。考核要有理有据。例如《鲁迅全集》、《两地书》(注释本,2005年版)认为《鼓浪》附《民钟日报》发行,1926年12月1日创刊,次年1月5日出至第六期停刊。据查应改为1926年1月1日创刊,1927年1月12日终刊。共出版七期。

本文是国家社科基金2014年度一般项目“国内六家鲁迅纪念馆的历史和现状研究(1951—2016)”[编号:14BZW104]的阶段性成果

附:厦门大学鲁迅纪念室(馆)大事纪要

苏永延整理

1952年

据了解厦门大学鲁迅纪念室是鲁迅先生的学生陈梦韶(陈敦仁)向中文系、学校建议,经学校批准后本年于10月19日成立。当时鲁迅纪念室只有集美楼二楼鲁迅故居和一间摆设着鲁迅著作及数件展品的陈列室。纪念室由学校、中文系领导,具体工作由中文系陈梦韶老师负责。

1954—1960年

鲁迅纪念室成立前,我校老师发表有关研究鲁迅在厦大的论著比较少,仅看到:陈汝惠在《文艺报》(卷四第11、12期合刊,1951年10月)发表《鲁迅先生在厦大》。鲁迅纪念室成立后,有关鲁迅在厦门活动的文章逐渐多起来，主要是陈梦韶撰写的。如在作家出版社（1954 年）出版《鲁迅在厦门》一书，还发表《鲁迅先生在厦门大学》（《厦大学报》[社哲]1956 年第 5 期）、《鲁迅先生在闽南》（《长江文艺》1956 年 10 月）、《鲁迅在厦门的五次演讲》（《福建日报》1960 年 10 月 19 日）。

1956 年

国家副主席宋庆龄为鲁迅纪念室题名即“鲁迅文物陈列室”，同年，全国人民代表大会常务委员会副委员长郭沫若也为纪念室题名，即“鲁迅纪念室”。

“鲁迅文物陈列室”与“鲁迅纪念室”于 20 世纪 50 年代镌刻成木匾。1976 年学校同意将“鲁迅纪念室”扩为“鲁迅纪念馆”时，林宗熙经校领导同意，借用郭沫若为北京鲁迅博物馆题字中的“馆”字换下“室”字，请厦门日报一位美编复制成现在厦门馆的馆牌。

1972 年

在全国学习鲁迅热潮中，原鲁迅纪念室的内容亟待补充。在校领导的支持下，何建华、苏景昭老师赴全国各地收集有关资料，并在全国各鲁迅纪念馆的帮助下，充实了许多图片、资料。

1976 年

“文革”开始后，孙腾芳老师负责鲁迅纪念室的工作。1973 年，任伟光毕业留校后，其工作由任伟光老师接任。因任伟光外出进修，1976 年至 1985 年改由林宗熙老师负责。

1976 年 9 月为纪念鲁迅诞生九十五周年、逝世四十周年及到厦大任教五十周年，在中共福建省委宣传部和校党委的重视下，将鲁迅纪念室扩为鲁迅纪念馆。此前，林宗熙老师在校系领导支持下，随上海电影制片厂赴全国各馆拍摄大型鲁迅纪录片，了解了各馆的版面展出中心亦即鲁迅各个时期的生平、思想、著作及重大历史事件有关资料，并获得各馆的支持，复制、收集带回大量相关图片、资料及文物复制品，由原来的一间资料室和鲁迅故居扩大到集美楼二楼整层6间。

当年筹扩鲁迅纪念馆时，陈列内容强化鲁迅生平、思想、著作与各个历史时期的联系，尽量增加与鲁迅在厦门有关的史料。其中有鲁迅在厦大任课的课程表，鲁迅为陈梦韶先生《绛洞公主》剧本所题《小引》以及上海鲁迅纪念馆提供的当年厦门大学师生挽留鲁迅致辞和送别照片。10月12—13日于厦大召开的“纪念鲁迅诞生九十五周年、逝世四十周年和到厦大任教五十周年大会”及系列活动期间，首次向来自全国各地与会者预展，唐弢、王瑶、等鲁迅研究专家参观后留下了宝贵意见，经过吸纳修改后才正式开放。

本年中文系接受国家出版局注释鲁迅《汉文学史纲要》及《两地书》任务，前者由何建华、应锦襄、苏景昭等老师负责，后者由庄钟庆、庄明萱、任伟光等老师负责。中文系还组织孙腾芳、许怀中等老师撰写《鲁迅在厦门》一书。

本年10月12日至13日中文系举行鲁迅思想和著作学习讨论会，省内外鲁迅专家、学者一百多人参加，赴会的专家唐弢、王瑶等，不仅为鲁迅馆布展提宝贵意见，还参加讨论《汉文学史纲要》《两地书》两书注释本初稿及《鲁迅在厦门》的初版。

《鲁迅在厦门》作者署名厦门大学中文系，福建人民出版社，本年9月出版；修订本1978年10月出版。

《鲁迅在厦门资料汇编》（《两地书》注释资料）第一辑，作者署名中文系，1976年9月出版，内部发行。《鲁迅研究资料》（第二辑）（1976年11月、内部发行）以《鲁迅在厦门资料选编》为题选篇刊出，作者署名厦门纺织厂、厦大中文系。《厦门大学学报·纪念鲁迅专刊》，1976年3、4期合刊以《鲁迅在厦门资料汇编》（内部刊物）为题选登了《鲁迅在厦门资料汇编》一书若干篇，作者署名鲁迅纺织厂工人学习鲁迅著作小组、中文系《两地书》注释组

1973级。

1977年

《两地书》、《汉文学史纲要》(注释征求意见本),本年由人民文学出版社内部出版。

1981年

本年为迎接厦大校庆六十周年和鲁迅诞生一百周年,再次对鲁迅纪念馆进行版面、陈列内容修改扩充;省委宣传部、厦门市委决定将鲁迅纪念馆列为厦门市外事接待单位之一。

鲁迅纪念馆再次进行版面、展品内容修改与整顿,其中较大的变化是鲁迅故居摆设,不仅参考了当年孙伏园与张颐的回忆材料,而且也根据鲁迅致许广平书信的手稿作了调整,纪念馆还将鲁迅在厦门的史迹专辟一室,成为有别于各馆的特色。

此外还增加了1978年征集到当年厦大地下党负责人罗扬才参加青年学生送别鲁迅照片(原件),有鲁迅逝世后由时任中华中学教导主任高云览为大会主席、马寒冰、苏节等进步人士为组委的"厦门市文化界追悼鲁迅先生大会"专刊及大会派发的纪念品复制件,福建闽南漳、泉各地进步文化界团体悼念鲁迅活动的资料、图片复制件。当年寄给许广平有六十几幅挽联,其中厦大学生会(以全体学生名义)、厦大中国文学会、厦门双十中学学生自治会、厦门鹭潮文学研究社、鼓浪屿英华中学等敬送的七幅与厦门有关的挽联,在许广平精心保护下得以保存下来,在上海馆虞积华、史伯英两同志的支持下复制。

电视文献纪录片《鲁迅在厦门》,脚本由林宗熙撰写,福建电视台拍摄,并于1981年9月25日播出,中央电视台、厦门电视台作了转播。

1983年

陈梦韶、孙腾芳编写的《鲁迅在厦门》(《鲁迅生平史料汇编·第四辑》)天津人民出版社本年4月出版。

1985 年

林宗熙离开鲁迅纪念馆，以后纪念馆先后由柯文溥、任伟光、苏景昭、王诺、唐琰、苏永延等老师负责。

1987 年

为纪念鲁迅逝世 50 周年，厦门大学与福建省文联、福建省社科联、福建师大、福建省社科院等单位于 1986 年 9 月 8 日至 13 日在厦门大学举行鲁迅与中外文化研讨会，会后出版论文集《鲁迅与中外文化》，具体工作由万平近老师负责，厦门大学出版社于本年 7 月出版。

1991 年

中共中央总书记、国家主席江泽民于本年 12 月 19 日参观鲁迅纪念馆。

2005 年

《绛洞花主》陈梦韶、陈元胜著，厦门大学出版社本年 1 月出版。

《汉文学史纲要》《两地书》两书注释本，2005 年由人民文学出版社分别收入《鲁迅全集》第九卷、第十一卷正式出版，不署注者名字。

2006 年

本年为迎接厦大校庆八十五周年，鲁迅纪念馆重新装修，并举行剪彩仪式，周海婴出席。

4 月 3 日，鲁迅纪念馆重修开馆仪式暨鲁迅国际学术研讨会召开。本年 4 月 3 日至 5 日，举行厦门大学“鲁迅国际学术研讨会”。会议论文集《鲁迅：厦门与世界》朱水涌、王烨主编，厦门大学出版社 2008 年 6 月出版。

2008 年

《两地书》（厦门——广州）集注，庄钟庆、庄明萱编撰，厦门大学出版社本年 12 月出版。

我系有关鲁迅在厦门的研究著述已在国内引起反响,且在走向国外,例如东南亚国家用华文出版我校老师及校友研究鲁迅的著作,受到好评。

2009 年

9 月 23 日至 26 日,中文系与日本东北大学、北京鲁迅博物馆联合主办的“中、日视野下的鲁迅”国际学术研讨会举行。同年 9 月,举办全国鲁迅馆馆际交流会。

2011 年

因集美楼屋顶翻修,鲁迅纪念馆闭馆一年。2012 年 4 月,恢复 2006 年的展馆布置,并重新开馆。

参考文献:

1 林宗熙:《从鲁迅纪念室到鲁迅纪念馆》,《文缘:——我与厦门大学中文系(厦门大学中文系 90 周年系庆纪念文集 1921—2011)》,厦门大学中文系编印,2011 年。

2 林宗熙:《在鲁迅纪念馆工作的日子里》,《厦大校友通讯》2001 年第 2 期。

3 林宗熙:《鲁迅在厦大故居摆设的辨考》,《厦门大学学报》1982 年文学专号。

4 《庄钟庆教授谈厦门大学研究鲁迅在厦门的过去与现状》(未刊稿)。

化雨春风忆前贤

——追述我与唐弢先生的书信交往

谷兴云

1975 至 1979 年间，作为鲁迅著作爱好者，我利用课余时间，编过《新发现的鲁迅作品及书简》《鲁迅诗歌研究》（上、下册）等资料性图书，由安徽师范大学阜阳分校图书馆，或该校中文系与中共阜阳市委宣传部鲁迅作品学习小组，内部印行，供教学与研究参考。（编资料实际是个人行为，“挂靠”于单位印成书。）其间，得到我大学时代老师钟敬文、启功等先生，以及鲁迅研究方面的著名学者，如李何林、唐弢等前辈的关注与指导：有当面请教，更多是频繁通信。几十年后，先师与前辈们的面谈指教，依然铭感于心，而捧读前贤手泽，不啻为重温老一辈专家的学术教诲，再次感受其治学精神，至今不失教育意义。本文要追记的，是再读唐弢先生为支持编印资料写给我的信而想起的往事。（《鲁迅研究月刊》曾刊登启事，征集唐弢书信。这里写到并引录的几封，在《唐弢文集》1995 年出版时，未来得及收入。）今日忆述前尘旧事，或可供新时代研究者及读者参考。

一

我与唐弢先生通信，始于 40 多年前的 1975 年。时当那年秋季，我正被安徽阜阳新创办的安徽师范大学分校，从所任教的阜阳一中，临时（大约一年有余）借调到分校图书馆，做图书采购及资料编印工作。

那一年,在学术领域乃至在全国政治生活中发生一件影响深远的事情:广州中山大学图书馆,在协助该校中文系重新注释鲁迅《而已集》查阅资料的过程中,从馆藏1927年5月5日广州出版的《国民新闻》副刊《新出路》上,发现一篇题为《庆祝沪宁克复的那一边》的杂文,署名鲁迅。此文,未编入鲁迅的杂文集,1973年版及以前各版《鲁迅全集》未收,鲁迅书简及日记也未提及此事。《中山大学学报》(哲学社会科学版)1975年第3期上,发表了这篇佚文,并加《编者附记》。同期学报,配发有研究文章《在革命的道路上不断"进击"——读鲁迅佚文〈庆祝沪宁克复的那一边〉》(署名中山大学中文系《而已集》注释小组)。

当时,正处于"文化大革命"结束前的末期,"反击右倾翻案风""把无产阶级文化大革命进行到底"的口号,响彻全国。鲁迅佚文倡导的"永远进击"精神,正可以被利用。于是,以《人民日报》《红旗》杂志为导向,各地报刊、各大学学报,纷纷予以转载。在鲁迅研究界,许多专家、学者也进行了相关学术研究,发表文章。因而,我为安徽师大阜阳分校图书馆所编《新发现的鲁迅作品及书简》,首先收入鲁迅这篇佚文,选录了若干篇有关报刊、学报的文章及资料。同时,为了进一步研究与讨论相关问题,还约请李何林、钟敬文等前辈学者发表意见,或专门撰文,充实内容。

正是在这种情况下,我写信给鲁迅研究专家唐弢先生,以及别的学者,向他们请教对有关佚文几问题的看法。时间大约在1975年10月中下旬。

不久,就收到唐先生的复函。这一寄一复,成为我与唐弢先生通信的开始。其复信全文如下:

兴云同志:

手书及惠赐各书收到,谢谢。我因天气变化,心脏病又发，因是迟复，至乞勿罪。提出的问题，简单奉答于后：

1. 我以为那篇文章确实是鲁迅的作品，无可置疑。发表时广州革命斗争激烈，而鲁迅正忙于向中大退回聘书，且时时有人窥伺，行动颇受限制，所以未能见到，也没有收集。

2. 此点可以就各人不同领会，进行分析，但意义肯定是很大的。有人认为这是鲁迅思想发展的里程碑，我觉得这种提法却可以考虑。鲁迅自说 1927 年广州的"血的教训"，使他思想发生了质变，这是肯定无疑的。不发现这篇文章，也要这样认识，发现了这篇文章，自然可以进一步获得佐证。

3. 已在第二题中说明。

鲁迅写的杂文，有些篇什确有代表意义，十分重要。文章一般都较为短小。我个人认为要分析鲁迅思想发展的道路，当从一个时期的杂文作全面考察，不要根据一两篇文章便下判断，较为可靠。

匆复，即致

敬礼

唐弢(19)75、11、4.

这封信，是唐弢《鲁迅论集》(文学艺术出版社 1991 年版)与《唐弢文集》(社会科学文献出版社 1995 年版)第 7 卷所收《关于〈庆祝沪宁克复的那一边〉》一信的原始复函。不过，收录入书的，已经文字修改，并增加许多内容，篇幅扩大好几倍，成为书信体论文(资料)，而不再是一般书信。

复信开头说的"惠赐各书"，是我随信寄赠唐先生的几种资料，包括：大学同学王德厚(后改"王得后"，署名王汉元)辑录的《鲁迅谈自己的作品》(经我推荐并操办，阜阳分校图书馆印行的内部资料)，我编的学习鲁迅的参考小册子《读点鲁迅》第 1 辑等。信中第 1 段所说"提出的问题"，是我写信请教的问题，依序大致为:佚文的真实性和未曾收集的原因、佚文的重要性和现实意义、关于佚文标志着鲁迅思想的飞跃问题,等。第二段说的"那篇文章",即广州中山大学发现的鲁迅佚文《庆祝沪宁克复的那一边》。

阅读上引唐先生写于11月4日的复函,感到信中表达的见解,对研究新发现的鲁迅佚文,很有参考意义,当即考虑予以摘录,且与其他学者的复函,一并编入《新发现的鲁迅作品及书简》。于是,再写信求询唐先生:是否同意我们的想法与做法。很快,唐先生寄来第2封复信,写信时间是12月23日。大意为:

> 我上次奉告各点,究竟说了些什么,因为随问随答,没有通过仔细思考核对,此刻一点都记不起来了。这类问答,作为收信人进一步研究查对的线索则可,作为材料印出来,则大可不必。至于写文章,一来健康不许可,二则近来约稿人太多(学部本身就有三个刊物,我一个也无法应命),写了,就将一发而不可收,势将困死。
>
> 如一定要将信件摘录,最好将抽录部分寄给我看一看。以明慎重,免误他人。

信中提到的"奉告各点",指11月4日复函所写三点意见。所说"学部",指唐弢先生当时所在的中国科学院哲学社会科学部(简称"学部",即今日中国社会科学院的前身)。"三个刊物",可能指《中国社会科学》《文学评论》及文学研究所的内部通讯等刊物。至于"将信件摘录",说的是,如征得唐先生同意,即摘录11月4日信的内容。

稍后,我第三次写信,寄请唐先生审定摘录件。这次,唐先生又及时作复,并补充修改了原信内容与文字,即下函及抄件。

二

时序已是1976年,1月15日,唐先生在第三次回复的信中,写道:

> 来信及赐寄材料,收到谢谢。
>
> 我身体仍然不佳,兼以总理逝世,心境恶劣,健康有每下愈况之势。这里的工作又非常忙,头绪极多,和我直接有关的刊物有四个,一篇文章也写不出来,自己订的研究计划,拖了半年,尚未开始,心里燥急非常。写稿的事,无法应命,只就来信所附抄件,改了几字,并另插入一段,敷衍塞责,乞谅!

唐先生此次复信,寄回了经其审定的摘抄原信的附件。所寄审定件,对原信第1个问题的回答,做了字句增改,另加写一段。对第二个问题的回答,改了一句。

信中所说"赐寄材料",是我随信新寄赠的什么材料,已忘记是何物。"所附抄件",指唐先生11月4日复函的摘录件。"改了几字",包括:对第1问的回答,增改为:"……确实是鲁迅的作品,无可置疑。其所以能够发表,实因'四·一五'后,广州革命斗争激烈,工人运动三起三落,情况十分复杂。鲁迅正忙于营救被捕学生,向中大退回聘书……"对第二问的回答,原"我觉得这种提法却可以考虑"句,改为"我觉得单独这样提可以考虑"。

所说"另插入一段",是原对第一问的回答,加入下面一段话(在抄件边粘贴纸条):

> "经过初步调查研究,这篇稿子是由笔名'尸一'的梁式组去的。梁式是岭南大学学生,和当时国民党左派之一甘乃光(受廖仲恺的重视,著有《孙中山与列宁》一书)是同学。甘

乃光任国民新闻社社长。他要梁式采访有关鲁迅的新闻,梁式便常到中山大学访问鲁迅,多次出现于鲁迅日记。梁编《新时代》副刊,刊名曾征求鲁迅意见,鲁迅也曾寄过稿。'四·一五'大屠杀后,梁式随甘乃光去职。但甘乃光在广州尚有一部分势力,以后才受右派拉拢同化。梁式原编的《新时代》改名为《新出路》,鲁迅的稿子是存稿。梁式后来追随汪精卫一派,抗日战争时堕落为汉奸。"

我根据唐先生1月15日寄回的审定稿,编排好以后,送印刷厂排出清样,再寄请唐先生审阅。其时,已经过去几个月。这次去信,附寄了一页"毛泽东谈鲁迅"的抄件,请求订正。下面是1976年7月2日唐先生的回复、订正及说明。

来信收到,清样看了,改了几个字。

主席的指示,因为我也不是听正式传达,肯定记录与原话有出入,请勿外传。我想不到已经传出去了。那时(是)我在学部党内18级以上干部学习文件时讲的,不是报告。我没有底稿,也未曾写提纲,只是随便发言。

我的身体仍不好,主要是杂务太多,正式任务却反而搁到一边去了。也许这样下去,把生命耗尽了,什么事情都做不出来。那将是一个悲剧,至少对我来说是这样。

我现在每天工作十二小时以上,效果却差得很,心脏病还在其次,主要是体力太亏,支撑不了……

信中说的"清样",是以"唐弢同志、牛维鼎同志关于《庆祝沪宁克复的那一边》的复函"为文章标题,排出的清样。牛维鼎(1922—1987),安徽阜阳人,时任安徽劳动大学中文系主任及该校鲁迅研究室主任,我中学时代的老师。

所说“主席的指示”等等，情况是：这期间，我收到一份北京同学（在学部文学研究所工作）寄来的“毛泽东谈鲁迅”的记录稿，据告，是唐弢先生在中国科学院哲学社会科学部干部会议上传达的。因此去信中附上记录稿抄件，请求订正。

唐先生寄回的订正“主席的指示”抄件，内容如下：

> 1970年谈批陈整风时主席说：“共产党员都要学一点鲁迅的杂文，不读不行，有人说鲁迅的杂文读不懂，下苦功弄懂它嘛。我也是读了两三遍才读懂的。譬如说，《在现代中国的孔夫子》，不仅批判了孔丘，而且也批判了假马克思主义。”“鲁迅的杂文是阶级斗争的经验总结，中国如果有圣人的话，不是孔丘，而是鲁迅。”
>
> 在“九一三”事件发生后主席说：“你们如果要知道林陈反党集团的阴谋诡计，必须读一读鲁迅的《〈伪自由书〉后记》。”
>
> 主席介绍了鲁迅先生曾经介绍过的一本书《何典》。引用了其中一句话批判林彪反党集团。这部书有两个特点：①反孔的；②书中有许多苏州、无锡、常州一带的方言土语，是用得好的。如，“药医不死病，死病无药医”，“说嘴郎中无好药”，“一双空手见阎王”。

三

《唐弢同志、牛维鼎同志关于〈庆祝沪宁克复的那一边〉的复函》是所编《新发现的鲁迅作品及书简》新约稿（6篇）部分中的一篇。1976年6月，书稿排印装订完毕，将样书分寄作者及有关同志审看，却引起钟敬文与唐弢二位先生的一次学术论辩。经过是，敬文师认为唐信关于甘乃光的评价（“国民党左派之一”）不妥，唐先生则觉得钟师文章中的“树的党”，写法有误。他们先后有信寄来，由我向对方转达（钟先生也直接寄信给唐先生）。书来信往，往返几次。这种小范围争论,我觉得很有意义。经两位先生同意,确定辑印在一起,供读者参考。另外,戈宝权、单演义等先生,也来信对样书中文章的个别失误,进行纠正。于是,就把钟、唐的论争函及戈信、单信,予以摘录,合印成一份"《新发现的鲁迅作品及书简》增补页",准备夹入尚未发出的成书中。这年秋天,增补页排出清样,分寄4位先生审订。

唐先生于1976年12月初,因唐山地震而离京赴南方休养并讲学数月,刚回到北京。看到我的信及增补页清样,当即(12月6日)回复,称:

> 自外地回京后,旧病复发,每晚必有绞痛,又遇地震预报,"不安于室",弄得狼狈之至。
>
> 案头积信盈尺,包括你的来信在内,我已记不清复了没有?因为10月15日、11月2日两次地震,把我的书籍、信件都搞乱了,分不清已复、未复界限。来信问到"先此曾有信寄上,不知递到吗?"看来我没有复,糟糕得很。12月3日信刚到,现在立刻写几句,以补前愆。
>
> 我对你的更正勘误处理,完全同意,并认为这样做不仅很好,而且严肃得很。小样附上,没有改动,惟戈宝权信中有一处"猜"字误排"请",我用红铅笔更正了,请洽。书等更正勘误一起寄甚好。

唐先生此次复信,主要谈对所寄"增补页"清样的审阅意见。所说"更正勘误处理",就是:将先师钟敬文与唐先生关于甘乃光及"树的党"的学术通信,以及戈宝权、单演义两位前辈学者针对样书中个别问题的来信,合印为"增补页"的做法。"小样",即"增补页"的清样。"戈宝权信",指"增补页"中戈宝权先生的来信(摘录)。"一起寄",是将《新发现的鲁迅作品及书简》与"增补页”（夹在底封内）同时寄赠作者，以及向阜阳分校图书馆预订此书的单位、读者。

至此，由《新发现》一书引起的我与唐先生的通信，大体结束。但，来往还在继续。

《新发现的鲁迅作品及书简》的事务结束后，在敬文师提议并指导下，我随即着手编《鲁迅诗歌研究》一书。为此，于1977年2月、5月，两次写信向唐先生约稿。唐先生可能因病未复。7月7日，寄去一份唐弢《毛主席亲书鲁迅诗》（原载1961年10月29日《光明日报》）的抄件，请求订正，并问询可否收在《鲁迅诗歌研究》中。唐先生15日回复道：

> 两信均收到，我因一直患病，迟复勿罪。
>
> 对于诗歌，我外行得很，不敢置喙。近来精力更差，组织上也希望我排除一切，专心写传，不予外事。垂老多病，尚乞见谅。
>
> 拙文我无底稿或剪报，最好是不登载。因你已抄示，改动原意不好，有几处是显然错误，有几处则连我本人也莫名其妙，无底可查，只能勉强将文词改通顺一点。附还。
>
> 《鲁迅研究资料》第一辑确已出。但仅印6万，不够应付（新华书店要12万）。所以控制得很紧。总的由文物局作主，鲁研室只收到几千册（听说以后全由新华或文物出版社经手）。顾问每人二本，作者准买10本。我的已一抢而光。好在你来信早，特为留一本，另邮挂号寄上。鲁研室谁要买，都由李何林同志亲自批。据说只供给研究单位，此事极奇，我无法说话。所以以后希望由学校出面与鲁研室联系，否则有落空之虞。

信中说的“两信均收到”，指我2月、5月写的信。“专心写传”的“传”，是唐弢著《鲁迅传》，生前未及完成。“诗歌”，即鲁迅诗歌。“拙文”，系其已刊《毛主席亲书鲁迅诗》。此文的抄录件，经唐先生审订，编入《鲁迅诗歌研究》上册。《鲁迅研究资料》第一辑，鲁迅博物馆鲁迅研究室编，文物出版社 1976 年 10 月出版，内部发行。

唐弢先生没有专门为《鲁迅诗歌研究》一书撰稿，只在 1977 年 9 月出版的《鲁迅诗歌研究》（上册）中，收入经其订正的十几年前的已刊文《毛主席亲书鲁迅诗》。我为编印资料而与唐先生的通信往来，到此大致终了。此书上册、下册的样书、赠书，都先后寄奉给了唐先生。

嗣后，为另一件事，曾与唐先生书信往还，就是求赠其在福建讲学的记录稿。有关信息的来源，已经忘记，但写信求赠是确实的，有回信为证：

兴云同志：

来信收到。知书已收到，甚慰。我近日又发病，附稿目前无法看，以后稍好，也将摆脱社会工作，专门从事自己已订的计划。组织上已多次要我谢绝外间社会联系，不得已，将原件奉还，乞谅。

那篇外地讲稿，我手头已被人要完，没有誊稿。此讲话错误百出，可以不看，其中有一文谈思想发展的，福建师大学报将刊登，但也不是我的修改稿，只是改正了几个错字。

匆复，即致

敬礼

唐弢 (19)77、8、3.

何其芳同志于 7 月 24 日逝世，组织上要我努力排除社会工作。

唐先生这封信,除回复我的请求外,还谈及身体与当时的研究工作。信中提到的“知书已收到”的“书”,是唐先生所赠《鲁迅研究资料(一)》。“附稿”,是去信所附请求审阅的文稿,已忘记是何人的何稿。“那篇外地讲稿”事,指向唐先生求索其在厦门、福州讲学的记录稿(校印件)。“福建师大学报将刊登”,《福建师范大学学报》(哲学社会科学版)1977 年 3 期发表唐弢《关于鲁迅思想发展的问题》。题下编者说明:“1976 年 10 月 28 日在我校中文系师生座谈会上的发言。记录稿,经本人审阅做了某些修改。”按,此文不见于唐弢各论文集及文集。

再后,大约在 1978 年 5 月、6 月,还通过两次信,是请教关于鲁迅《三月的租界》中“有人”是谁,以及周扬对萧军《八月的乡村》的态度如何等问题,唐先生均据所知,认真给予解答。这些,无涉编印资料与约稿,在此不再一一引录与记述。

以上,是从 1975 年 10 月起,以后几年间,我与唐弢先生通信的大致经过:只是书信交往,未曾见过面。首次登门拜访(也是仅有的一次),即,赴北京建国门外永安南里(中国社科院老学者居住区)唐府,看望先生,是在 1979 年春节期间。那时为个人事赴京,羁留近 50 天,得缘拜访多位前辈学者,并请题词留念。

在唐先生府上,如愿拜识久仰的鲁研专家风范,并奉上 1977 年 5 月上海人民版《鲁迅(图片集)》,作为见面礼。先生亲切接见,热情谈话(多说编印鲁研资料诸事),且回赠一本图册,在我准备的纪念本上题写了:“忽报长空坠将星,浩歌归去早忘形;千秋若与论忠宄,一样丹心照汗青。上悼陈毅同志诗四首之一,录请兴云同志留念　唐弢　一九七九年二月”

后来,1982 年夏在烟台“全国鲁迅研究讲习班”(唐先生是讲师之一),1985 年春在北京鲁迅博物馆(迎请馆长李何林先生与王得后同志,到阜阳师范学院讲学),或听讲,或邂逅,我又见过唐先生,但均未加烦扰。

如今,重读遗札,回首往事,想起鲁迅诗句:“横眉冷对千夫指,俯首甘为孺子牛。”唐弢先生曾撰文指出,人们对鲁迅“俯首甘为”一面,“谈得太少了”。从唐弢先生对我工作的支持与帮助,深深体验到具体实际的“俯首甘为孺子牛”精神。

名人书简一束(四)

裘士雄

林辰书简(四封)

一、1983年12月8日

士雄同志:

八一年在北京、杭州两地晤面之后,已有两年多不见了。收到十月八日来信,非常高兴。我十月初患病,大函由鲁迅博物馆转到时,我正在病院中,出院后在家继续治疗,尚未痊愈,因此,没有及时给您复信,深感歉疚。尚希赐谅!

你们正编注《孙氏兄弟谈鲁迅》,这是一个有意义的工作。我和孙伏园先生很熟,他生前曾托我给他编一个集子,因事迄未编就;春台先生则我只会过一二次面,他关于鲁迅先生的文章似乎不多。您们现在已收集到十万字,这是很不容易的,希望能早日编成、出版。至于嘱作序言,则因我不善作文,且所患系脑血管病,医嘱静养,不可用脑,只得有方　台命了。我想您是会予以谅解的。

徐斯年同志不知何时离绍?见时请为致意。

专此,即颂

近安!

林辰　1983.12.8

林辰先生是我们所敬爱的鲁研界前辈。1981年9月,我作为浙江代表团一员(绍兴的唯一代表)有幸参加首都纪念鲁迅诞生一百周年的系列活动,如9月16日到北京鲁迅博物馆参观“鲁迅著作版本展览”。17日上午到北京人民大会堂参加“纪念鲁迅诞生一百周年学术讨论会”开幕式,记得邓颖超、周建人、胡愈之等中央领导亲切接见了全体与会代表,并合影留念。由梅益同志致开幕词,工作人员宣读了浙江省人大常委会、浙江省鲁迅研究会、上海纪念鲁迅诞生一百周年委员会、北京大学、中国现代文学研究会、曹靖华和湖北省鲁迅研究会等单位、著名人士的贺电、贺信。下午,又去北京人民大会堂参加“鲁迅研究学术专题报告会”,王元化同志主持,李何林、陈涌两位先生作了专题报告。18日,“鲁迅研究学术专题报告会”改在全国政协礼堂举行,上午是田仲济先生主持,王瑶、钟敬文两位先生分别作了题为《鲁迅〈故事新编〉散论》和《作为民间文艺学者的鲁迅》的专题报告。下午仍在政协礼堂聆听唐弢、林非两位先生所作的专题报告(王瑶先生主持),林非先生是介绍8月下旬在美国举行的以“鲁迅及其遗产”为中心议题的学术会议概况。19日到北京鲁迅博物馆参加重新布展后的开幕式,并参观该展和“辛亥革命七十周年纪念美展”。20日至21日,主要是分组专题讨论,我留有印象的,一是马蹄疾先生,他说鲁迅与周作人决裂,思想原因不是主要的,应是家庭纠纷;二是林辰先生,他肯定周作人回忆的史料大多数是可靠的,而他写的文章观点有的有问题,应该批(判)的。此后,又是大会各组汇报发言,又是选举中国鲁迅研究会理事等。9月25日,我们去人民大会堂参加“鲁迅诞生一百周年纪念大会”,邓颖超同志主持会议,中共中央总书记胡耀邦同志作了报告。他说到动情处,双手动作较大。周扬同志最后讲话。下午,则去政协礼堂参加“纪念鲁迅诞生一百周年学术讨论会闭幕式”,王士菁先生主持,彭定安先生作了总结,林非先生则谈了今后工作意见。此次在京时间有好几天，但安排得还是紧张的。在各种活动前后、休息时，我肯定与心仪已久的林辰先生有过接触，短时间的交谈。是年 10 月下旬，我省在杭州举办“浙江省鲁迅学术讨论会”，我参加会务组工作，我们邀请了北京林辰和李何林、唐弢、王士菁、王仰晨、陈漱渝、张杰、刘福春和上海许杰等鲁研专家莅会指导，使我与林辰先生有了见面的机会，特别是 10 月 30 日那天，安排大家到绍兴参观鲁迅纪念馆、秋瑾故居、东湖、禹陵和兰亭，我负责全程陪同。事后，我还将他们在绍拍摄的照片分别寄奉，确如林辰先生 1983 年 12 月 8 日给我复信的第一句话所言：“八一年在北京、杭州两地晤面之后，已有两年多不见了。”

人民文学出版社

北京朝内大街166号　电报挂号2192

士雄同志：

八一年在北京、杭州两地晤面之後，已有两年多不见了。收到十月八日来信，非常高兴。

我十月初患病，大函由鲁迅博物馆转出时，我正在病院中，出院后在家继续治疗，尚未全愈，因此，没有及时给您复信，深感歉疚，尚希赐谅！

您们正编注《孙氏兄弟谈鲁迅》，这是一个有意义的工作。我和孙伏园先生很熟，他生前曾托我给他编一个集子，因为迄未编成；春台先生则我只会过一、二次面，他关于鲁迅先生的文章似乎不多。您们现在已收集到十万字，这是很不容易的，希望能早日编成、出版。至于嘱作序言，则因我不善作文，且所患系脑血管病，医嘱静养，不可用脑，只得有违　台命了。我想您是会予以谅解的。

徐斯年同志不知何时离绍？見时请为致意。

专此，即颂

近安！

林辰 1983.12.8.

林辰书简（一）

那次给林辰先生写信，是请求他的支持，以便顺利编写《孙氏兄弟谈鲁迅》一书。大概是1982年，张能耿与我闲谈中说起孙伏园、孙福熙兄弟也是绍兴人，都是鲁迅的学生，关系非同一般，也写过许多缅怀鲁迅的文章，说着说着，两人很快形成共识，决定编一本《孙氏兄弟谈鲁迅》的书，后来，又找了章征天参加。我们初拟了一份《〈孙氏兄弟谈鲁迅〉篇目》，油印了几十份，分别寄给有关单位和人士征求意见，同时，我们以此为基础不断增补，从浙江图书馆、南京图书馆等单位及堵述初、纪维周、陈德和等个人征集孙氏兄弟的有关文章资料，很快收集了10万文字。我们知道林辰先生与孙伏园关系密切，是写该书序言的最佳人选，我是1983年10月8日给林先生写信，冒昧地提出请求。我们一直在等候他的佳音，直到12月12日才收到他的回信。原来，在我给林先生写信的时候，他正在遭受病魔的折磨。关于请林老写序的事，他说“不善作文”，显系自谦词，但患脑血管病，遵医嘱“静养，不可用脑”，我们不可强求了。即使如此，我们从内心还是非常感激他的回信，非常感谢他的热情鼓励和支持。由于我们三人在不同的工作岗位，平时各忙各的，完全是利用业余时间，拖沓了竟达25年之久，其主要原因还是出版这种书无利可图，联系几家出版社均无法应承下来。最后幸亏碰上了救星——热心的朋友王世家先生，在他的协助下，又得到北京新星出版社的热情支持，终于在2006年1月该社以“鲁迅书系”之一种（共六种）出版。每当我看到这本书时，我就会产生感谢孙伏园、孙福熙兄弟留下这么多关于鲁迅的纪念文字的思想，脑海里也会显现林辰、王世家、堵述初等先生的身影，没有他们和新星出版社，《孙氏兄弟谈鲁迅》一书胎死腹中无疑。

至于林辰先生来信嘱我向徐斯年先生代为致意事，我在10月8日给他写信时，谈及苏州大学徐老师不久将带领学生来绍。徐斯年与林辰两位先生一起参与编注《鲁迅全集》，很熟悉也很有感情，我当然在徐老师来绍一见面就代为致意了。11月25日，徐斯年老师带了苏州大学中文系学生参观了绍兴鲁迅纪念馆，听取馆方《鲁迅与绍兴》的介绍，并与馆工作人员座谈，他们还请绍兴绍剧团陈顺泰先生介绍了绍剧，当时（也很可能是 1984 年 3、4 月）他们带了录像机，录制了《龙虎斗》《跳无常》《女吊》和《男吊》等剧目，记得徐斯年先生语重心长地对我说："你们绍兴最好组织力量能将目连戏中的剧目一一整理出来，如《张蛮打爹》等。"他和苏大师生起步早，三十多年前就已重视非物质文化遗产了。

二、1991 年 12 月 12 日

士雄同志：

两次赐函，均已奉悉。我因体弱事繁，致稽裁答，祈谅！

你馆与绍兴市政协拟合编《许寿裳先生纪念集》，这是很有意义的事，我非常赞成。嘱写纪念文章，却很为难，因我已写过三篇有关许先生的文章，并编过一本《许寿裳文录》，现在没有更多的话可说了。许先生给我的信，几年前已在《新文学史料》发表，手头没有其他资料了。

许先生罹难的当时，我写过一篇悼文，发表在《中国作家》第三期（开明书店版）；

许先生百年诞辰时，我写过一篇《许寿裳与鲁迅的一次学术合作》，发表在"万叶散文丛刊"第一辑《绿》上面（1983 年文化艺术出版社出版）；

《许寿裳的生平及著作》（《许寿裳文录》的《后记》）。

这三篇文章，也许可作为你们征集的第 6 项的资料。鄙意《纪念集》除新约稿外，还可从过去的报刊中选录一些。

上面说到拙编《许寿裳文录》，令我想起旧事：该书编成后，我以为许先生是浙江先哲，最后能由浙江人民出版社出版，于是与该社联系，回信让我把目录寄去，我立即如命寄去，但无回音，从此没有下文！我无办法，改与湖南人民出版社联

系，得朱正同志之助，由湖社于1986年出版。提起此事，不免感慨系之！

您近年身体如何？我们有多年没有见面了。记得鲁迅百年诞辰时，您曾来京参加活动；今年九月110年纪念，我原以为您会来京参加的，但竟没有来，失掉了会面的机会，很可惜。

专复，即颂

近安！

林　辰

九一年十二月十二日

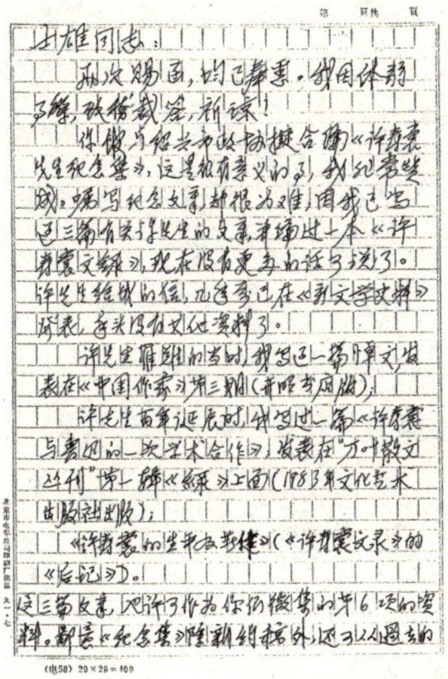

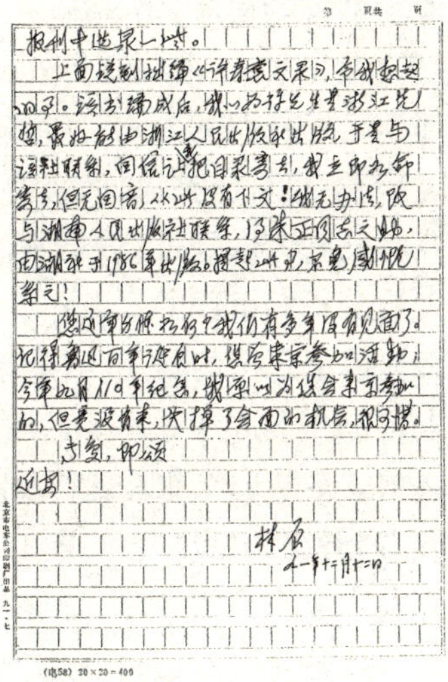

林辰书简(二)

顺便说明一下，我在1984年3月4日收到过林辰先生的一封信，信封尚存，绍兴邮戳为“1984.3.3”，北京邮戳盖“1984.2.29”，而信笺却不见了，也许今后能失而复得，但愿如此。

1988年5月21日至25日，我们尽地主之谊，接待了鲁迅挚友许寿裳的次子、台湾退休教授许世瑮。在此期间，我与他已开始沟通 1993 年在故乡绍兴举行许寿裳诞生 110 周年的纪念活动，其中之一是编辑出版《许寿裳纪念集》。当时，我是浙江省政协委员，为此写了提案，绍兴市政协领导听取了我们的汇报，认为海峡两岸共同纪念许寿裳颇有意义，很重视，记得张启楣市长拨款 10 万元，用于许寿裳纪念活动。我馆与绍兴市政协（主要是文史委）具体商量过好多次，原计划与两家合作编印，最后，是以浙江省政协文史资料委员会、绍兴市政协文史资料委员会名义编，由浙江人民出版社于 1992 年 12 月出版。其实，我馆是发起单位，也是承办单位。我们去函请全国政协副主席钱伟长题写书名，请著名作家和翻译家李霁野写序，请蔡睟盎、范瑾、许慈文、高平叔、张启宗、李国瑜、袁珂、沈家骏、蔡朝晖等许氏亲友、同事、学生撰写回忆文章，他们都满足了我们的要求，许世瑮、许世玮等许寿裳亲属更予以最大的支持，不仅自己撰稿，而且协助组稿，还提供了许多许先生照片，使我们顺利地做好了《许寿裳纪念集》的编辑、出版工作。林辰先生自然是我们组稿的重点作者之一，他的 1991 年 12 月 12 日来信详细地谈了自己的意见，我们采纳了林老"除新约稿外，还可以从过去的报刊中选录一些"的建议，连震东、杨云萍、台静农等先生的文章就是从旧书报中选录出来的。我们也尊重林老的意见，将他的《许寿裳的生平与著作简述——〈许寿裳文录〉编后记》《对于许寿裳先生的感谢与悼念》这两篇文章选编在《许寿裳纪念集》。

三、1991 年 12 月 26 日

士雄同志：

本月十六日来信敬悉。承赠照片一枚，亦已收到。你们三位都是我的熟朋友，看了照片，很是高兴！

许先生纪念集，现有文章，鄙意认为可收许世瑮所著《年谱》，李何林先生著关于许先生遇害真相的长文，台静农、李霁

野写的悼文等。至于拙文，请在前函所举悼文（载《中国作家》和《许寿裳文录》编后记）中任选一篇就可以了，不必全收。编后记曾载《鲁迅研究》1984年第三号，请审正。这一篇较早年的悼文充实一些。从来信看，您似乎没有见到这本《文录》，当时印得很少（仅一千册），现在已经没有存书，否则当寄呈一本。

许先生的小女儿许世玮，现住北京，您可以向鲁博探询她的住址，和她联系，征求一下她的意见。一定要新约人写文章，请什么人写，我举不出来，您不妨和许世玮及在台北的许世瑮联系，请她们代约，看看如何。

再谈。祝

新年好！

林辰　91.12.26

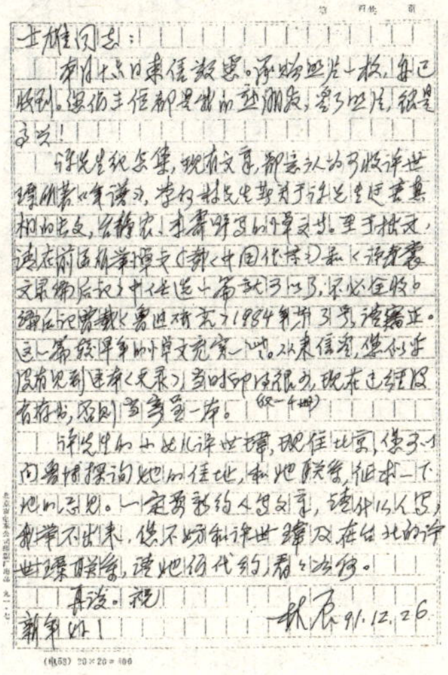

1991年12月15日，我收到林辰先生12日写来的信，第2天就给写了回信。是年9月21日至30日，我应邀赴日参加在仙台举行的纪念鲁迅诞生110周年国际学术研讨会。在给林老写信时，也附送一帧王锡荣、张铁荣和我在日的合影，故他会说“你们三位都是我的熟朋友”。

林辰书简（三）

林辰先生的这次来信，就编印好《许寿裳纪念集》提了一些中肯的意见，我们实际上也照此办理。台湾去不了，我们频繁地同许世瑮先生通信通电话，台湾方面的通讯联系、文稿校对等事，有的劳驾许世瑮办理。为了让有关单位和个人及时了解《许寿裳纪念集》编印进度，我们也编辑打印这方面的信息寄送给他们，1992 年 2 月 2 日就寄送过此类函。1992 年 4 月 6 日，我与徐东波、谢永兴等拨冗离绍赴京办事。那时，我头脑里已有出版关于许寿裳的一套书，除了纪念集外，还要出诗集、书信集、日记、文集，甚至画集。除出版《许寿裳纪念集》外，计划出版《孙伏园怀思录》《许钦文长命册》等。此计划有的实现了，也有因单位体制改革，本人任名誉馆长而落了空。有的幸有其他单位、热心人士代为完成，如北冈正子、秦贤次、黄英哲编，日本东京大学东洋文化研究所出版了《许寿裳日记》（1940 年 8 月 1 日至 1948 年 2 月 18 日）。倪墨文、陈九英编，百家出版社 2003 年 5 月出版了《许寿裳文集》（上、下册）。8 日同北京鲁迅博物馆馆长潘德延先生等商定我们两家合出编辑出版《许寿裳诗集》，该书由香港未来中国出版社 1993 年 1 月出版。《许寿裳书信选》，由绍兴鲁迅纪念馆编注，浙江文艺出版社 1999 年 4 月出版。

9 日，我们到团结湖北区 2 号 303 室叩访许寿裳的姨甥张启宗先生，他是离休老干部，对我们的到来很欢迎，很热情，他也很健谈，说："许寿裳是忠于中华民族的爱国主义者。在重庆歌乐山时，潘公展、戴传贤等想拉拢许寿裳，我们中共南方局通过沈钧儒、沈尹默、沈雁冰等做工作。许寿裳说：'现在国民党报纸不讲真话，只有《新华日报》说真话，但不大容易看得到了，国民党政府太腐败无能了。'""《章炳麟传》在重庆出版，潘公展买去了版权。《周官研究》是戴传贤要许寿裳写的，许找了他三次，均不见，许寿裳很生气，说'不找他了。'"张启宗先生还说："作者观点可能不同，像许寿裳之死，有不同说法，可两说并存，求同存异，但在原则问题上是不能迁就的。至于像出现'匪'之类的字眼可考虑回避。"这位老干部对我们的工作很支持，不久将一批数量可观的许寿裳写给他的书信慨赠给我馆。

接着，我们又到左家庄三源里街 21 楼 404 室拜访了许世玮先生。她向我们介绍了当年许寿裳被杀的情景和社会反响。她说:“我当时是台大学生,对先父之死(的看法)是权威性的。不过,我也同意许寿裳死因的二说并存,但在《后记》里要说明一下。照片尽量多用一些。”许世玮先生保存的许寿裳照片很多、很好,她一一向我们介绍,我们选取并向她商借了11帧原照后握手告别。此后,在京期间我们又同许世玮先生商议过两次,尽量形成共识,以期得到许氏家属的全力支持。

是日,我们还到东中街42号7门22号看望林辰先生,我们曾面请为《孙伏园怀思录》写序,并写些回忆文字。当然,主要还是交换编印《许寿裳纪念集》等书的意见。

四、1992年2月23日

士雄同志:

两次惠函及打印稿,均已收到。春节期间,俗务较多,兼以精神不济,未能及时奉复,敬请原谅!

您拟将我过去所写的两篇关于许寿裳先生的文章,收入《许寿裳纪念集》,我自然没有异议。但我希望照原文发排,不要改动。因为这些文章都是公开发表过的。假如将“今年”改为“明年”,将写作年月“一九八三年九月二十八日”改为“一九九二年春”,读者发现后,会骂我弄虚作假的!所以请勿改动为盼!《〈许寿裳文录〉编后记》一篇,题目可改为——

许寿裳的生平与著作简述——《许寿裳文录》编后纪

拙见以为:纪念集的内容,可分旧著与新作两部分。前者从过去的文章中择要选录;后者是新约的稿子。三联书店为纪念闻一多诞辰80周年而编辑出版的《闻一多纪念文集》就是这样编的,可以参看。

打印稿错字不少,如《感谢与悼念》篇第4页“得保全首级以殁”，首级应为首领。我手头无原发表杂志《中国作家》第三期，且老眼昏花，无力细校，如您决定收入，还望请人核校一遍为感。

您有何意见，纪念集编辑进程如何，均盼随时示知。

此复，顺颂

近安！

林辰　1992.2.23

林辰书简（四）

为慎重起见，我们将作者的文稿稍作技术处理，再打印出来，分别寄给作者审定。林辰先生收到我们的打印稿和信函后不久，1992 年 2 月 23 日就给我来信，主要对我们的“技术处理”有意见，他毕竟是编辑老手、高手，我们细细一想，林老的批评是对的，我们口服心服。后来，完全遵照他的正确意见。此事对我触动很大，写回忆文字也好，写史料研究和其他学术文章也好，理应遵循实事求是这一原则。他的这封来信用了两个“!”,又在“请勿改动”四字下面用了加重号,至今仍铭刻在我的脑海里。林老的言传身教,对于提高我们的编辑水平,端正治学态度大有裨益。另外,林老批评“打印稿错字不少”,也是事实。我平时也知道自己有一毛病,书信与文稿写好后,不去仔细看一下,有笔误的信写出去了,周丰一先生也指正过。可能是事多,太忙,为求速度,但这不是理由,是毛病,应该改正过来。林辰先生的批评是对我的爱护和帮助,这是我的深刻体会。

收到此信后不到2月,我们专程到北京拜访林辰等先生,当面汇报、商议(前已所述)。

此后,如1996年10月15日,我有幸参加北京鲁迅博物馆召开的“缅怀鲁迅逝世六十周年学术讨论会”,聆听过林辰先生起立发言。第二天上午参加“纪念北京鲁迅博物馆建馆四十周年大会”,也应该见过面,我们在一起开会、吃饭、拍照,而到后来,联系越来越少了,但是在我的心中,经常惦念他,衷心祝愿他健康长寿!

陈鸣树学术著作年表

吉诗婧

陈鸣树(1931年10月—2014年7月),江苏苏州人,复旦大学中国语言文学系教授。1949年9月参加工作,曾任苏州文联执行委员兼秘书等职;1955年至1960年为南开大学中文系中国现代文学副博士研究生,师从李何林先生;1961年起任上海文学研究所研究人员;1975年任中国鲁迅研究室年谱组召集人;1977年任复旦大学历史系中国思想史研究室讲师;1979年起任复旦大学中文系副教授、教授、博士生导师、学术委员。曾任中国现代文学学会理事、中国鲁迅学会理事、中国丁玲学会理事等。著有《鲁论小说论稿》《鲁迅的思想与艺术》《鲁迅论集》《文艺学方法论》等数部,主编《二十世纪中国文学大典》三卷。

《陈鸣树学术著作年表》在搜集整理陈鸣树教授不同时期的学术文章与著作文献的基础上编写而成。需要说明的是,陈鸣树教授经历过1949年后从“反右”到“文革”等不同时期的历史风云,其学术文章不可避免地带有不同时期的历史印迹。其中不乏早年一些应时而作的大批判文章,作者对此亦有公开反思与自我批评。为尊重历史,本学术年表尽可能搜罗史料,予以客观呈现。以下所列文献,除个别文献(笔者已注明)为合作而成,其余因作者均系陈先生一人,故省去作者。学术著作按发表时间顺序排列。

一、析出文献

《评许杰的反现实主义的“小说论”——关于〈鲁迅小说讲话〉的文艺理论部分》,《文艺月报》1955 年第 12 期。

《略谈鲁迅与儿童文学》,《解放日报》1956 年 6 月 2 日。

《鲁迅的生活和审美观》,《新华日报》1956 年 9 月 26 日。

《关于徐中玉的“鲁迅生平思想及其代表作研究”及对这本书的批评问题的讨论》(作者之一),《文艺月报》1956 年第 8 期。

《谈一首继承古典诗歌优秀传统的好诗》,《文艺月报》1957 年第 1 期。

《对右派分子起了鼓励作用——批判〈文汇报〉的两篇社论》,《文汇报》1957 年 8 月 24 日。

《不许右派分子污蔑鲁迅——再论许杰对鲁迅小说的恶意歪曲》,《文艺月报》1957 年第 9 期。

《鲁迅与拜伦》,《文史哲》1957 年第 9 期。

《鲁迅是厚今薄古的伟大榜样》,《人民日报》1958 年 5 月 30 日。

《社会主义的英雄史诗——评中篇小说〈在和平的日子里〉》,《人民日报》1958 年 7 月 10 日。

《批判冯雪峰的〈关于社会主义现实主义〉》,《语文学习》1958 年第 4 期。

《论鲁迅的抒情散文——关于〈野草〉和〈朝花夕拾〉》,《新港》1958 年第 8 期。

《杜鹏程的〈夜走灵官峡〉》,《语文学习》1958 年第 9 期。

《一个资产阶级个人主义者心目中的鲁迅——批判冯雪峰〈回忆鲁迅〉一书批判》,中国作家协会上海分会文学研究室编:《跃进文学研究丛刊》第 2 辑,新文艺出版社 1958 年版。

《斥徐懋庸借鲁迅为广告的卑劣伎俩——为纪念鲁迅逝世二

十二周年作》,《文汇报》1958 年 10 月 18 日。

《论文学批评的标尺》,《文学青年》1958 年第 10 期。

《批判冯雪峰的反动社会观并驳斥他对鲁迅的歪曲》,《语文学习》1959 年第 2 期。

《风格浅识》,《新港》1959 年第 9 期。

《我们与吴雁的根本分歧——驳〈创作,需要才能〉》,《天津日报》1959 年 11 月 30 日。

《〈创作,需要才能〉的根本错误何在》,《新港》1959 年第 12 期。

《风格·时代·题材》,《上海文学》1961 年第 8 期。

《刘勰论浪漫主义》,《文汇报》1961 年 9 月 12 日。

《论鲁迅小说的艺术方法及其演变》,《上海文学》1961 年第 9 期。

《论鲁迅小说的艺术方法及其演变(续)》,《上海文学》1961 年第 10 期。

《论鲁迅小说的艺术方法及其演变(续完)》,《上海文学》1961 年第 11 期。

《也谈〈为欣赏者留有余地〉》,《上海文学》1961 年第 12 期。

《武器与花——也谈文艺批评的百花齐放》,《解放日报》1961 年 12 月 5 日。

《艺术形式美是有相对独立性的》,《光明日报》1962 年 2 月 8 日。

《疏放与严谨——散文艺术漫谈》,《文汇报》1962 年 5 月 4 日。

《关于文艺批评的断想》,《上海文学》1962 年第 6 期。

《谈谈文艺批评中的"复述"》,《文艺报》1962 年第 9 期。

《鲁迅文艺理论旁探》,《新港》1962 年第 10 期。

《论风格的推陈出新》,《学术月刊》1964 年第 3 期。

《时代精神与文学典型——与周谷城、金为民、李云初论辩》,《收获》1964年第5期。

《〈三家巷〉〈苦斗〉的思想和艺术倾向》,《河北文学》1964年第12期。

《更多更好地表现培养革命接班人的主题——读几篇反映培养革命接班人的小说》,《收获》1965年第4期。

《刺破青天锷未残——读鲁迅后期杂文》,《天津文艺》1972年第2期。

《学习鲁迅肯定法家的反潮流精神》,《辽宁文艺》1974年第6期。

《鲁迅小说中的批孔反儒精神》,《解放日报》1974年7月9日。

《从鲁迅反对文学家"吃特等饭"想到的》,《解放日报》1975年3月11日。

《还其反革命两面派本相——剖析姚文元的〈鲁迅——中国文化革命的巨人〉》,《光明日报》1977年1月22日。

《论鲁迅的〈水性〉的主题思想》,《南开大学学报》1977年第2期。

《论鲁迅小说的典型化(上)》,《社会科学战线》1978年第3期。

《论鲁迅小说的典型化(下)》,《社会科学战线》1978年第5期。

《读鲁迅〈记念刘和珍君〉札记》,《昆明师院学报》1978年第3期。

《论"五四"时期的鲁迅思想》,《复旦学报》1979年第4期。

《读〈为了忘却的记念〉札记》,《昆明师院学报》1979年第5期。

《论鲁迅精神——学习周总理对鲁迅的评价》,《鲁迅研究》

1980 年第 1 期。

《“旷代文章数阿 Q”——〈鲁迅小说论稿〉的一节》，《昆明师院学报》1980 年第 4 期。

《释“势”——从〈文心雕龙·定势〉篇看风格的客观因素》，《河南师大学报》1980 年第 4 期。

《“阿 Q”又活在绍剧舞台上——评绍剧〈阿 Q 正传〉》，《文汇报》1980 年 5 月 26 日。

《中国美学史的先声——评〈先秦诸子美学思想述评〉》，《读书》1980 年第 6 期。

《论〈故事新编〉的独创性》，《中国现代文学研究丛刊》1981 年第 1 期。

《要全面认识鲁迅的伟大——也谈科学地研究鲁迅》，《文汇报》1981 年 2 月 2 日。

《说不尽的鲁迅——兼评一种贬损鲁迅的思潮》，《文学报》1981 年 3 月 21 日。

《关于鲁迅论国民性的几个问题》，《天津社会科学》1981 年第 3 期。

《建立鲁迅学的建议，好！》，《鲁迅学刊》1981 年第 2 期（1981 年 7 月）。

《论鲁迅的审美特点及其对创作的影响》，《复旦学报》1981 年第 6 期。

《鲁迅小说中“我”的形象》，《昆明师院学报》1981 年第 6 期。

《鲁迅与青年》，《工人创作》1981 年第 9 期。

《鲁迅对建设精神文明的宝贵意见》，《人民日报》1981 年 9 月 30 日。

《鲁迅论文艺与政治的关系》，《西北大学学报》1981 年第 10 期。

《鲁迅小说中的劳动人民形象》，《克山师专学报》1982 年第

1期。

《鲁迅文献研究的一个收获——读〈鲁迅《摩罗诗力说》注释·今译·解说〉》,《鲁迅研究》1983年第3期。

《〈别求新声于异邦〉——鲁迅与外国文学》,《萌芽》1983年第10期。

《读〈过客〉》,《语文园地》1984年第1期。

《鲁迅研究方法论管窥》,《鲁迅研究》1984年第1期。

《鲁迅介绍外国文学的一个重要特点》,《天津社会科学》1984年第4期。

《李何林教授对鲁迅研究的贡献》,《南开学报》1984年第5期。

《论丁玲早期小说的独创性》,中国丁玲研究会编:《丁玲创作独特性面面观——全国首次丁玲创作讨论会专集》,湖南文艺出版社1984年版。

《试论马克思主义文艺理论在中国的传播及其发展趋向》,《复印报刊资料(文艺理论)》1984年第10期。

《鲁迅研究史上的丰硕成果——三本鲁迅研究专著的学习札记》,《中国现代文学研究丛刊》1985年第12期。

《审美的认同与异趋——鲁迅论梅兰芳新探》,《戏剧艺术》1986年第2期。

《随感》,《鲁迅研究动态》1986年第3期。

《如何认识鲁迅》,《鲁迅研究动态》1986年第3期。

《郭沫若的文学批评论》,《郭沫若研究》1986年第3期。

《文学研究方法的自觉意识》,《文科月刊》1986年第4期。

《西方文化吸收与方法论的反思》,《文汇报》1986年6月9日。

《鲁迅与中国文化的深层意识——纪念鲁迅逝世五十周年》,《文学报》1986年10月16日。

《〈《野草》论稿〉序言》,《鲁迅研究动态》1986 年第 9 期。

《“文艺学方法论”教学体会》,《上海高教研究》1986 年第 10 期。

《从方法论的角度谈鲁迅研究的创新》,《鲁迅研究动态》1986 年第 10 期。

《鲁迅:中西文化冲突中的选择——纪念鲁迅先生逝世五十周年》,《学术月刊》1986 年第 10 期。

《挑战和争鸣——一次新时期文学讨论会发言摘要》,《中国现代、当代文学研究》1986 年第 12 期。

《方法论:中国与世界》,《上海文论》1987 年第 3 期。

《陈鸣树同志的发言(上海纪念鲁迅逝世五十周年大型座谈会发言摘要)》,上海鲁迅纪念馆编:《纪念与研究》第 9 辑(1987 年 4 月)。

《巴金研究的新收获——评陈思和、李辉的〈巴金论稿〉》,《中国现代文学研究丛刊》1987 年第 5 期。

《鲁迅:上海时期的社会思想》,《鲁迅研究动态》1987 年第 12 期。

《创新才能前进》,《学术月刊》1988 年第 1 期。

《现象学美学研究方法述评》,《学术月刊》1988 年第 1 期。

《文学的社会学批评方法的深化》,《蒲峪学刊》1988 年第 2 期。

《近代文学作品的两种选录标准》,《中国近代文学大系编辑工作信息》第 9 号(1988 年 3 月 17 日)。题目为编者范泉所加,后收入范泉主编《中国近代文学大系争鸣录》(列入“出版博物馆·史料”丛书),上海书店出版社 2012 年 7 月版。

《风范永存　教泽广被——追念敬爱的李何林导师》,《鲁迅研究动态》1989 年第 1 期。

《资料的实证性与思维的超越性——〈文艺学方法概论〉中之

一章》,《南开学报》1989 年第 3 期。

《为了人的解放:我对五四精神的理解》,《学术研究》1989 年第 3 期。

《略论丁玲作品中的超前意识》,《延安文艺研究》1989 年第 3 期。

《文学研究现代化的先驱——纪念郑振铎先生诞生 90 周年逝世 30 周年》,《文艺报》1989 年 4 月 8 日。

《“俄国形式主义”述评》,《蒲峪学刊》1989 年第 4 期。

《理论框架的建构——文艺学方法概论之一章》,《上海文论》1989 年第 5 期。

《从文学研究方法热看“五四”时期的文化开放意识》,《复旦学报》1989 年第 5 期。

《论“左联”文学运动的历史意义——纪念“左联”成立六十周年》,《吕梁学刊》1990 年第 1 期。

《中国革命文学史上的丰碑》,《文汇报》1990 年 3 月 2 日。

《文学研究中的发现》,《复旦学报》1990 年第 3 期。

《文艺学方法论综论》,《河北学刊》1990 年第 5 期。

《角度与描述:文艺学方法论之一》,《天津社会科学》1990 年第 12 期。

《角度与描述:〈文艺学方法概论〉中之一章》,《吕梁学刊》1991 年第 1 期。

《诗国理论的现代思考——评〈中国现代诗论 40 家〉》,《文汇报》1991 年 6 月 5 日。

《论鲁迅的智慧:为纪念鲁迅先生诞辰 110 周年而作》,《文汇报》1991 年 9 月 25 日。

《论鲁迅的智慧》,《绍兴师专学报》(纪念鲁迅诞辰 110 周年专号)1991 年第 3 期收入作家协会上海分会、上海市文联、上海鲁迅纪念馆编:《鲁迅诞辰一百十周年纪念论文集》,百家出版社

1993 年版。

《解构主义述评》,《东疆学刊》1991 年第 7 期。

《马克思主义文艺学方法论》,《绥化师专学报》1991 年第 7 期。

《阐释学方法述评》,《河北学刊》1991 年第 8 期。

《中国现代新诗理论研究的新收获——再评〈中国现代诗论 40 家〉》,《写作》1991 年第 12 期。

《文艺学:自然科学理论的介入(上)》,《东疆学刊》1991 年第 12 期。

《文艺学:自然科学理论的介入(下)》,《东疆学刊》1992 年第 4 期。

《论鲁迅的智慧》,《鲁迅研究月刊》1992 年第 3 期。

《"真正评论的任务是发现":程仁章〈中国现代文学专题论集〉序言》,《绥化师专学报》1992 年第 4 期。

《论文学研究方法论的历史、现状及其发展趋向》,《学术月刊》1992 年第 6 期。

《比较哲学与比较文学阐释——兼评〈新文学作家与外国文化〉》,《唐都学刊》1992 年第 7 期。

《二十世纪初期中国文学观念之演进》,《中国文学研究》1992 年第 7 期。

《面向时代　弘扬学术——扩版试刊笔谈》(笔谈者之一),《学术月刊》1993 年第 8 期。

《书法审美之我见》,《书法研究》1993 年第 5 期。

《教作文和教做人》,《语文学习》1994 年第 5 期。

《在风雨咆哮的〈狱里狱外〉》,《书城》1995 年第 11 期。

《一部在史料上有新的发现且内容厚实的现代文学评论集——〈现代文学沉思录〉序》,《绥化师专学报》1996 年第 9 期。收入潘颂德著《现代文学沉思录》,山东高校联合出版社 1995

年版。

《二十世纪初期鲁迅的人文精神》,《鲁迅研究月刊》1996年第10期。收入上海鲁迅纪念馆编:《浩气千秋民族之魂——纪念鲁迅逝世六十周年论文集》,百家出版社1996年版。

《深层次地研究鲁迅——答〈上海鲁迅研究〉编辑部问》,《上海鲁迅研究》,百家出版社1996年版。

《〈中华美学感悟录纵评〉》(作者之一),《上海大学学报》1997年第2期。

《〈鲁迅散论〉序》,《固原师专学报》1997年第4期。收入潘颂德著《鲁迅散论》,国际文学出版公司1997年版。

《深入探索中华美学的特征》,《上海大学学报》1997年第4期。

《鲁迅——因心灵而伟大的人》,《中文自修》1998年第3期。

《郭沫若对中国传统文化理解的一个方面》,《河北学刊》1998年第3期。

《人生的悲喜剧——谈〈阿Q正传〉及其他》,《中文自修》1998年第4期。

《杂文,鲁迅思想文化艺术的宝库》,《中文自修》1998年第6期。

《文苑中的奇葩——谈鲁迅的散文诗〈野草〉》,《中文自修》1998年第9期。

《范泉和他的〈文海硝烟〉》,香港《文汇报》1998年9月15日。

《范泉其人其事》,初刊《新民晚报·人物》1998年10月11日。收入钦鸿、潘颂德编《范泉纪念集》,上海书店出版社2013年10月版(收入本书时作者加了千字左右跋语)。

《范泉先生周年祭》,钦鸿、潘颂德编《范泉纪念集》,上海书店出版社2013年10月版。

《忧愤其骨　赤子其心——谈鲁迅的诗歌》,《中文自修》1998年第10期。

《讽世惊俗的浪漫传奇——谈鲁迅的〈故事新编〉》,《中文自修》1998年第12期。

《杨四平的〈罗绍书的审丑世界〉序》,《淮北煤师院学报》1999年第1期。

《画家:灵魂的坦裎和拷问——读王小鹰长篇小说〈丹青引〉》,《河北学刊》1999年第2期。

《美的发现:〈玫瑰园遐思〉》,《文艺报》1999年3月13日。

《我与鲁迅的因缘》,《上海鲁迅研究》,百家出版社1999年版。

《关于鲁迅、鲁迅研究与现当代文学　奇哉!鲁迅="老石头"说》,《上海鲁迅研究》,百家出版社1999年版。

《严肃但不沉重的话题:谈〈中国现代主义文学史〉》(作者之一),《中国比较文学》1999年第4期。

《一位传奇作家的复出——评卢新华新作中篇小说〈细节〉》,《河北学刊》1999年第11期。

《平凡而伟大的女性——纪念许广平同志诞辰一百周年》,上海鲁迅纪念馆编:《许广平纪念集》,百家出版社2000年版。

《独特的构架、视角和光彩——曹聚仁〈文坛五十年〉序》,上海鲁迅纪念馆编:《曹聚仁先生纪念集》,《上海文史资料选辑》2000年第1期。

《略论鲁迅某些政论文的隔膜》,《鲁迅世界》2000年第4期。

《世纪性的总结与开拓——评〈鲁迅世界性的探寻〉》(作者之一),《中国比较文学》2001年第1期。

《世纪性的回顾与前瞻——评〈鲁迅民族性的定位——鲁迅与中国文化比较研究史〉》(作者之一),《鲁迅研究月刊》2001年第6期。

《〈踩在几片文化上:张承志新论〉专家评语》(作者之一),《回族研究》2002年第5期。

《现代文学史:重写与如何重写》(作者之一),《海南师范学院学报》2003年第7期。

《〈范泉文艺论稿〉序》(与潘颂德合作),钦鸿编《范泉文艺论稿》,中国戏剧出版社2004年版。

《追求完美中的遗憾——我五十多年来的文化学术道路》,《东方论坛》2005年第6期。

《阅读鲁迅是一种幸福》(作者之一),《新读写》2006年第10期。

《鲁迅上海时期的文化社会思想》,《上海鲁迅研究》2007年秋季刊。收入上海鲁迅纪念馆编:《纪念鲁迅定居上海80周年学术研讨会论文集》,上海社会科学院出版社2009年版。

《鲁迅的随笔》,《新读写》2008年第9期。

《作为文学家的王礼锡》,收入潘颂德编著《王礼锡研究》,知识产权出版社2010年版。

二、专　　著

《保卫鲁迅的战斗传统》,百花文艺出版社1959年版。

《鲁迅批孔杂文选讲》,浙江人民出版社1975年版。

《鲁迅批孔反儒的斗争》,陕西人民出版社1976年版。

《鲁迅小说论稿》,上海文艺出版社1981年版。

《鲁迅杂文札记》,江苏人民出版社1982年版。

《鲁迅的思想和艺术》,陕西人民出版社1984年版。

《文艺学方法概论》,上海文艺出版社1991年版。

《文艺学方法论》,复旦大学出版社2004年版。

《鲁迅论集》,复旦大学出版社2011年版。

三、编　　著

《鲁迅年谱》,人民文学出版社 1984 年版。(召集人,主要撰稿者之一)

《胡风论鲁迅》(主编),黄河文艺出版社 1985 年版。

《二十世纪中国文学大典:1897—1929》(主编),上海教育出版社 1994 年版。

《二十世纪中国文学大典:1930—1965》(主编),上海教育出版社 1994 年版。

《二十世纪中国文学大典:1966—1994》(主编),上海教育出版社 1996 年版。

(于上海交通大学人文学院)

中小型博物馆 OA 系统设计思路

孙　阳

办公自动化系统（即 OA 系统）是将现代化办公和计算机网络功能结合起来的一种新型的办公方式。互联网技术（Intranet、Internet）在我国迅速发展和普及，把 OA 推上一个新的信息化发展台阶——数字化办公阶段。

根据“十三五”规划的要求，现阶段为提高博物馆系统信息化建设及内部行政办公的办公效率，有必要重新建设一套技术先进，符合当前办公发展需要的办公自动化系统，增强协作，以更大发挥信息技术的优势。

中小型博物馆办公自动化系统在信息化整体架构中所处的层次应是单位内部所有应用信息查询操作的门户，通过该门户使每个用户都能根据自己的权限、角色，去履行自己的工作职责与义务。工作流管理与门户平台将是整个系统的基石，通过这两个模块将人与工作有机的结合起来，去实现整个 OA 办公系统的管理运作。从内部管理的视图上来说，通过建设办公自动化系统实现单位信息随时更新，在关键工作流程中消除管理和实施中的延迟，从而提高其时效性，内部执行的关键在于控制和反馈，通过管理者对业务流程以及工作状态的实时监控从而作出有效反馈，能够确保单位的管理决策得以有效落实，确保对管理事务处理过程的有章可循,这种闭环的管理手段能够实现单位内部执行力的有效提升。

一个有效完善的 OA 系统在中小型博物馆内部管理运行方面以及实现无纸化办公的能效方面是非常重要的。具体的说,就是需要能够帮助管理层实现如下方面的具体目标:首先,通过办公自动化系统的建设实现个人办公效率的提升,办公自动化系统中的公文管理、日常办公、个人事务管理等功能是员工提高协作能力、提高办事效率的重要工具。通过将原有的手工作业形式迁移到电子化、网络化、流程化的办公平台上来进行,可以加快办公信息传递的效率,减少重复工作。而且由于协同办公平台能够完整的保留办公流程中的过程记录和结果信息,从而有效避免了手工作业模式下经常出现的出错、遗漏等问题,员工可以将更多的精力投入到办公事务的内容上,因而能够大大提高个人的办公效率。其次,通过办公自动化系统的建设实现信息共享和资源利用水平的提升,知识管理强调对知识的收集、共享、学习、利用和知识的再生,而办公自动化系统作为知识管理体系中的重要组成部分,正是能在这些方面为单位提供帮助。利用办公自动化系统,单位可以将各种经营信息汇集在其中,使员工可以快速了解到其工作所需的信息;对于以前深藏在业务系统或个人头脑中的有用数据或知识,也可以通过这种系统,方便地展示出来,让更多的人掌握。总之,办公自动化系统作为单位信息汇集的焦点,能够有效的提升单位信息共享和资源利用水平,通过办公自动化系统的建设实现单位形象的提升。由于信息系统在单位经营管理中所起到的重要作用,因此信息系统建设的好坏已经成为衡量单位管理是否达到科学化、现代化的重要标志;另一方面,办公平台作为单位文化建设的重要场所,通过一系列网上宣传、学习、活动来培养充满正气、纪律严明、团结一致、勇于进取的职工队伍,利用办公自动化系统可以有效促进员工队伍建设,实现员工凝聚力的提升,增强了对单位的认同感和归属感。可见，办公自动化系统的建设不仅对内起到加强管理的作用，而且也使得单位形象得到了提升；通过办公自动化系统的建设实现科学决策能力的提升，办公自动化系统实施后，单位内部的职能部门可以在系统中，利用单位信息门户的信息集成功能，对各种业务过程中涉及到的各类数据进行任意条件的查询，以准确、快捷地获取所需信息，并可对各类业务数据进行全方位、多角度的统计和分析，为单位内部的相关领导提供决策支持信息，从而为提升单位内部的科学决策水平提供了有力的工具支持。最后，通过办公自动化系统的建设实现单位执行力的提升。在单位内部的办公自动化系统中，不仅仅要提供针对战略、人员和运营管理流程的信息化实现，还需要提供众多的手段来保障单位执行力和应变力的提升。例如，通过业务流程执行情况的监控和催督来提升其执行力，通过按时间段的工作效率统计、计划完成情况统计并在绩效考核体系中充分体现，实现了对执行文化的褒扬。同时，在与单位文化建设的相关部分对执行文化进行相应的引导。

从技术角度来说，构建适合当前情况的办公自动化系统，就是要能够形成内部信息应用集成的平台；能够形成个人办公及信息处理平台；能够形成外部部分权限访问内网资源的协作办公平台；能够形成实时管理沟通平台；能够形成团队工作平台。为保证系统能够切实有效的满足单位内部提出的系统建设要求，符合单位内部的现状，分步实施任何信息系统的建设必然是一个渐进的过程，是一项系统工程，尤其对于单位内部这样的国有单位来说，单位业务处于高速发展阶段，单位的管理制度和管理思想也在不断完善之中，如何在系统的设计中，制定有普遍意义，同时又能够充分考虑单位不同发展阶段、不同业务的特性的系统建设方案，有利于规避风险、取得预期效果。本系统涉及的技术复杂、用户面广，在系统实施前进行充分的论证，做出整体规划是也是必要的。编制系统建设的总体规划的目的，是利用信息技术、网络技术和管理科学成果，提出打通单位信息渠道、开发单位信息资源、优化单位业务流程、改善单位经营管理、提高单位办公效率和竞争力的方案。中小型博物馆的 OA 系统在设计和建设过程中应注重内外网结合，基本系统拓扑可设计为：表现层—应用层—应用支撑层—网络层—系统管理—安全管理。

表现层——协同办公系统门户

表现层是协同办公系统的统一入口，是系统建设中的重要组成部分，实现组织内各种信息的发布与管理，其表现形式为四个下属单位的独立信息门户。将协同办公系统中的各模块信息通过统一的门户网站界面，门户具有信息发布、信息查询及信息定制功能。按照单位内部单位标识和单位文化要求进行栏目设计、编排和展示。从而加强单位中的信息交流和知识传递。在保证系统所采用的技术的先进性的同时，也应当充分考虑先进性与实用性的统一，对于任何一种技术的选择，都要充分考虑到技术的性能价格比，既要保证当前系统的高可靠性，又能适应未来技术的发展，满足多业务发展的要求。要本着"有用、适用和好用"的原则，不片面追求硬软件设施的先进性，强调整个系统具有最佳的性能价格比。系统建设方案采用的技术在考虑先进性的同时，也要坚持实用的原则，在满足性能价格比的前提下，坚持选用符合标准的、先进成熟的产品和开发平台。

为了确保单位中具有不同计算机应用水平的人员均能够对本系统快速地掌握并进行方便地使用，要重视用户界面的友好性和方便性。重点考虑用户使用上的接受程度、单位上网办事的效率及上网成本等各种因素，要求开发出的应用软件系统具有友好的用户界面，易于上手，便于使用。

应用层——协同办公系统

内部管理系统是博物馆内部—对外开放平台的衔接信息化建

设项目,是全面应用信息技术、网络技术以及OA(办公自动化技术)等进行办公、管理和为社会提供公共服务的一种管理方式。

协同办公系统是单位内部员工进行日常办公的平台和工具,可实现无纸化的协同工作,提供对工作流的设定与控制功能,实现安全有效的公文流转和工作流程。建立方便、稳定、安全的协作工作平台,实现可定制的工作流和多种形式的内容发布系统;为各单位内部各科室提供对办公过程的管理和监控工具。该系统的搭建,是实现信息共享和协同工作的重要手段,能切实的提供强大的信息处理功能,并为公司实现科学化、高效率管理进而全面提升单位管理能力提供帮助。随着单位发展的需要,不可避免地需要进行单位机构及人员的调整,系统应提供充分的变更与扩展能力,系统应能够同时支持集中式或分布式的体系框架,支持功能的调整、迁移和再分布,以适应单位不断发展变化的要求。系统的技术方案要能将现有各种资源和应用系统有效地集成在一起,系统的结构要合理,要具有良好的可扩展性,由于IT领域技术发展十分迅速,应用环境,系统硬件及系统软件都会不可避免将被更新,因此系统的可扩充性及版本的兼容性好坏,直接影响着应用系统和用户需求的发展和功能的提升。因此,系统应能比较容易地适应调整、扩充和删减;另一方面,它还要有与其他系统的接口能力,利用各系统功能之长,进行优势互补。

应用支撑层

应用支撑平台是采用IBM Lotus Domino/Notes平台,Lotus Domino/Notes是集成的通信和Web应用软件平台;Indi.Office4产品提供了B/S的应用支撑体系框架,工作流引擎专门处理业务工作流、提供员工之间任务的协同工作,使用工作流引擎通过接口与协同办公系统流转审批业务模块进行交互,提供流程设计、运行控制和运行交互等功能。系统所采用的技术必须具有先进性和前瞻性,以确保在未来3—5年内不落后。现有信息技术的发展越来越快,为了使该系统在未来运行过程中其技术能和整个信息技术的发展同步,系统应具备灵活适应性和良好的可扩展性,系统的结构设计和产品选型要坚持标准化,一要采用国家标准和国际标准,二要采用广为认可的实用化工业标准,要从工程的角度对系统进行整体规划,支持各类开放的技术与标准,不能陷入任何一种单一技术标准及架构中。

网 络 层

网络层为单位的各类应用提供了必要的网络基础环境,提供了可靠、有效的信息传输服务通道,是各类政务信息的最终承载者。在总体应用框架图中,网络基础设施层包含了计算机主机、服务器、存储设备、外设、网络设备及线路、网络系统安全设施等部分。系统的整体体系架构应具有良好的兼容性,一要系统不能限定系统所选用的硬件平台,二要对于与其他系统之间的接口,也应能够支持不同的技术标准,使得整个系统可以具有相对灵活的配置和运行环境。

安 全 管 理

安全管理对于整个应用系统而言,安全管理将贯穿系统的始终,我们必须为单位协同办公系统建立一个完整的安全体系框架。应用系统应该通过以下几个层面的共同保证系统的安全:存储安全,方案中通过建立软、硬件的备份机制来实现;操作安全,方案中通过痕迹保留、流程跟踪和权限控制等机制来实现;传输安全,方案中通过加密传输手段予以实现。综合运用以上所提出的安全管理手段,可以充分的保障应用系统在其整个生命周期中的安全。系统作为单位运营管理的首要工作平台,系统的安全性和可靠性是必须得到保证的。在系统的设计上要充分考虑大量硬件设备、软件系统和数据信息资源的实时服务特点，要保证网络、系统、数据的安全，保证系统运行的可靠，防止单点故障；安全管理要充分考虑安全、成本、效率三者的权重，并求得适度的平衡，不能一味地追求安全性而不顾带来的成本增加和效率损失；对整个系统要有周密的系统备份方案设计，有效地防止因数据丢失而造成的损失；采取必要措施防止数据丢失，保证数据的一致性，保证系统运行过程中的高可靠性；对于重要数据，系统应提供良好的密级管理，实现在数据存储和数据传输过程中的加密防护。

系统管理

同安全管理相类似，系统管理也是贯穿于整个协同办公系统的各个层面。为了使系统管理的效率更高、更方便，在方案中将系统管理的内容分为两个方面：一方面，对于系统初始信息设置、系统日常维护等管理内容，系统将提供专门的管理工具供系统管理人员使用；另一方面，对于人员权限设置、人员部门划分等与实际业务紧密相连的管理内容，则交给各部门相关业务人员来控制。这样既能减轻系统管理人员的工作负担，也可以使各部门对该系统的使用更加方便灵活。系统在技术层和应用层都应提供设计良好的管理工具，通过多层次的、方便而有效的管理手段，为系统正常运行提供技术管理保障。从技术角度考虑，系统的各个技术层面都能够提供人机界面友好的可视化管理工具，确保从服务器硬件到专业系统软件的各个系统技术层面，系统管理员都能够方便的管理、配置和监控。

通过以上完整的支撑架构，形成了协同办公系统统一应用平台，各种分布式应用系统和网络资源就被完整地组织在一起，起到了相互数据沟通、相互服务调用、相互业务协同的无缝结合。

中小型博物馆内部办公自动化系统，将借助信息系统所提供的支撑环境，优化、重组单位内部的管理流程，将分散在各业务系统中的信息进行有效的整合并展示在领导面前，为领导的科学决策提供必要的依据，引导单位内部向开放式、高效率的高效单位转变。

博物馆内部应建设出高标准、高层次的电子政务“一站式”信息平台。该信息平台可打破部门界限，整合了各数据库系统，可以满足各部门之间的协同办公需求，也能实现各组人员内部的 OA（办公自动化）应用，实现了系统建设、平台应用、设备维护等高度统一。通过整合管理平台，各部门之间及与上级领导之间的行文，如通告、登记、拟办、考勤、审批、发文、归档，这些行政性工作都将在平台网上完成，真正做到了无纸化办公，从而节约了能源、人力。该平台应呈树形结构，将馆藏文物信息化管理、数字化展览、先进数据信息采集、网络网站宣传教育等一体化。OA 办公管理系统则是一种基于无纸化办公管理，方便公文邮件传输，上陈下达的命令架构平台。这些信息化平台的构建对于宣传思想工作，创新改进网上宣传，运用网络传播规律，弘扬主旋律，激发正能量，大力培育和践行社会主义核心价值观，把握好网上舆论引导的时、度、效，使网络空间清朗起来可以起到重大的作用。

以上只是笔者对博物馆内部 OA 系统构架的小小思路，有关 OA 系统的具体实施具体方案就不在此详细介绍了，随着“十三五”规划的落实。博物馆系统的信息化建设正在进一步加强，随着博物馆在不同发展阶段所要解决的问题的不同，随着单位环境的变化，博物馆的信息化系统的应用也需要不断的优化和深入，相信，博物馆信息化建设将会不断进步。

2016 年 3 月 7 日

编　后

《鲁迅:关于文艺民族形式的理论与实践》以鲁迅的小说《呐喊》《彷徨》为例,探讨了鲁迅在文艺创作过程中对民族形式的探索和创新。作者认为"鲁迅对民族形式的探索是全方位的,他以开放的态度吸纳外国文学新潮,大力弘扬古代文学优良传统,创造出现代文学新的民族形式。深刻的思想,伟大的人格,创新的民族形式,'文品'与'人品'相一致,鲁迅的文学遗产滋养了一代又一代中国作家。……鲁迅小说及各种文体的作品以其鲜明的中国作风和中国气派,撼动人心,享誉世界。鲁迅关于民族形式的理论与实践,对于21世纪中国文学建设具有迫切的借鉴意义。"今年是鲁迅诞辰135周年、逝世80周年纪念,《鲁迅葬礼的社会影响》一文,从"弥合文坛裂痕,聚合文坛力量""提振民族精神,成为抗战动力""传播鲁迅思想,熔铸民族灵魂"三个方面考察了鲁迅葬礼的历史意义,认为"鲁迅的逝世及葬礼活动所产生的影响,感召、教育、濡染一代又一代中华民族子孙。鲁迅作为中华民族的脊梁,民族之魂,对中国社会起到了凝聚人心、树立旗帜的伟大作用;在中华民族遭受灾难之际,由于鲁迅的精神思想的影响,无论在解放区还是在国统区,无论在大后方,还是在战争前线,鲁迅精神都使广大民众起到直接的激励作用,使得在抗日战争的战场上前赴后继、冲锋陷阵,取得一个又一个胜利。许多人在他的感召下领悟了人生,追求着光明。"《"聆听":鲁迅演讲的研究新向度》一文将鲁迅的演讲视为"呐喊",然后又通过梳理鲁迅听别人演讲的事实,认为"'聆听'形成原初的演讲印象,这很大程度上建构起了鲁迅对演讲的前理解。……鲁迅自身的演讲实践,反过来加深了他对演讲的个性化体验和认知。于是聆听与践行交互为用，互为因果，其演讲思想愈益与众不同，其演讲艺术愈益独具风采。‘聆听’在某种程度上激励催生了鲁迅演讲的实践。正面的感受、成功的演讲，树立了榜样；负面的感受、失败的演讲，激发了反思。”关于鲁迅的“聆听”研究似乎很少有人涉及，相关研究还有很大的空间。

鲁迅与尼采的研究是一个大课题，成果丰硕，不过从翻译方面展开研究的成果不算很多，蒋硕的文章属于其中之一。本文通过对鲁迅译本的分析和《察拉图斯忒拉的序言》附记的读解，认为鲁迅翻译有独有的择取倾向，如文章作者认为“鲁迅把 neue Völker（新的人民或民族）译为‘新生’，是归化翻译，因为尼采本意呼唤超人和新人，用以批判、更新甚或代替由多个民族构成的当时基督教文明的西方世界。而鲁迅则是针对当时本民族的精神和文化，即‘国民性’的改变，并非欲取其他民族以代之。这样就可以理解他的翻译措辞了”。与前文不同，《鲁迅之武者小路实笃三文译稿》是基于译稿手稿展开的研究，比照手稿的修改前后的差异，可以作为进一步探究鲁迅引进外来文化、语言继承与创新等研究的基础。

叶淑穗长期在北京鲁迅博物馆的文物保管工作，对于该馆文物收藏情况十分熟悉，本辑所刊《鲁迅文物经手录》一则回忆了1960年1月许广平向北京鲁迅博物馆捐赠一包文物的事，这包文物中，有一件文物与上海鲁迅纪念馆关系密切，就是周恩来于1950年批示，同意政务院副秘书长许广平到上海指导上海鲁迅纪念馆筹建工作。其中，还有两件许广平手稿《风子我的爱》和《魔祟》，这两篇文章是鲁迅与许广平研究的重要史料。继《上海鲁迅研究2015冬》所刊王锡荣的《中华艺大史实再探》，本辑再发《中华艺大史实续探》，就相关史实作了进一步探讨。鲁迅与汉画像的研究虽有成果，但相比其他研究项目，显得比较薄弱，本辑《鲁迅与“武梁祠”》一文，并非宏文，却从小处探究，颇有所得。

陈漱渝先生曾于六年前为《上海鲁迅研究》的“我与鲁迅”专栏撰写过文章，本次，陈先生将《本色的鲁迅，真实的传记——我如何写〈搏击暗夜——鲁迅传〉》一文交《上海鲁迅研究》发表，文章虽围绕“如何写《搏击暗夜——鲁迅传》”而展开，行文间却显示了陈先生的对鲁迅研究的学术反思，有利于年轻的新锐从中获得经验和借鉴，因此，我们将其纳入到“我与鲁迅”专栏。

李何林的《近二十年中国文艺思潮论》是研究中国现代文学和鲁迅的重要著作，《李何林〈近二十年中国文艺思潮论〉校读记》从当今的学术角度再次审视了这部著作。在《贺友直绘〈白光〉中陈士成形象的塑造》中，作者认为“鲁迅重视书籍插图和连环画，曾给予热情支持和鼓励，认为图的作用不但有趣，且亦有益，希望画家在创作大幅作品的同时，也看重、努力于连环画和书报的插图。正如新兴木刻版画在鲁迅等的倡导下得以勃兴一样，插图和连环画在上海也得到了蓬勃发展，上海成为全国连环画创作、出版、普及的中心。而鲁迅作品本身，也成为连环画创作的重要内容之一”。确实如此，而贺友直是代表人物。文章分析了贺友直的《白光》的创作技法：“运用中国画酣畅淋漓的写意水墨法，很好地突出了‘白光’的虚幻本质。陈士成的臆想本来就是模模糊糊，不着边际的幻觉，注定要一瞬即逝的。因此，那团白光，还有他幻觉里的‘府正堂’虚拟世界等等，以传统的单线白描，或者西画里的速写素描技法，都不如水墨渲染传神。”

“回忆·资料”是本辑新创的栏目，意在刊发一些具有文献资料性的文章。《研究鲁迅是为了更好地纪念鲁迅、传播鲁迅》一文，作者以访谈的形式，回顾了厦门大学研究鲁迅，建设厦门鲁迅纪念馆的历程，该文与《厦门大学鲁迅纪念室（馆）大事纪要》，都是反映鲁迅文化传播的重要文献资料。同样的，《化雨春风忆前贤》《名人书简一束(四)》以及《陈鸣树学术著作年表》等文也作为文献资料刊载,以供有意者进一步研究。

编者

2016 年 6 月

《上海鲁迅研究》编辑部

地址:上海市甜爱路 200 号上海鲁迅纪念馆

邮编:200081

电话:021-65878211, 021-65402288 * 215

传真:021-56962093

电邮:shlxyj@ aliyun.com

《上海鲁迅研究》投稿须知

本刊热诚欢迎海内外作者投寄稿件。为保证学术研究成果的原创性和严谨性,倡导良好的学术风气,推进学术规范建设,请作者赐稿时务必遵照如下规定:

第一,所投稿件须系作者独立研究完成之作品,对他人知识产权有充分尊重,无任何违法和违反学术道德等内容。按学术研究规范,认真核对引文、注释和文中使用的其他资料,确保准确无误。如使用转引资料,应注明转引出处。本刊采用文末注方式,引文出处请遵照“作者:《篇名》,《集名》第×卷,××出版社××××年版,第×页”格式。

第二,凡向本刊投稿,须同时承诺该文未一稿两投或多投,包括局部改动后投寄其他报刊,并保证不会将该文主要观点或基本内容先于《上海鲁迅研究》在其他公开或内部出版物(包括期刊、报纸、专著、论文集、学术网站等)上发表。如未注明非专有许可,视为专有许可。

第三,所投稿件应遵守国家相关标准和出版物法规,如关于标点符号和数字使用的规范等。

第四,本刊整体版权属《上海鲁迅研究》所有,未经许可,不得以任何方式复制、选编。经我社许可需在其他出版物上发表或转载的,须特别注明“本文首发于《上海鲁迅研究》”字样。

第五,本刊实施专职编辑三级审稿与编委审稿相结合的审稿制度。作者投稿后,如需撤稿,请及时通知编辑部,编辑部将视编辑该稿情形后,答复作者。

第六,来稿论文要求格式规范,项目齐全。提供:真实姓名,联系方式(含邮编),电子信箱,身份证号码、作者开户银行并支行名(支行名称请务必提供)及账号(支付稿酬所需)。

第七,本刊有权对来稿做文字修改。

第八,本刊已加入“中国知网”(光盘版)电子期刊出版系统,作者的著作权使用费与本刊稿费将一次性给付,如作者不同意编入该数据库,请提交论文时向本刊说明。凡在投稿时未作特别声明的,本刊将视同作者已认可其论文入编有关电子出版物。

第九,稿件一经采用,即付稿酬(限常住中国大陆地区作者)并寄样刊两册。

如违背上述规定,给《上海鲁迅研究》造成任何不良影响,由作者承担全部责任。

图书在版编目(CIP)数据

上海鲁迅研究.2016.夏/上海鲁迅纪念馆编.—上海:上海社会科学院出版社,2016

ISBN 978-7-5520-1515-7

Ⅰ.①上… Ⅱ.①上… Ⅲ.①鲁迅研究-文集 Ⅳ.①K825.6-53

中国版本图书馆 CIP 数据核字(2016)第 169408 号

上海鲁迅研究 2016 夏

上海鲁迅纪念馆　编
责任编辑:章斯睿
封面设计:包明吉
出版发行:上海社会科学院出版社
上海顺昌路 622 号　邮编 200025
电话总机 021-63315900　销售热线 021-53063735
http://www.sassp.org.cn　E-mail:sassp@sass.org.cn
照　　排:南京理工出版信息技术有限公司
印　　刷:上海信老印刷厂
开　　本:890×1240 毫米　1/32 开
印　　张:9
插　　页:1
字　　数:220 千字
版　　次:2016 年 8 月第 1 版　2016 年 8 月第 1 次印刷

ISBN 978-7-5520-1515-7/K·359　定价:39.80 元